服务全民终身学习的教育体制论：

基于系统哲学的建构

王　刚／著

重庆大学出版社

图书在版编目（CIP）数据

服务全民终身学习的教育体制论：基于系统哲学的
建构／王刚著. -- 重庆：重庆大学出版社，2025. 6.
ISBN 978-7-5689-4855-5

Ⅰ. G729.2

中国国家版本馆 CIP 数据核字第 20248HV506 号

服务全民终身学习的教育体制论:基于系统哲学的建构
FUWU QUANMIN ZHONGSHEN XUEXI DE JIAOYU TIZHI LUN:
JIYU XITONG ZHEXUE DE JIANGOU

王 刚 著

策划编辑:唐启秀

责任编辑:唐启秀　　版式设计:唐启秀
责任校对:邹 忌　　责任印制:张 策

*

重庆大学出版社出版发行
出版人:陈晓阳
社址:重庆市沙坪坝区大学城西路 21 号
邮编:401331
电话:(023) 88617190　88617185(中小学)
传真:(023) 88617186　88617166
网址:http://www.cqup.com.cn
邮箱:fxk@ cqup.com.cn(营销中心)
全国新华书店经销
重庆升光电力印务有限公司印刷

*

开本:720 mm×1020 mm　1/16　印张:14.25　字数:234千
2025 年 6 月第 1 版　　2025 年 6 月第 1 次印刷
ISBN 978-7-5689-4855-5　定价:88.00 元

丛书编委会

总主编:孙绵涛

主　编:卢　伟　　王　刚　　祁型雨

编　委:孙绵涛　　卢　伟　　王　刚　　祁型雨

　　　　　邓　旭　　丁学森　　王　悦

总　序

　　党的十九届四中全会聚焦新时代对人才培养的新需求,把教育摆在更加突出的位置,明确提出要"构建服务全民终身学习的教育体系"。这一举措是以习近平同志为核心的党中央为满足人民多层次多样化学习方式需求,促进人的全面发展所作出的具有前瞻性、全局性、系统性的重要战略决策,具有重大而深远的意义。深入探讨服务全民终身学习的教育体制理论,总结这一教育体制在实践中的成功经验与现实问题,破除体制机制障碍,构建科学完善的服务全民终身学习的教育体制,是深化教育领域综合改革,建设服务全民终身学习的教育体系的关键任务,也是加快推进教育现代化、建设教育强国、办好人民满意的教育的根本要求。在这样的背景下,2020 年 4 月 20 日沈阳师范大学教育经济与管理研究所研究团队申报的研究阐释党的十九届四中全会精神国家社科基金重点项目"服务全民终身学习的教育体制与教育机制研究"获准立项。

　　在接到"立项通知书"后,项目组全体成员高度重视,迅速开始了一系列的研究工作。首先,我们全面收集和分析了与本课题相关的政策类和研究类文献材料,界定了本项目的核心概念,构建了服务全民终身学习的教育体制的范畴与逻辑框架,在此基础上设计了问卷和访谈提纲等调查工具。之后,项目组多次赴辽宁、北京、重庆、浙江、河南等地,实地开展访谈和问卷调研工作,进一步了解了当前服务全民终身学习的教育体制在理论与实践中的成就、经验、不足和原因,了解了专家学者及社会公众对全民终身学习的需求,以及对全民终身学习体制改革的需求与建议。最后,根据理论研究与实证调查的结论,形成并发表了一系列研究成果。截至目前,本项目共发表论文 13 篇,其中包含 CSSCI 论文 3 篇,CSSCI 扩展版论文 6 篇(1 篇被《新华文摘》全文转载,1 篇被《高等学校文科学术文摘》全文转载),另有 1 篇文章获得副省级领导批示。本丛书就是该项目的最终研究成果。

　　本丛书共包含 6 本著作。《服务全民终身学习的教育体制论:基于系统哲学的建构》以系统哲学为理论基础,按照"方法论—本体论—价值论—实践论"的逻辑,秉承把握事物一般本质、认知逻辑、一般价值和实践路径的基本思路,构建了关于服务全民终身学习的教育体制的理论体系,并在此基础上为深化服务全民终身学习的教育体制改革提出了政策建议。《为服务全民终身学习赋能：教育实施体制的作为》总结了我国服务全民终身学习的教育实施机构与制度的成就与经验，重点分析了教育实施机构和制度存在的问题及成因，进而为我国服务全民终身学习的教育实施体制改革提出策略。《服务全民终身学习的教育管理体制改革：机构建设与制度创新》综合运用多元理论，构建了服务全民终身学习的教育管理体制的基本理论体系，深入探讨了服务全民终身学习教育管理体制及其改革的内在规定性，为指导我国服务全民终身学习教育管理体制改革的理论与实践提供了新的概念、命题和实践模式。《服务全民终身学习的教育体制之他国镜鉴：基于国际实践的视角》分别对美国、英国、澳大利亚、日本、德国、俄罗斯、法国等国家终身学习的演进历程和教育体制实践情况进行了梳理和分析，探讨了这些国家服务全民终身学习的教育实施体制和管理体制的经验与启示，为我国服务全民终身学习的教育体制的未来发展提出了对策建议。《服务全民终身学习的教育体制机制研究经典文献评述》从政策文本内容、政策研究文献和学理性研究三个方面，对当前我国"服务全民终身学习的教育体制机制"的相关研究进行了评述，并就对这一问题进行更深层次的研究提出了对策建议。《面向 2035：服务全民终身学习的教育体制改革趋势展望》在分析未来全民终身学习需求的影响因素及其发展趋势的基础上，从服务全民终身学习的教育实施体制和教育管理体制两个维度切入，系统构建了面向未来全民终身学习体制改革的前瞻性理论框架，并对未来我国服务全民终身学习的教育体制进行了展望。此次出版的是前 5 本著作，最后一本将另行出版，相信很快也会与各位读者见面。

　　本丛书探讨了服务全民终身学习的教育体制的基本理论体系，构建了具有我国特色的服务全民终身学习的教育体制框架，分析了现阶段终身学习教育体制的实践现状与成功经验，挖掘和解决了这一体制实践中的重点、难点问题，总结了国际服务全民终身学习的教育体制实践的经验及可供我国借鉴之处，为我国服务全民终身学习的教育体制改革提出了政策建议和决策参考。同时，本丛书建立了一个专门的关于服务全民终身学习的教育体制机制的文献资料库，不仅能够为相关政策的制定提供有益的参考依据，也能为同类研究提供参考。

　　本丛书的出版为本项目上一阶段的研究画上了句号，但这并不是我们探究这一问题的终点。2023 年 9 月，习近平总书记在黑龙江考察期间，在新时代推动东北全面振兴座谈会上首次提出了"新质生产力",此后,习近平总书记又多次发表了关于新质生产力的重要论述,强调"要牢牢把握高质量发展这个首要任务,因地制宜发展新质生产力",为高质量发展和中国式现代化建设提供了科学指引和实践遵循。新质生产力的本质是先进生产力,生产力的主体是劳动者,先进生产力的主体是高素质人才。培养高素质人才,发展新质生产力,推动高质量发展,对服务全民终身学习的教育体制机制提出了更高的要求,如何建立一个更加完善的教育体制机制,帮助受教育者在任何时间和空间场域内都能够获取所需高新科技知识和劳动技能,以及其面对技术革命性突破、生产要素创新性配置、产业深度转型时的适应能力和快速学习的能力,为受教育者适应并推动新质生产力的发展奠定基础,将是我们下一阶段要继续深入研究的重点议题。

本丛书得以出版,要感谢全国哲学社会科学工作办公室领导和沈阳师范大学领导的关心和支持;感谢重庆市新闻出版局将本丛书纳入 2023 年重庆市出版专项资金资助项目;感谢重庆大学出版社将本丛书纳入出版计划;感谢资深编辑唐启秀的辛勤劳动;特别要感谢参与项目研究的团队成员为完成研究任务的辛苦付出,每本著作的主编和参编人员为本丛书所做的突出贡献,同时也要对本丛书研究过程中提供帮助的有关领导、学者及文中参考文献的作者致以衷心的谢意。

孙绵涛

2024 年 5 月 16 日

前　言

党的二十大报告提出"建设全民终身学习的学习型社会、学习型大国",这是党中央在领航全面建设社会主义现代化国家新征程,向第二个百年奋斗目标进军的关键节点,向全党、全国发出开展大学习的总动员。习近平总书记在多次讲话中强调,"建设全民终身学习的学习型社会、学习型大国,促进人人皆学、处处能学、时时可学,不断提高国民受教育程度,全面提升人力资源开发水平,促进人的全面发展"。《中国教育现代化2035》将终身学习列入推进教育现代化的基本理念,将"构建服务全民的终身学习体系"列入推进教育现代化的十大战略任务。这充分说明,在新时代我国加快推进教育现代化、加快建设教育强国的伟大事业征程中,建设全民终身学习的学习型社会和学习型大国已成为举旗定向的航标和灯塔。新型教育体制构建是建设服务全民终身学习的教育体系这项社会系统工程的核心与关键任务。以此为抓手和突破口,积极落实全民终身学习观念,创新教育机制与教育实践活动,才能充分满足全体社会成员终身学习需求,形成多样化学习服务有序发展的崭新格局。本书以服务全民终身学习的教育体制为研究对象,直抵终身学习体系建设的核心要务,有助于深刻把握终身学习事业发展与改革的根本规律,有针对性地为服务全民终身学习教育体系建设顶层设计提供理论支撑,落实党和国家提出的"建设人人皆学、处处能学、时时可学的学习型社会"的战略任务要求。

2020年4月,沈阳师范大学孙绵涛教授团队申报的课题"服务全民终身学习的教育体制与教育机制研究"获批"研究阐释党的十九届四中全会精神国家社科基金重点项目"。这是沈阳师范大学教育学科国家社科基金重点项目"零"的突破,也填补了辽宁省同类学科在国家社科基金重点项目上的空白。笔者有幸获得孙绵涛教授信任,担任子课题"服务全民终身学习的教育体制基本理论研究"的负责人并开展相关研究工作。本书是这一子课题的最终研究成果。

本书以系统哲学为理论基础,按照"方法论—本体论—价值论—实践论"的逻辑认识事物，秉承把握事物一般本质、认知逻辑、一般价值和实践路径的基本思路，最终系统阐述关于服务全民终身学习的教育体制的理论体系。

方法论主要探讨认识与客观实在的关系、知识与理论产生的前提和基础、知识的真理标准等问题。本书坚持系统哲学思维，秉持历史唯物主义哲学根基，充分借鉴中外学者范式方法论的观点，构建起包括哲学范畴、范式范畴和方法范畴在内的终身学习研究新范式方法论框架。这一方法论框架的优势体现在认识起点的科学性、认识路径的合理性、认识内容的层次性和认识方法的创造性四个方面。

本体论回答诸如什么是实体、实体的本质和特征是什么、实体之间是什么关系等问题。本书将终身学习的本质理解为自主性全域学习；将教育体制理解为教育机构和教育规范的统一体，其中教育机构分为教育实施机构与教育管理机构。据此，从教育实施体制和教育管理体制两个层面系统建构了服务全民终身学习教育体制的理论框架。服务全民终身学习的教育体制应最大限度地保障终身学习全域性的充分实现。这一框架清晰地体现出事业推进的四个核心任务：构建纵向衔接、横向沟通的终身学习立交桥，构建现代终身学习制度，完善终身学习法治体系和构建终身学习治理体系。系统哲学的层次结构原理表明，任何系统都是更高一级系统的组成部分，整体具有部分或部分之和所没有的性质。因而，本书还将服务全民终身学习的教育体制置于更高一级的系统——服务全民终身学习的教育体系之中，通过分析教育体制与教育观念、教育机制和教育活动等同级子系统的关系来加深对其性质的认识。

价值论主要回答客体满足主体需要的属性及其程度等问题。系统哲学价值观将价值本质视为客体属性对主体需要的积极意义，即客体属性能够满足主体的某种需要的效用关系。本书以此为基础，在探讨服务全民终身学习的教育体制的价值时，注重从满足个人主体、群体主体（国家）和类主体（社会）的属性入手进行分析与阐述，并将服务全民终身学习的教育体制所具有的价值划分为直接价值和间接价值进行分别论述。服务全民终身学习的教育体制的直接价值表现为促进高质量教育体系建设的价值，服务全民终身学习的教育体制的间接价值则表现为实现人的现代化、推进国家现代化和促进社会现代化的价值。

实践论根本性地回答该如何做的问题。本书基于对学习者终身学习品质现状的调查,探究了影响终身学习效果的教育体制与学习者个体因素及其相互之间的结构路径关系,锁定了中高职衔接与普职融通渠道受阻、社区教育学习资源保障不足、继续教育持续力不足、学习型组织建设思路模糊、协同治理体系尚未完全建立等一系列现实问题。以问题解决为导向,从构建更加开放畅通的人才成长通道、建立全民终身学习的制度环境和建立终身学习评价体系三方面提出了深化服务全民终身学习的教育体制改革的政策建议。

对服务全民终身学习教育体系的核心子系统教育体制进行系统的理论建构,在学术界尚不多见。本书选择这一主题,不仅体现出学术问题选择方面的创新性,也是对现有全民终身学习教育体系研究的重要深化与拓展,一定程度上可以克服以往研究提出建构全民终身学习教育体系要进行体制创新,但对体制创新缺少研究的不足;也可以弥补以往研究关注了教育体制理论,但却没有联系终身学习这一领域的不足。本书的另一创新之处在于基于系统哲学的指导进行理论建构。系统哲学注重理论体系构建的完善性,扬弃孤立实物分析,以结构作为认知起点,以主体利益为导向研究价值,秉持整体优化的实践观,这些特点具有不断发展与创新终身学习研究新范式的强大力量。在研究方法层面,本书采用理论与实践、历史与现实相融合的视角,遵循应然到实然再到应然的研究思路,坚持量化方法与质化方法相结合,研究过程更加系统与规范。本书紧扣新时代背景,围绕"服务全民终身学习的教育体系""教育体制""教育观念""教育活动""自主全域学习""新范式方法论"等关键词形成了有别于一般终身教育与终身学习研究的具有一定逻辑联系的理论体系,实现了话语体系创新。

本书得以出版首先要感谢重庆大学出版社和唐启秀编辑的大力支持。从筹备到付梓,唐启秀编辑给予我重要的鼓励、帮助和指导,对此我深表感谢。感谢孙绵涛教授的信任,孙先生的教育思想博大精深、理论深刻厚重,对我的思考与著述多有启发。沈阳师范大学图书馆阅读推广部的钟鑫主任为本书资料的搜集与分析,初稿的编辑成文做了大量工作,付出了辛勤的劳动;沈阳师范大学教育经济与管理研究所的马春晓博士对本书量化研究部分做了有针对性的指导；我的研究生周上琳在参考文献整理和书稿校对过程中给予我较多帮助；浙江外国语学院的许航博士对于书稿的统筹付出了心血，感谢他们的无私帮助。本书参考并借鉴了多位中外学者研究的相关理论和观点，在此一并表示衷心的感谢。本书难免存在不当之处，恳请有关专家和学者以及读者们不吝赐教，期盼得到您的指导和帮助。

王刚

2024 年 4 月 12 日

目　录

导　论

一、全民终身学习：智能时代教育转型的重要取向

近年来，一部名叫《小舍得》的电视剧热播，引发社会对教育内卷下家庭教育焦虑的热议。"鸡娃""牛娃""奥娃""虎妈""狼爸"，一个个形象生动的称谓折射出学生、家长乃至社会对教育的深深焦虑。

（一）过度焦虑下的教育迷思

"内卷"是近年来频繁出现在公众视野的热门词，其英文原词是"involution"，含有"停滞""衰退""退化"的意思。[①] 在社会学领域，"内卷"意指在资源有限且没有增量的情况下，整个社会对存量资源争夺加剧的一种现象，是社会表现出的一种整体性退化。教育领域中的"内卷"指通过无序且有害的恶性竞争争夺有限优质教育资源的状态，如为了拔高学科考试成绩，获得优质学校的"学位"或更多其他优质教育资源，越来越多的学生提前学习高年级课程，超负荷增加课业学习时间，牺牲休息时间参与校外补课等。

今天，"教育内卷"与"焦虑""学业负担"等词语紧密地联系在一起。有调查显示，我国每天作业时长达到 2~3 小时的学生占比超过 71.3%，作业时长达到 4 小时的学生占比高达 28.7%。作业时间增加意味着睡眠时间相对减少，数据显示，每日清晨被闹钟或他人叫醒的学生比例高达 76.01%。在完成校内学习任务的同时，学生还需要应付繁重的校外学习负担。我国有超过 62% 的学生参加课外辅导，平均每周课外学习时间高达 13.8 小时，远超过其他国家的平均

---

① 郝娜."内卷化"理论在中国［J］.21 世纪国际评论,2010(1)：101-107.

值 7.8 小时。① 繁重的学业压力和课外补习压力是学生学业焦虑的主要来源。

与此同时，家长对教育的焦虑程度也日渐加深。《2018 年中国家长教育焦虑指数调查报告》显示，2018 年中国家长的教育焦虑指数为 67 点，整体处于比较焦虑的状态。②《2018 年全国时间利用调查公报》表明，"陪娃"位列中国家长五大时间支配项目之首。家长对孩子的教育身心俱疲，因辅导作业被气病住院的新闻时常见诸报端。事实表明，在内卷化的教育场域中，"教育焦虑"已经同时发生在孩子与家长身上，互为影响、不断加剧。③

伴随着优质教育资源竞争渐趋激烈，学生与家长教育焦虑程度加深，教育生态环境逐渐亚健康化：优质学位一票难求、高价学区房广受追捧、优质民办学校掐尖招生、校外培训机构超纲补课、名校间优质生源抢夺大战愈演愈烈，学生因过重的学业负担身心俱伤，导致悲剧屡屡发生。《中国国民心理健康发展报告（2019—2020）》显示，我国青少年的抑郁检出率为 24.6%，其中轻度抑郁为 17.2%，重度抑郁为 7.4%。④ 可见，教育内卷与教育焦虑的相伴而生已逐渐形成恶性循环。

处于信息时代与社会快速转型发展期，人人都需要通过学习实现自我提升与发展，然而正规教育系统的承载力，已无法满足社会成员巨大的差异化学习需求，教育与社会的不协调状态将无限加剧。多样化学习途径的缺失必然造成社会阶层流动途径的匮乏，上不了好大学就可能落入社会底层的忧虑已成为导致各种教育怪象的重要原因之一。因此，打破"教育内卷"，必须培育新观念，打开新视野，引入新资源。实现全民终身学习，树立适应学习者与全社会不同需求的、体现差异性的多样化学习模式，将成为调整教育发展方向的核心思路。

（二）指向全民终身学习的教育转型

使教育"卷起来"的原因既涉及现有的体制、机制与政策，如以学习成绩为导向的人才选拔制度、强调分数和升学率的教育评价制度等；又关涉不良的思

---

① 曾瑞鑫.《2018 年中小学生减负调查报告》出炉，中小学生减负势在必行[EB/OL].http://edu.china.com.cn,2023.5.31.

② 环球网.中国家长教育焦虑指数调查发布，学习成绩、校园安全、手机上瘾居前三位[EB/OL].https://baijiahao.baidu.com,2018.9.16.

③ 吴遵民.现代终身教育体系论[M].上海：上海人民出版社,2019：3.

④ 马振清.中国化时代化马克思主义青年观探析[J].新疆师范大学学报（哲学社会科学版）,2023（3）：59-72.

想观念，如社会功利思想盛行、虚荣心作祟，缺乏对孩子个性潜能差异的正确认知等。消除"教育内卷"，必须直面两个关键问题。

一是优质教育资源供给不足导致的教育不均衡发展。当前，优质教育资源短缺与群众接受优质教育愿望之间的矛盾仍旧突出，城乡之间、校际之间差距较大的问题没有得到根本性扭转，各类教育无法充分满足学生个性化的学习需求，教育的多样性、针对性以及赋予学习主体的自主选择性还有欠缺。当优质教育资源供给不能与公众对其需求的快速提升相匹配时，各主体对优质资源的不理性获取就极易转变为无序的恶性竞争。

二是教育模式转型滞后于时代与社会转型。有人形象地比喻，"当社会已经在知识经济的快车道上飞奔时，学校教育还处于当初的工业时代"。日益发达的信息和人工智能技术与教育发生深度融合，传统教育的式微已无法逆转。知识更新迭代的速度和频率越来越快，学生在学校学习到的知识，以及教师内在的专业知识结构已经远远应付不了快速变化的社会。教育界已经深刻体会到社会转型带给教育的诸多压力。如果大部分知识都可以通过学校教育以外的途径获取，受教育者为什么还要在学校学习呢？如果有了比实体课堂更具效能的智能化课堂，那么受教育者为什么还要乖乖地坐在教室中呢？如果传统教育只能培养受教育者的一小部分能力，而忽视使其受用终身的更大潜力，或者使受教育者成为智能时代的边缘群体和无用之辈，我们是否还要继续接受这样的教育呢？

快速转型的社会要求重塑教育观。自工业时代肇始，学校教育体系就一直建立在成熟的班级授课制和标准化教材的基础之上。就哲学基础而言，其蕴含的根本预设是"从属教育观"。"从属教育观"以教育者为中心来组织教学，而受教育者作为客体处于"主体—对象"的二元线性结构之中。现代信息技术支撑的智能化教学将推动"从属教育观"向"主体教育观"的根本转向。一方面，智能化教学能够有效针对受教育者的个性化学习需求，将所需的知识开发成微课、慕课等新型课程形态，充分利用虚拟现实、增强现实、视频会议、即时交流等技术实现高效能教学；另一方面，智能化学习为受教育者提供了随时随地自主学习的资源与空间，智能机器人还可以实现一对一的个性化教学指导与服务。智能化教学将极大地唤起受教育者的主体意向，帮助受教育者从"主体—对象"

的二元线性结构中解放出来，成为"行动者—网络"建构性行动学习模式的"聚合体"，①进而实现教学效率和教学效果的改善。

快速转型的社会要求重新审视教育的目的。安东尼·塞尔登说过，"如果教育不把欣赏各个领域内伟人巨匠们的成就作为核心内容，那么教育就不值一提。所有学生都有权利和潜力去欣赏这些关于世界的深邃见解"。② 相较而言，现在的学校更像一个文凭发放机构，为社会和用人单位提供个人学习经历与学习成绩的证明，③并在教育内容和培养标准方面尽力贴近社会和用人单位的需求，体现出较强的功利性与人力资源开发导向。学校教育更像是一条生产线上的旅行，日复一日、年复一年地被注入不同学科的更高深的知识，直到生产日期截止，学生作为产品被贴上标签出厂。同质化的教育广受诟病，它抑制了学习的个性化以及学习的广度与深度，教育之于学生意味着一段麻木、空洞与没有灵魂的经历。而在智能时代，非认知技能在提高生活质量方面的重要性被有力地证实，IQ（智商）早已不是衡量个人能力水平的唯一标签，EQ（情商）、CQ（好奇商）、SQ（精神智慧）、NQ（自然商）等多种智能形式的融合才能帮助我们更好地理解智慧的内涵。积极向上的道德观念、彰显个人特质的内在潜能开发、反思力与创造力、深层次的自我认知、通用学习能力、实践能力、交流能力与合作能力都应该成为教育与学习的重要目标。教与学的根本目的，不仅包含受教育者物质与经济收入的现实利益，更重要的是将受教育者培养成为具有生命内涵、积极乐观、富有社会责任感与使命感，以及适应社会发展关键能力的健全的人。

行驶在知识经济的快车道上，我们必须回答一个极其重要的问题：如何期望和定位教育。在经历了"组织化""制度化"与"大众化"的发展阶段后，进入人工智能时代的教育应该以何种面貌出现呢？教育专家们发出了强有力的呼吁——全民终身学习。全民终身学习将打破文凭作为世俗阶梯的格局，突破高考、会考的制度狭窄性，帮助个体在每个年龄段都有机会提高竞争力，进而缓解优质教育资源供需矛盾，从根本上解决教育内卷，优化教育生态。终身学习将

---

① 吴冠军.后人类状况与中国教育实践：教育终结抑或终身教育？——人工智能时代的教育哲学思考 [J].华东师范大学学报（教育科学版），2019(11)：1-15，164.

② 安东尼·塞尔登，奥拉迪梅吉·阿比多耶.第四次教育革命：人工智能如何改变教育[M].吕晓志，译. 北京：机械工业出版社，2019：22-23.

③ 王竹立.人工智能时代的教育畅想[J].今日教育，2017(9)：12-15.

帮助人类不断累积知识、运用知识和创造知识,以坚定的面貌应对挑战严峻、生存环境复杂、工作任务艰巨的人工智能时代。

二、教育体系构建：服务全民终身学习的重要使命

步入人工智能时代,引领与创新教育是人类的重要使命之一。个人生命历程不再简单地进行学习与工作的二维划分,而是呈现出学习与工作交替进行的格局,学习将会伴随一个人的整个生命历程。[①] 终身学习是人类面对社会全面转型的主动回应,迫切需要从观念形态转变为实践形态。

(一)终身学习是教育演进的高阶形态

1994 年 11 月,欧洲终身学习促进会正式提出"终身学习"这一概念,并经在意大利罗马举行的"首届世界终身学习会议"所采纳。终身学习是对终身教育的继承与超越,反映了教育领域从以社会为本位到以人为本位的价值取向转换。

1.终身学习是遵循知识观演变规律的观念更新

知识观在本质上体现为一种哲学思维方式,是人们对知识的内涵、产生方式、获取途径、种类以及功能价值等问题的基本观点和态度,旨在回答"什么是知识""知识有哪些形态""知识是主观的还是客观的"等根本性问题。知识观支配并决定着"学"与"教"的目标定位、内容选择及实施方式,影响着学习者追求真知的全部过程。

知识观的演变历经客观主义知识观、实用主义知识观与建构主义知识观的嬗递。客观主义知识观主张,知识是对客观世界存在着的永恒不变的事物本质的反映,是不依赖认识者而独立存在的客观实体。客观主义知识观引导下的教育教学表现为"知识授受式",强调以教师为核心,学生被动地接受知识,并以考试分数为标准的终结性评价判定学生的学习成效。[②]

实用主义知识观反对追求静止的百科全书式和冷藏库式的知识,强调应以"社会实际活动中所产生的功效"即"是否有用"来衡量观念或知识是否明确与有意义。坚持行动是获取知识的根本性工具,正所谓"求知即行动"(To know is

---

① 　阎凤桥.高中教育定位有哪些准则[N].中国教育报,2012-04-20.

② 　袁维新.从授受到建构:论知识观的转变与科学教学范式的重建[J].全球教育展望,2005(2):18-23.

to do)。实用主义知识观指导下的教育教学倡导在凸显与尊重学生生命价值与尊严的基础上，通过探究、反省与实践，引导学生深入社会生活，寻求知识的意义和价值。①

建构主义知识观则认为，知识获取是一种主动积极和持续不断的建构活动，学习者与外部世界不断相互作用建构起自身的智力基本模式和思维形式。建构主义是当下较为主流的教育教学方式，突出问题导向与情境导向，注重为受教育者提供探究的资源与空间，通过学习者自主的科学探究来建构知识，倡导合作探究的学习方法。

知识观的演进历史清晰地展现了学习观念更新及发展的方向及规律。首先，学习的根本使命在于促进学习者的持续性解放与提升，全面塑造学习者的个性、人格与能力，成为适应时代与社会发展的现代人。其次，学习应注重将沉积理性与丰满灵性有机统一起来，通过知识的积累夯实学习者生活的根基，依托意义生成充实学习者的精神世界。再次，坚持以学习者为中心，基于学习者需求与自主选择，实现知识的迁移、建构与创造，使学习过程更贴近人类不断占有、表现与开拓的本性。最后，形成具有开放性的自优化教育系统，一方面教育系统坚持与社会生产生活紧密结合；另一方面，教育系统自身通过整体优化，培育适应时代发展的自持续性与创新性，为学习者泛在学习提供支持。上述规律与终身学习的特征高度契合，已被社会、教育发展以及广泛的国际实践充分证实。终身学习具备鲜明的全员性、连续性、主动性、创造性、全方位性、协同性，能够有机地将人、教育与社会三者高度融合起来，是一种顺应并反映知识观转变方向及规律的重要理念更新。

2.终身学习是学习者自主发展权益的深度拓展

社会发展的根本目的是促进人的解放和全面发展。人类历史清晰地昭示我们，人之所以能摆脱软弱实现自主，开启潜能得到发展，都依赖于接受教育。因此，受教育权是维系"人之为人"的基础权利之一，是人的自由与独立发展所不可或缺的权利保障。

受教育权的内涵随时代发展不断拓展延伸，经历了公民权、生存权、学习权，再到发展权的内涵转变。公民权的实质是为有效行使政治权利要求国家创

---

① 陈家斌.杜威的知识观及其教育意蕴[J].天津市教科院学报,2009(1):40-43.

造文化教育条件的一种权利,生存权的实质是公民为了争取更好的生存能力而要求国家提供必要的文化教育条件的一种权利;[①]学习权的实质是主体与生俱来选择教育进而为自身完善和发展人格、积极生存和创造幸福而享有的权利;而发展权的实质是学习者身心全面和谐发展的权利。20世纪70年代,受教育权作为发展权被法律所确认,成为一项不可剥夺的人权。发展权是其他人权与基本自由充分实现的手段,发展权的终极追求是人的自主发展与自由发展,意味着主体能够按照自身所固有的内在本性支配自身的发展。[②]

受教育权的充分实现需要依托多样性的学习样态。一是不断扩大受教育权主体范围,从具体学生扩展到一般公民,推动受教育权实现的普及性。二是不断创造并供给更为丰富多样的学习资源,从少数人占有学习资源到全体受教育者全面共享学习资源,提升受教育权实现的公平性。三是突破学习场域的局限,从书本课堂到随时随地,加强受教育权实现的可行性。终身学习所体现出的教育多样化、去中心化与实践性学习等内容充分适应受教育权内涵拓展的时代要求,无疑将夯实受教育权的实践基础,充分保护主体自主发展权益的实现。终身学习体系的构建不仅有助于激发受教育者自身的内源性动力,而且有助于建立起多样化的公共教育服务体系,满足主体学习的选择与需求多样化,最大程度释放公民学习权与发展权的权能。[③]

3.终身学习是贯通主体个性发展与社会性发展的模式转型

人自主全面发展的两个基本维度是个性发展与社会性发展。个性发展尊重个体个性潜质,理解包容个体独特品质,注重引导与激发个体优势潜能,使个体具备高度自主性、独立性与创造性。社会性发展通过促进个体与社会的相互作用,帮助个体取得社会成员资格,向一名合格社会成员转变,从自然人转化为社会人。二者之间的辩证关系是影响教育形态发展变革的主要张力之一。

个性化与社会化的和谐统一是人的自主全面发展的必然要求。个性化是社会化之中的个性化,脱离了社会化的个性化是无序的个性化,易导致无政府主义混乱状态;社会化是体现主体价值的社会化,否定和压抑个性化的社会化

① 龚向和.论受教育权的可诉性及其程度[J].河北法学,2005(10):23-26,35.
② 涂艳国.试论"人的自由发展"的涵义[J].华中师范大学学报(哲学社会科学版),1997(3):70-76,131.
③ 吴遵民.中国终身教育体系为何难以构建[J].现代远程教育研究,2014(3):27-31,38.

是僵化的社会化,将导致社会发展丧失原动力。人的自主全面发展一方面需要实现社会化,保证社会成员心理与行为模式的规范性和一致性;另一方面,也需要实现个性化,彰显个性发展诉求,为社会发展提供多样性、创新性与动力性保证。主体的个性化与社会化理应水乳交融,在相互包容中共同实现。

个性化教育需要内外双重条件的支撑,内因与外因共同决定了受教育者个性化教育实现的进程与成效。从内在条件来看,学习者的学习自主性是个性化教育成效的决定性因素。从外在条件来看,要针对受教育者的差异提供满足个性化需要的教育方案。学习者的差异主要表现在知识获取方式上的需求差异,如不同学习者在吸收知识数量方面的差异,或者是在知识获取时空需求方面的差异等。为了更好地解决这些客观存在的差异性事实,可以依托大数据以及人工智能等现代信息科技手段转变传统教育方式,实现"点对点"的精准教育。

当前,社会化教育已经从致力于实现受教育者从"生物人"向"社会人"转变,逐步拓展为受教育者内化主流价值观念、规范自身社会行为、履行社会角色职能的过程。为此,社会化教育除了强化受教育者社会生活和劳动技能的学习之外,更加注重受教育者社会道德规范的内化,以及社会角色扮演的学习。人的社会化发展要经历基本社会化、预期社会化、发展社会化乃至逆向社会化或者再社会化等阶段,这将是一个贯穿人生始终的长期过程。家庭、学校和社会都将成为受教育者实现社会化的教育空间,基于生活经验和成长体验,受教育者不断认识社会生活内容的丰富性,理解"我"与社会的关系,进而上升到个人与社会的关系。

贯通主体个性发展与社会性发展的教育模式应重在实现教育的精准化与可延伸化。全民终身学习将极大地凸显学习者的主体性,使学习成为基于学习者主体意愿、需要与水平的自主性活动[1];终身学习将促使教育不再局限于个别阶段,而是融入并贯穿学习者一生,教育将流动起来、开放起来,借由信息技术和网络技术进入千家万户,渗透到社会的各个层面与构成单位,拉近知识与需求者的距离,转化为不受时空限制的社会化自我教育方式,促进主体个性发展与社会化发展相互交融与和谐统一。

(二)构建服务全民终身学习教育体系的多元探索之路

终身学习发端于20世纪60年代,80年代逐渐形成广泛趋势。1994年,罗

---

① 王竹立.人工智能时代的教育畅想[J].今日教育,2017(9):12-15.

马首届世界终身学习会议的成功召开,使终身学习成为世界范围内的主流教育思潮。终身学习顺应了世界经济社会发展与科技进步的趋势,因而得到各国的高度重视与纷纷响应。为了促进与规范终身学习事业发展,多国采取积极态度,推进终身学习立法,确认其法律地位,并广泛运用教育政策等管理工具将其纳入本国的教育事业发展规划。从终身学习在世界各国的演进历程中,我们可以概括总结出促进全民终身学习的多元探索之路。

1.服务全民终身学习的法治化之路

完善的法律政策保障是服务与实现全民终身学习的制度基础,教育发达国家无一例外地重视终身学习立法与政策制定,规范与有序地推进全民终身学习。

重视制定终身学习专项法律。各国积极立法,力图用法律将全民终身学习上升到国家意志层面,使其成为全社会共同的根本利益。1972 年,法国颁布《终身教育法》,设定了保持、补充和延长学校教育,积极开拓高等教育途径,并创造条件以促进成人适应职业变化等一系列终身教育任务。美国于 1976 年颁布《终身学习法案》(亦称《蒙代尔法案》)确立了终身学习的法律地位,促进终身学习由一种理念转变为一种法律层面上正式的行动路径与实践方式。1990 年,日本颁布《终身学习振兴法》,后于 2002 年修订更名为《终身学习完善法》。这部法律强调了提升终身学习对于国家社会发展的重要意义,确立了教育具有满足国民终身学习需求的基本宗旨,并明确了终身学习的目标、主要举措以及振兴构想。2000 年,英国颁布了《学习与技能法》,旨在通过积极推进终身学习,加快学习型社会的建设进程,提高国家核心竞争力。德国已建立起较为完备的终身学习法律体系,由《职业教育法》《手工业条例》《联邦教育促进法》《远程学习保护法》《职业晋升培训促进法》《失业保险保护和增强继续教育法》等一系列法律法规构成。2013 年,俄罗斯颁布了《激励和支持俄罗斯联邦主体发展终身教育的方法建议》,对俄罗斯各联邦发展终身教育做出了相关规定,确认了终身学习对于实现国家社会经济发展总体目标和各联邦主体各自既定目标的关键作用。

终身学习写入教育基本法。教育基本法是依据宪法制定的调整教育内部、外部相互关系的基本法律准则。教育基本法通常规定国家的教育基本方法、目标、任务以及教育主体的各项法律权利与义务。将终身学习或终身教育纳入教育基本法意味着将其确立为国家基本教育制度之一,成为国家教育体系不可或缺的重要组成部分。20 世纪 80 年代,韩国把终身教育写进了宪法,积极推进终身教育与全民学习。1992 年颁布的《韩国教育法》规定了夜间制、季节制、学时制等终身教育方式,鼓励国家和地方自治团体以及工厂、企业利用所能利用的一切设施办学,对未能接受义务教育的超龄者及一般国民进行必要的教育。① 美国在 1994 年颁布的《2000 年目标:美国教育法》中鼓励对教师实施继续教育,使儿童掌握终身学习能力,为成人提供更多改进技能、激发潜能的学习机会。2006 年,日本政府修订了《教育基本法》,将终身学习作为四大教育目的与理念之一,进一步强调了终身学习在整个教育体系中的根本性地位。② 德国将终身学习和终身教育与保障劳动者权益与促进就业紧密联系在一起,体现出较强的职业导向。其《社会保障法典》第二卷"求职者基本保障法"与第三卷"就业促进法"中强调了终身教育的地位和功能,通过实施完善的继续教育让工人具有完成工作任务的能力以及重新就业的能力,避免失业;即使失业,也可以尽早实现再就业。

颁布多元的终身学习教育政策。相较于教育法律,教育政策具有更大的灵活性,能够及时调整、规范与解决更大范围内的终身学习与教育问题,尤其是那些具有阶段性、暂时性,新出现但尚未定型的问题。因此,加强教育政策的制定与执行是各国建设学习型社会、实现全民终身学习的主要经验。如德国先后制定颁布了《综合教育计划》联邦法令规章与《全国扩展继续教育成为第四教育领域基本原则》《未来的教育政策:教育 2000》《终身学习的新基础:继续扩展继续教育为第四教育领域》《全民终身学习:扩展与强化继续教育》等一系列政策,将终身教育列为与普通教育并列的教育形式,明确全民终身学习作为未来德国教育发展与革新的主要目标,强调所有人均享有在高等教育机构中继续接受教育的机会,并提出了推动终身学习与拓展继续教育的诸多策略。③ 美国自 20 世纪末至今的 20 多年时间里,先后颁布了《克林顿总统的十点教育计划》《数字化学习——让所有的孩子随时都能得到世界一流的教育》《美国教育部 2002—2007

① 兰保珍.论市场经济条件下国有企业的教育培训[J].广西民族学院学报(哲学社会科学版),2001(S2):132-138.
② 张天一.二战后日本社区教育政策研究[D].济南:山东师范大学,2018.
③ 卫军.终身学习,我们一直在努力[J].现代职业教育,2017(21):188-192.

年战略规划》《国家学习：展望 21 世纪》《国家创新战略》等教育政策,强调应保障更多青年及成年人获得接受高等教育的机会与持续性学习新兴产业所需要的技能。① 英国相继颁布《学习工程：扩大继续教育机会》《学习时代：一个新英国的复兴》《学习成功：16 岁后学习的新框架》等综合性终身学习政策,号召全体公民树立终身学习理念,并设计相对完善的继续教育体系,确保公民在一生中的任何阶段都有继续学习的机会。

2.服务全民终身学习的体系化之路

健全与完备的机构是推进与实现全民终身学习的组织基础,各国基于自身国情设立了特点鲜明的服务全民终身学习的管理机构与实施机构,旨在高效整合与利用各类终身学习资源,为学习者提供充足的学习机会与多样化的学习形式。

设置专门的终身学习领导与管理机构。建立学习型社会,实现全民终身学习是一项宏大工程,体现出较强的系统性、复杂性与专业性,设立专业化的行政领导与管理机构,遵循客观的教育规律,有效地组织、统筹、调控、引导与规范终身学习事业发展,是实践的客观要求与逻辑必然。日本在文教省下设立社会教育局,作为管理终身学习的专属机构,这是世界首个专门设立的国家级终身学习的行政管理机构,后更名为终身学习局,位列各司局之首。日本各地方政府也相应地设立了专门行政机构服务终身学习事业发展,协调与终身学习实施机构的沟通与合作。法国成立了全国终身职业教育委员会作为国家层面管理终身学习的专门机构,该机构具有制定促进终身继续教育发展的相关政策,协调终身学习相关部门、机构与组织的关系等专门职能。委员会由国会代表、政府相关部门代表、各大区议会代表、各工会组织代表和各行业组织代表等专业人士组成,是规划终身学习事业发展的重要决策主体。② 法国还设立了代表国家对办学机构实施质量管理的终身教育专门评估委员会。俄罗斯在教育与科学部下设立工人培训与补充职业教育政策司,作为国家层面负责终身教育发展的主要管理机构。韩国建立了由行政管理机构、研究机构和实施运营机构构成的完备的国家终身教育组织体系。其中,终身教育振兴委员会是审核协议机构,教育科学技术部下设的终身职业教育局是行政管理机构,终身教育振兴院

① 李玉奇,林泉孚,张燕军.美国奥巴马政府终身学习政策探究[J].世界教育信息,2016(13):35-39.
② 张为宇.法国继续教育概览[J].世界教育信息,2013(20):33-35.

（NILE）是承担研究职能的专门机构。

建立多样的服务全民终身学习实施机构。各国在推进全民终身学习的进程中形成了一条宝贵的经验，即：建立多样化的服务全民终身学习机构，促进各机构间的配合与协作，最大限度地开发、整合与利用各类终身教育和学习资源，形成完备的服务全民终身学习机构体系。日本在县一级行政区划设立终身教育和社会教育中心，在市町村一级改革与完善原有的公民馆，积极开发利用历史古迹、寺庙、图书馆、博物馆等文化遗产与公共设施，促进终身学习的有效开展。韩国在全国广泛设立终身学习信息中心等终身学习机构，改申报注册制为备案制，赋予其设置运行自主权，积极鼓励各类民间社会组织举办终身教育与学习机构。在德国，教会、工会及企业等社会组织被鼓励开办终身学习机构，如依托新教教会和天主教堂运行的教会教育网络等。这类主体已经成为终身学习的主要办学主体，规模仅次于国民高等学校。德国工会联合会（DGB）和德国职员工会（DAG）也开办了大量的职业教育机构，为不同领域职工提供了丰富的在职教育培训。一些公司自行设立了教育部门和培训中心，为本公司员工提供所需的在职培训，其规模甚至超越了一些国民高等学校。瑞典形成了由学习圈、民众高等中学、市立成人教育机构、国立成人学校、公共图书馆、劳动市场培训、广播电视大学以及虚拟大学等机构共同构成的，集职业教育、成人教育以及博雅教育于一体的开放而富有弹性的终身教育与学习机构体系，保障了终身学习法律及各项政策的有效实施。① 在美国，由公司企业组织的职业培训愈来愈发达，在职培训内容广泛，形式灵活，受训人员规模不断扩大。据统计，美国1.1亿劳动力中，参加每年一次或更多次的培训人数高达4200万。

逐步开放正规教育实施机构。终身学习理念对传统学校功能的拓展与转型提出了更紧迫的要求。世界各国积极探索开放学校等正规教育机构，大力促进学校教育资源与社会教育深度融合，加速学校教育与社会教育的协同发展，强化正规教育机构服务全民终身学习的功能。进入20世纪末期，美国有超过900所高校利用信息与互联网向社会开放课程资源。这些课程包括为取得各种职业资格和熟练职业技能而开设的职业教育课程，为转入大学后期学习的适应性课程，以及综合性的一般通识教育课程等。在日本，政府通过立法要求学校

---

① 陈雪芬,吴雪萍.瑞典终身学习政策分析[J].职教论坛,2008(11):56-60.

资源向社会开放,在不妨碍学校正常教育秩序的前提下,学校可以设置相应的机构或提供相关的资源设施供社会教育及其他公共事业利用。因此,日本许多正规教育机构都设立了终身学习中心,依据本区域居民实际学习需求的调查结果制订适宜的、有针对性的居民学习计划。日本大学的社会开放程度也非常高,一方面设立生涯学习中心,充分利用大学教育资源支持学习者的研究和自我提升,为职业和技术人员再教育以及产业、企业的发展服务;另一方面发挥高校设施优势,使高校成为区域教育、体育、文化中心,成为国民在文化、体育、学习活动中体验生存价值的重要场所。法国许多高中开设了针对成人职业培训的"高等技师班"(STS),还创设了"高等中学群"(GRETA)项目,选择同一地区的若干所高中组成"高等中学群"(通常为10所左右),为本地区居民提供终身教育或终身学习资源。法国现已建成400多个GRETA,超过5000所高中加入此项目,每年参加GRETA的培训人员达36万。[①]

3.服务全民终身学习的信息化之路

数字化浪潮引发了教育领域观念、内容、方式、过程等各环节的根本性变革。借助现代信息技术高效整合终身教育资源,实现多平台互联,强化全过程学习、教学、服务与管理,形成覆盖全域的数字化终身学习网络,形成基于信息技术深度融合的数字化终身学习模式,已成为世界各国的重要经验。

注重建设泛在学习环境。终身学习的主要形态是泛在学习,意味着任何人可以在任何地方、任何时刻获取所需的任何信息进行学习。[②]泛在学习的显著特点是以人为中心、以学习任务为焦点,呈现出无缝学习、普适学习与全域学习的形态。当前,各国借由先进的移动终端设备以及极速迅捷的互联网服务,通过提升信息网络基础设施水平,推动有线网与无线网的深度融合,优化数字化教学装备配置,并逐步普及符合技术标准的个人学习终端等手段,致力于建设体现"泛在"特征的学习与教育生态。如日本政府利用ICT数据中心建成了任何人随时随地均可连接的泛在学习网络社会"U-Japan"。"U"字母具有多种内涵,象征联结所有的人和物、以学习者需求为导向、激发学习者个性与活力以及普遍适用性等。法国于2015年发布"数字化校园"教育战略规划,计划投资10

①　罗艾,宋江洪.论终身教育与自学考试制度改革[J].西南民族大学学报(人文社科版),2007(4):215-220.

②　张立滨.泛在图书馆环境下知识咨询服务研究[J].科技信息,2013(14):203-204.

亿欧元完善数字化教育资源与设备。规划启动后的短短一年,教育数字化系统已覆盖全法 1/4 的初中和 1800 所小学。此后,法国又积极推进"可移动数字化学习设备计划"与"创新的数字学校和农村"计划,积极为学生配备先进的可移动学习装备,通过不断提升信息化教育装备水平和基础设施,为学生构建智能化学习环境,推动终身学习创新发展。南非积极推进"Ubiquitous"学习校园项目,致力于建成以"24 小时学习博物馆化的学校"为特征的、面向全体学生的未来型校园。[①] 欧盟主导的"Mobile ELDIT"项目开发了在线语言学习系统的移动版本,使数字化学习平台上的内容能够以泛在方式提供给移动用户。[②] 近年来,我国也积极利用教育信息技术为终身学习服务,如充分利用现有的网络基础和国家公共通信资源,加强多种教育实施机构或学习服务机构网络对接,通过卫星电视、宽带网络和宽带卫星等手段积极整合并共享社会各方开发的个性化优质资源,建成了大量数字图书馆、数字博物馆、数字科技馆等平台,以应对学习者需求的多元化与个性化。

注重健全优质数字教育资源公共服务体系。数字教育资源建设是教育信息化的重要内容,是服务全民终身学习体系建设的基础性工程,也是各主要发达国家应对教育变革与挑战所实施的重要战略。一方面,各国注重依托新兴的网络信息技术丰富数字教育资源的种类与形式,促进真实学习环境与智能虚拟学习环境相互融合,提升数字资源的教学交互与应用体验;另一方面,注重统筹、整合与共享社会各方开发的数字化资源,为学习者提供个性化服务。2020年第三届欧洲教育峰会确立了创建欧洲教育区的重要规划,此项目旨在利用数字教育资源强化年轻人的终身学习,不断丰富知识、增长技能,进而提高在欧盟全域就业的能力。韩国积极推进"U-Korea"战略,强化基础设施建设,现代信息技术应用,以及 U 化社会制度的建立和服务的扩散化。这一战略以无线网络传感器为基础载体,将韩国所有优秀资源数字化、网络化、可视化与智能化,助力韩国跨越式进入智能学习社会。[③] 威尔士于 2012 年开始实施"数字学习项目",该项目以 Hwb 网站、国家数据资源库和"Hwb+"在线虚拟学习平台为核心载体,辅之以电子安全工具、专项培训以及资助项目共同构成。威尔士通过实行

① 潘基鑫,雷要曾,程璐璐,等.泛在学习理论研究综述[J].远程教育杂志,2010(2):93-98.
② 李舒愫,顾凤佳,顾小清.U-learning 国际现状调查与分析[J].开放教育研究,2009(1):98-104.
③ 陈桂香.国外"智慧城市"建设概览[J].中国安防,2011(10):100-104.

数字学习项目重构了教学过程,开创了教育新格局,为打造个性化的教学路径创设了条件。[①] 2019 年,美国国家教育技术主管学会发布了《领航数字变革2019》报告。该报告为美国数字化教育资源建设指明了具体方向,呼吁制定与完善专项政策,强化数字化教育资源支持,促进学习者向个性化学习、多元化学习与互动化学习转变。2022 年 5 月,新的澳大利亚课程网站正式上线运行,包含已经更新和获批准的澳大利亚课程9.0 版。该网站使教师可以同时查看多个学习领域,快速、直接地找到自己所需的大量数字资源,清晰地看到课程标准与具体内容描述之间的联系,并在课堂上更加有效地呈现课程内容。网站还提供课程规划与实施的建议,支持教师更广泛地获取知识、更深刻地理解知识,帮助他们实现高效能的课堂教学。

注重信息管理平台建设,保障学分银行高效运行。"学分银行"(school credit bank)移植了银行的基本储蓄功能,能够实现学分的存储、保管、提取和转化,帮助学生实现自由选择学习内容、学习时间、学习地点的终身学习。学分银行有助于转化传统教育系统,打破教育系统间界限,是构建人才成长立交桥的核心制度与环节。作为一个完整的体系,学分银行复杂而庞大,一方面需要政策法规、标准体系和运行体制机制的支持与保障,另一方面也要依托一个功能完善、技术强大的信息管理平台才能高效运行。[②] 发达国家在设计建设信息化开放服务平台支撑国家学分银行体系运行方面积累了诸多有益的经验。如韩国开发了多层次的学分银行信息管理平台,根据其职能架构实现多层管理,主要包括提供相关政策制度查询、在线学分认定申请、证书核对、学分登记、学分认定和学位授予等功能,并为个人和机构提供专业学习指导与培训计划推荐。平台数据实行多层级管理,打通各类学习平台接口,为学分银行的运行提供了强有力的信息服务和保障。再如英国国家资格监管机构,其主要功能是鉴别学习成果的层次及学习量的大小,通过对单元和资格授予学分来认定和记录学习成果。学习者只需要在平台上注册专属账户,就可以将学历教育的各项成绩、奖项、资格证书、工作业绩,以及佐证材料在内的所有记录存入数据库,据此申请资质认证、分析学习成果或向用人单位证明个人成就的真实性。欧洲学分银

① 徐蕊玥,周琴.英国威尔士"数字学习项目"的实施与启示[J].数字教育,2019(6):87-92.
② 余燕芳.教育大数据背景下学分银行信息管理平台设计理念与技术架构研究[J].中国远程教育,2015(6):53-59,80.

行是国际上发展较早且体系较为完善的学分认证体系,包括学分转换与累计系统(ECTS)和职业教育与培训学分系统(ECVET)。[1]

(三)体制是构建服务全民终身学习教育体系的关键

全民终身学习体现出"人人皆学""处处能学""时时可学"的鲜明特质,在时间、空间、功能和技术四个维度均不同于传统学习形态,对教育事业发展的理念、策略、目标、方法、任务和途径提出了更高的要求。为此,需要以终身学习思想为指导,以建设学习型社会为目标,以保障全体社会成员公平的学习权益为基础,以满足全体社会成员多元化的学习内容需求、学习方式需求以及终身发展需求为导向,构建有利于实现学习者主体性学习的服务型教育体系。[2]

1.体制是服务全民终身学习的教育体系的核心

教育是一个包含不同要素在内的庞大系统。当构成教育大系统的各类要素以一种有序的方式结合在一起,就形成了教育体系。类型和内容是分析教育体系构成的两个基本维度。

从类型来看,教育体系包括正规教育、非正规教育和非正式教育。正规教育又称为学历教育,具有一定的入学条件、严谨的学制规定和毕业标准。与正规教育相比,非正规教育是与劳动、工作相联系的内容广泛的教育与学习活动,其特点是有组织但不充分制度化、成系统但不完全常规化,因而灵活性较强。非正式教育模糊了教育者与受教育者之间的角色与界限。日常生活中每个学习者从生活经验和生活情境中无组织、无系统地汲取并积累知识技能,提高自身对自然世界和社会生活的理解、态度与见识的过程都属于这一类型。

从内容来看,教育体系由观念、体制、机制和活动四个范畴构成(图0.1)。教育观念是人们基于实践形成的对教育现象的系统的、理性的认识。教育机构与教育制度相结合形成教育体制,按照教育实施机构和教育管理机构的划分,教育体制也可以相应地划分为教育实施体制与教育管理体制。教育机制是教育现象各部分间的相互关系及其运行方式,包括教育层次机制、教育形式机制与教育功能机制。[3] 教育活动是教育主体基于教育角色与教育权利义务关系所

---

① 刘兴宇.我国终身学习的研究热点及发展趋势:基于1999—2019年CNKI期刊文献的共词可视化分析[J].文化学刊,2021(7):160-164.

② 陈静.英国资格与学分框架运行机制及特点[J].现代教育管理,2014(11):119-123.

③ 李建国.我国高职院校"内部管理体制"改革研究[D].南京:南京农业大学,2011.

实施的各类特定的教育行为,包括内容、方法、过程、价值等要素。①

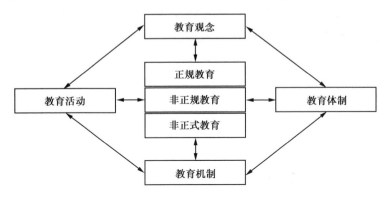

图 0.1　教育体系构成示意图

从范畴间的逻辑关系来看,教育体制的建构、教育机制的运行和教育活动的实施均受特定教育观念的指引,教育观念的现代性是教育体系现代性的重要来源,教育观念的先进程度决定了教育体系的先进程度。教育观念的落实首先要求建立与之相匹配的教育体制,即设立特定的教育机构、制定特定的教育制度以满足教育观念的内在规定性。在教育体制的建构过程中,机构与机构之间、制度与制度之间、机构与制度之间的相互联系和运行方式形成了一定的教育机制。② 在一定的教育观念指引下,以及一定的教育体制和教育机制的调动、协调、规约与保障下,教育活动才可能得以顺利实施,并实现预期的目标和效果。上述逻辑关系表明,教育体制是教育观念、教育机制与教育活动的现实载体,是联结教育观念、教育机制与教育活动的桥梁与媒介。教育体制是教育观念得以落实的必要条件,依托教育体制,借助宣传、引导、强制等手段才能树立并实现教育观念。教育体制与教育机制具有结构相容性,教育机制作为教育体制各要素之间的相互关系与作用方式,其形成、存在与功能发挥必然依赖现实中的教育体制,也就是客观存在的教育机构与教育制度。"如果没有社会机构的支撑,任何实践都不可能存活多长时间。"③各类教育活动的开展也必定依托某类特定的教育机构,并接受教育制度的规范与制约。因此,教育体制在四个

---

①　孙绵涛.教育体制理论的新诠释[J].教育研究,2004(12):17-22.
②　孙绵涛.教育现象的基本范畴研究[J].教育研究,2014(9):4-15.
③　王有凭.美德伦理视域下的高校德育[J].学园,2015(18):5-6.

范畴中处于核心位置,教育体系建设需要遵循教育观念、教育体制、教育机制和教育活动四个范畴之间相互关联、相互制约、相互影响的逻辑关系,是一项以树立教育观念为指引,以健全教育体制为核心,以创新教育机制为条件,以实施高效能教育活动为落脚点的系统工程。[1]

从我国服务全民终身学习教育体系的建设进程来看,在教育观念层面,活到老、学到老的思想逐步根植于人们的头脑中,学习渐渐成为人们的一种兴趣、习惯、精神需要和生活方式。终身学习思想已被确立为我国教育事业改革的重要指导思想,并对我国教育体系的功能升级发挥实质性的影响。因而,当前最为紧迫与重要的任务在于建立与全民终身学习观念配套的、完善健全的教育体制,包括构建起充分沟通各级各类教育、顺畅衔接多种学习成果的全民终身学习立交桥和人才成长通道;[2]建立起强化服务全民终身学习的资源投入与制度保障的宏观教育治理结构与微观教育管理结构;健全以终身学习法为核心,以保障社会成员公平终身学习权益为主旨,以弹性学习、转换渠道、成果认证、学分互认、资历框架为基本点的法规、政策与制度体系等。在教育体制完善的基础上,才能进一步实现注重开放运行的层次机制创新,注重政府主导与社会协同相结合的形式机制创新,以及重视经费保障、质量评价、教学与学习主动性激励的功能机制创新。最终,实现为全体社会成员终身学习提供兼具终身性、全员性、广泛性、灵活性、实用性的教育活动。

逻辑关系与实践进程的双重分析表明,新型教育体制构建是建设服务全民终身学习的教育体系这项社会系统工程的核心与关键任务,以此为抓手和突破口,积极落实全民终身学习观念,创新教育机制与教育实践活动,才能建成服务全民终身学习的现代教育体系。夯实教育体制的核心作用,才能更大限度地激发服务全民终身学习的现代教育体系发挥全面统领作用,满足全体社会成员终身学习需求,实现学习者自主学习,形成多样化教育与学习服务有序健康发展的崭新格局。[3]

2.制度是服务全民终身学习的教育体制的核心

教育体制分析的两个基本点是教育机构与教育规范。教育机构包括教育

---

① 张笑菡,黄伊晴.教育治理现代化建设:主体、内核与机制[J].广西民族师范学院学报,2023(6):108-115.

② 陈宝生.推进教育治理体系和治理能力现代化[J].旗帜,2019(11):17-18.

③ 陈宝生.推进教育治理体系和治理能力现代化[J].旗帜,2019(11):17-18.

实施机构和教育管理机构,教育管理机构又分为教育行政机构与教育实施机构内部管理机构。教育规范是管束特定教育行为模式和关系的一套行为准则与制度,通常包括指导性制度、约束性制度、激励性制度以及程序性制度。教育实施机构与一定的教育规范相结合形成教育实施体制,教育管理机构与一定的教育规范相结合形成教育管理体制(图 0.2)。具体来讲,教育行政机构与教育规范相结合形成教育行政体制;教育实施机构与教育规范相结合形成教育实施体制。①

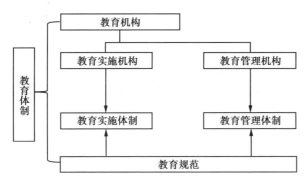

图 0.2　教育体制范畴图

教育机构与教育规范之间同样存在相互联系与相互制约的关系。相较于教育机构,教育规范更具逻辑重要性,是教育体制的核心。首先,教育规范规定并保障教育机构的合法性。马克思·韦伯指出,"任何形式的权威机构都必须具有其合法性根据"。合法性是一个内涵丰富的概念,不仅仅指符合法律,也包含着与原则和标准相一致、合乎逻辑、正义合理等含义。机构合法性需符合以下标准:一是道德合法性。道德合法性来自社会价值观和道德规范,以机构的性质、功能、工作内容与程序是否符合公众的共同价值观和道德规范加以判断。而公众的共同价值观和道德规范必须借由包括法律等形式在内的制度加以固化与强化,并向全体社会成员清晰地加以传达。二是规制合法性。规制合法性来源于符合并遵守政府、专业组织、行业协会以及组织自身制定的规章制度。②机构通过遵纪守法、遵守内外部的规章制度,积极申报并获得各类专业认证使

①　尹雁.艺术院校青年教师专业发展研究:以沈阳音乐学院为个案[D].沈阳:沈阳师范大学,2011.
②　王晓杰,胡国栋,张丽然.合法性机制和效率机制:兼论数字经济背景下的企业民主建构[J].东北财经大学学报,2022(4):87-97.

自己具备合法性。① 正如韦恩·K.霍伊指出，"教育机构要得到环境的支持并在环境中获得合法的地位，就必须要与环境中的规范保持一致"。三是政治合法性。政治合法性来源于被广泛地认可与接受。既包括来自政府及公务人员的认可与接受，也包括普通公众、从业人员、工作对象、大众媒体等社会主体的认可与接受，还包括机构内部工作人员的认可与接受。而各方的认可与接受很大程度上是以机构的道德合法性与规制合法性为基础的。可见，规范对于规定并保障机构合法性起到了决定性作用。

其次，教育规范规定教育机构成立与运行的重要事项。教育制度既包括国家和省市制定颁布的、调整与规范整个国家或区域教育行为模式与关系的宏观教育制度，也包括教育实施机构制定的调整与规范内部教育行为模式与关系的微观教育制度。无论是宏观教育制度还是微观教育制度，基本上体现为"一个中心+三个支点"的体系架构。一个中心指基本教育制度，如宏观层面的教育法，微观层面的学校章程。三个支点包括机构制度、工作制度和人事制度，即：为了保障教育事业发展的顺利推进，需要建立完善的教育组织机构，这就需要制定机构制度；围绕机构所承担的教学、科研、社会服务、文化传承等职能和任务需要形成工作制度；教育机构核心工作的各项目标都通过人的活动加以实现，因此还需建立人事制度。② 可以说，机构是依据制度建立的，机构的性质、功能和目的是依据制度设立的，机构的设立、合并、变更与撤销也必须依据制度规定加以实施。

最后，教育规范的完善与落实程度决定教育机构的工作质量。教育规范是一种重要而有力的手段，对维护教育机构的正常工作秩序至关重要。一方面，教育规范界定了教育机构内部的权力边界和行为空间，约束外部性机会主义行为，降低不确定和不可预见的行为的可能性；另一方面，教育规范具有分配与整合组织资源的作用，为组织成员提供安全保障、规范机构成员的行为方式，引导其形成稳定的预期和特定的认知模式，进一步促进教育机构提高工作效率。总之，教育规范是教育机构得以正常运行的基础依据，从内向性功能来看，教育规范有利于促进教育机构内部知识增长和认知提升，为教育机构的存续和发展提

---

① 桂逸.互联网企业成长与合法化战略[J].中国商贸,2012(21):63-64.
② 孙绵涛,王刚.我国现代学校制度建设的成就、问题与对策[J].教育研究,2013(11):27-34.

供必要的内聚力;从外向性功能来看,教育规范有助于从教育机构外部吸收促进增长和进化的动力,实现教育机构开放性和封闭性之间的适度平衡,不断降低教育机构内部的熵值,保障教育机构功能的稳定发挥。

三、系统性思维:服务全民终身学习教育体系构建的思想基础

(一)系统哲学之时代意义

系统哲学是以系统科学为基础,关于系统普遍本质和最一般规律的学说,它以马克思主义哲学与自然辩证法为基础,不断吸收现代科学发展的研究成果与理论成就,对理解世界的演变有着重要的作用与意义。

1.系统哲学是新型的综合哲学

系统哲学是一种开放的、新型的、综合的哲学体系。系统哲学补充、丰富、完善和发展了辩证唯物主义哲学,是现代辩证唯物主义哲学的新形态,是对传统哲学范式的一种超越。[①] 系统哲学超越传统哲学的综合性体现为:第一,马克思主义哲学与自然辩证法是系统哲学得以确立的哲学基础。第二,系统哲学虽自成体系,但其科学基础是开放的,并不局限于系统科学的研究成果,而是不断地吸纳和概括所有有益的最新研究成果。第三,系统哲学以系统为研究对象,是基于哲学的视角解释与阐述客观物质世界的系统整体。第四,系统哲学的目的是正确阐述系统物质世界的辩证发展规律,完整深刻地解释自然界、人类社会、思维领域系统运动的本质特征和普遍联系,进而立足于整体揭示系统事物的生灭转化过程和系统内外的辩证关系。[②] 总之,系统哲学是用新的概念和范畴及新的原则和方法,从整体上揭示系统事物的本质特征和普遍联系,揭示系统事物的辩证发展规律的哲学。

2.系统哲学以系统方法作为认识问题的基本途径

自笛卡尔哲学广为传播起,自然科学知识与人文科学知识开始逐步对立。这种对立导致人从自然中被隔离出来,加深了"两种文化"之间的鸿沟。此后,弥合两种文化之间鸿沟、形成普遍观点成为哲学发展的重要任务。然而,包括

---

① 王晓杰,胡国栋,张丽然.合法性机制和效率机制:兼论数字经济背景下的企业民主建构[J].东北财经大学学报,2022(4):87-97.
② 乌杰.系统哲学[M].北京:人民出版社,2008:21-24.

实证主义哲学和分析哲学在内的众多哲学流派却并没有成功。这一重任很可能落在 20 世纪兴起的系统哲学肩上。以贝塔朗菲为代表的系统哲学家将"物质事件"和"精神事件"视为不同的观察者对发生在人脑这个物质系统中的同一过程作双透视所获得的不同的透视图：外部观察者看到的是原子和分子的、电和化学的"物质事件"；而内部观察者看到的则是表象和概念的、判断和推理的"精神事件"。① 传统哲学将永远无法将这两张透视图加以重合。而依靠系统哲学的综合方法，很可能最终解开这一谜题：首先，充分运用经验科学公开进行实验检验和批判的独特属性，致力于寻找发现三个领域中周期性重复出现的最一般的规律，将其作为系统哲学的基本规律，提供一种最可靠的经验的世界观；此后，聚焦科学发展前沿阵地上的最新成果，特别是新兴的复杂性科学的成果，将其整合起来，提炼上升为系统哲学，再用以研究和解决社会科学和社会实践中的问题。由此可见，系统方法是一种跨学科的具有更高普适性的方法论，这种方法论有助于克服以割裂的观点分析物质系统、生命系统和社会系统的弊端，进而更为准确地把握存在于三大系统相互联系中的客观规律。事实表明，系统哲学在解决自然科学和社会科学领域的相关问题上都取得了一定的成功。我们可以相信，系统哲学应用于全民终身学习体系构建方面也将获得积极的成果。

3.系统哲学更利于分析与解决复杂的社会问题

系统哲学的核心思想是系统的整体观念，即任何系统都是一个有机的整体，它不是各个部分的机械组合或简单相加，系统的整体功能是各要素在孤立状态下所没有的新属性。② 也就是说，系统作为整体具有部分或部分之和所没有的性质。基于这一点，系统哲学将较为彻底地改变人们审视问题的思维方式，用整体性分析应对社会问题的非线性属性。人们已经充分意识到，世界是非线性的，否则一旦初始条件确定，那么世界将按照简单、均匀的规则发展，一切会变得简单、单调并可预测。但现实却表现为初始条件哪怕只改变了一丁点儿，结果都将发生巨大的差异性改变。非线性是社会系统、生物系统、工程系统等一切实际系统所固有的动态属性，也是一切物质运动的普遍规律，自然界的

---

① 杜胜利,邱兴平.用系统论的观点看人:钱学森心身观思想研究[J].系统科学学报,2009(4):76-81.
② 鲍振兴,曾丽萍.高校大学生就业创业教育亟待转变的几种方式[J].福建农林大学学报(哲学社会科学版),2011(1):97-99.

变迁、人类社会的发展以及人们的思维过程都是一种非线性的过程。① 社会问题的演变尤其体现出这种非线性属性。从系统哲学的角度来看,非线性是系统存在的内在根据,是构成系统全部特性的基础;而线性关系不构成系统的质的规定性。针对社会问题的非线性属性,系统哲学主张运用整体分析的方法,即从非线性作用的普遍性出发,始终立足于整体,通过部分与部分之间、整体与部分之间、系统与环境之间的复杂的相互作用、相互联系的考察达到对象的整体把握。② 整体性分析可以帮助人们更加全面地了解社会问题的实然状态,看清全局的走向和发展态势,了然整体中各个环节与构成要素之间的关联及其相互作用方式,减少判断失误,进而找到最佳的解决方案。可见,系统哲学非常适合用于解决复杂的社会问题。对于终身学习现象来讲,也应该充分运用整体性分析的方法,从终身学习在我国整体教育事业发展体系中的位置入手,逐步分析到终身学习这个子系统,再具体分析构成终身学习子系统各个要素之间的关系和矛盾,用联系的观点、非线性的观点来解释和阐述其发展变化。

(二)系统哲学之于终身学习研究的适切性

哲学是人类理性的力量。系统哲学具有依据哲学原理评判理论对与错的功能,也具有不断发展与创新终身学习与终身教育研究新范式的作用。更为重要的是,系统哲学能够在理论层面为构建服务全民终身学习的教育体制改革实践提供扎实的学理与方法论依据,解释纷繁复杂的改革实践,并且能够为深化这一领域的改革提供应遵循的实践原则。

1.系统哲学注重理论体系构建的完善性

哲学是一种"较高层次的理性思维方式",所关注的是"无条件的、整体的、全局的知识"。系统哲学建立在马克思主义哲学与自然辩证法的基础上,是结合现代科学研究成果和新的理论成就逐步完善发展起来的,因而具备哲学的核心特征。③ 系统哲学是一门完整的哲学体系,它包含所有哲学的基本范畴,按照"方法论—本体论—价值论—实践论"的逻辑认识事物,秉承把握事物的一般本质、认知逻辑、一般价值和实践路径的基本思路,最终系统阐述关于事物的理论

---

① 何曼杰.从线性到非线性的哲学思考[J].哲学动态,1993(6):21.
② 闵家胤.系统科学的对象、方法及其哲学意义[J].哲学研究,1992(6):27-35.
③ 乌杰.《系统辩证论》纲要[J].系统辩证学学报,1993(1):6-21.

体系。

方法论主要探讨认识与客观实在的关系，知识与理论产生的前提和基础，知识的真理标准等问题。具体到终身学习研究领域，系统哲学的方法论注重从辩证唯物主义、历史唯物主义的视角回答应该如何研究服务全民终身学习的教育体制，如何破解当前服务全民终身学习的教育体制研究方法方面的局限与不足等重要问题。本体论回答诸如什么是实体，实体的本质特征是什么，实体之间是什么关系等问题。本体论旨在透过现象关注对象的深层本质，明确事物的本原，具有高度的抽象性、宏观性和终极性。[①] 对于服务全民终身学习的教育体制研究来讲，本体论回答的关键问题是"什么是终身学习""什么是服务全民终身学习的教育体系""什么是服务全民终身学习的教育体制"及其相互关系问题。[②] 价值是指客体以自身属性满足主体需要的效用关系。因此，价值是一个关系范畴，兼具主观属性与客观属性，价值的大小既取决于客体具备哪些属性，也取决于主体持有何种需要。价值论主要回答客体满足主体需要的属性及其程度等问题。价值论不仅关注价值本身，也关注价值评价问题。全面阐述服务全民终身学习的教育体制满足个人、社会和国家三个层次主体需要的属性及其程度是价值论的核心议题。实践论强调实践是人类认识世界和改造世界的基础，人类通过持续的实践活动来获取知识和经验，改变自然和社会环境，推动社会发展进步。实践论根本性地回答该如何做的问题，落实到本研究，实践论应比较圆满地回答实践中该怎样构建起服务全民终身学习的教育体制这一问题。

2. 系统哲学是对孤立实物分析的扬弃

系统哲学立足于发展的立场，充分运用联系与层次的观点，创设了包含要素分析、动态分析和层次分析在内的系统分析方法，是对传统孤立实物分析的扬弃。孤立实物分析忽视系统各构成要素之间的相互关联以及差异协同，片面、割裂、孤立地分析事物属性与构成；而系统分析方法将差异视为系统的关键特征，将对事物组成和属性的分析置于事物与系统整体以及其他要素的关系中，基于事物在系统整体中的地位和作用对事物进行正确认识。孤立实物分析看待整体与部分的关系是机械的，整体等于部分的简单相加，部分保持自身属

---

① 王升平.本体论、价值论、认识论逻辑中的本土公共行政：一个行政哲学层面的考察[J].广东行政学院学报,2019(4):15-20.

② 薛春燕.服务全民终身学习的基础教育实施体制研究[D].沈阳:沈阳师范大学,2022.

性,并游离于整体;系统分析则强调非加和性,即整体与部分互为前提、相互规定,系统是事物整体性的表征,要素则受整体性的限制和规定。孤立实物分析受形而上学的影响,把分析与综合截然分开,认为只有分析之后才能进行综合;系统分析认为分析与综合相互渗透、紧密相联,主张将综合作为分析的前提和指导,把分析与综合有机地结合起来,遵循由内而外,再由外而内,由部分到整体,再由整体到部分的思路认识事物。① 对于终身学习,尤其是对终身学习体系或体制来讲,充分借鉴与运用系统哲学的分析方法是十分必要的,只有将服务全民终身学习的教育体制置于更广泛的联系之中,如与终身学习、服务全民终身学习的教育体系的联系之中,同时对服务全民终身学习的教育体制系统内部各要素及其相互作用进行深刻分析,才有可能正确认识其所具有的特定规定性和实践复杂性。②

3.系统哲学以结构作为认知起点

系统哲学对结构非常重视,使之成为一种普遍的方法,这是哲学方法论的重要进展。③ 系统哲学认为,系统经过结构的中介联结方式与要素组成了系统物质世界,它是系统的本质属性和存在方式。一切事物都具有特定的结构,这是事物产生一定行为或实现一定功能的前提和基础,结构的改变会引起事物属性的改变,并连锁性地引发其行为和功能的变化。可见,系统哲学将系统、结构和要素视为一个范畴链,以结构为认识起点,将事物视为一个有机联系的整体,在分析的过程中注重揭示事物具有的非线性有机联系、耦合联系、层次结构联系、功能联系、差异协同联系等规律。从系统结构角度研究事物为现代科学研究提供了重要的原则,使研究方法更为丰富。对服务全民终身学习的教育体制研究来说,首先,要明确结构和功能的承载物,即服务全民终身学习的教育体制的内涵、本质属性与特征;其次,要对其进行内部结构分析,即进一步考察服务全民终身学习的教育体制的各组成要素在形式上的排列和比例;再次,要进行内部功能分析,考察服务全民终身学习的教育体制的各组成要素之间的相互影响和相互作用,包括稳定功能关系的性质,挖掘功能存在和建立的必要条件,找出满足功能的机制;最后,要进行外部功能分析,考察服务全民终身学习的教育

① 乌杰.系统哲学[M].北京:人民出版社,2008:26-33.
② 何佳航.服务全民终身学习的基础教育管理体制研究[D].沈阳:沈阳师范大学,2022.
③ 乌杰.系统哲学[M].北京:人民出版社,2008:74-82.

体制整体对社会的影响和作用，也就是把研究对象和现象放在社会之中，考察它对社会各方面的影响和作用，既要分析对社会的哪些方面发生影响和作用，也要分析对社会的影响和作用哪些是积极的、哪些是消极的，哪些是明显的、哪些是潜在的等。

4.系统哲学以主体利益为导向研究价值

系统哲学认为，价值是指客体系统对于主体系统具有的积极意义。价值不仅是客观的东西，而且与主观有着密不可分的联系，客体属性和主体需求之间存在着复杂的相互作用过程。客体价值的发现、实现和正确评价不能脱离主体的主观认识。主体将自己的主观需要、利益诉求深深地渗透到对一切客体价值的认识上。[①] 因而，系统哲学主张以人的主体利益为导向，从主客体中介系统关系的角度研究客体价值。服务全民终身学习的教育体制具有多重属性，其客观价值是多方面的，是价值综合体。对其开展研究，首先应明确服务全民终身学习的教育体制价值的性质问题；其次，对服务全民终身学习的教育体制的价值进行分类；再次，探讨服务全民终身学习的教育体制价值的标准；最后，明确服务全民终身学习的教育体制的价值与主体需求而形成的相互关系。还有一点需要重点把握，实践性是理解和把握各种价值现象的交结点。[②] 也就是说，客体属性与主体需要的匹配与结合，即客体及其属性对于主体效用的发现，主体利用客体属性满足自身需求的方式和途径都是通过社会实践达成的。

5.系统哲学秉持整体优化的实践观

哲学的指导功能一方面在于运用哲学原理评判理论的对错，实现对理论的鉴别；另一方面，哲学能够打破人们直观思维的局限，启发新思想，创造和探索新工具。也就是说，哲学产生于实践，也可以作为一种强大的理性力量指导与改进实践。系统哲学认为，系统是由诸多部分或要素组成的有机整体，系统的整体性质和规律，只存在于组成它的诸要素的相互联系和相互作用之中，而不等于各组成部分或要素的孤立的性质和活动规律的总和，也就是"整体大于部分之和"。[③] 事物必须被作为一个整体来看待，相应地，事物的发展与进步也理应被视为一个系统化、组织化、有序化和辩证化的过程。作为整体的系统会在

---

① 乌杰.系统哲学[M].北京：人民出版社，2008：273-275.
② 乌杰.系统哲学[M].北京：人民出版社，2008：273-282.
③ 周桂敏.按系统论原理对建筑工程项目全过程的投资控制[D].西安：西安科技大学，2009.

运行过程中体现出鲜明的结构功能耦合原则和机制应变协调原则。结构功能耦合原则强调，系统是由要素构成的功能耦合网络，各要素事实上处于不断的"调节—适应—耦合"的动态进程之中，系统因这一进程而呈现出整体稳定的状态，如果要素或子系统之间调节、适应与耦合效果不好，系统就会呈现紊乱与危机。机制应变协调原则表明，系统各要素之间的相互关系靠机制协调在一起，机制使系统及各要素有效调节彼此之间的关系，实现系统的自优化。系统哲学的实践观要求，进行服务全民终身学习的教育体制研究时，要充分遵循上述两个原则，深入分析各子系统形成一定的结构或功能所依据的规则，与外界进行物质、能量和信息的交换形成稳定有序结构的规律，使系统内部各子系统间产生协同动作，从无序走向有序的非线性相互作用。只有遵循这些原则，深入研究与分析服务全民终身学习的教育体制的要素、结构以及与环境的关系，据此进行科学的解释、预测并设计多种实践方案，择优选择设计和实施方案，才能达到服务全民终身学习教育体制的最佳功能目标。

本章小结

　　处于信息时代与社会快速转型发展期，正规教育系统的承载力与社会成员巨大的差异化学习需求之间的矛盾愈发加剧。实现全民终身学习，树立适应学习者不同需求的、体现差异性的多样化学习模式，将从根本上缓解优质教育资源供需矛盾，优化教育生态。终身学习是教育演进的高阶形态，各国对终身学习的探索实践提供了法治化、体系化、信息化等多元道路，为我国提供了有益借鉴。本研究认为，推动终身学习事业发展必须建构与之相匹配的服务全民终身学习的教育体系，而教育体制是构建服务全民终身学习教育体系的关键与核心。必须以教育体制为抓手，积极落实全民终身学习观念，创新高效的教育机制与教育实践活动，最终完成服务全民终身学习教育体系的构建。在体系构建进程中需要以系统哲学为指导，秉持系统思维，可以更加全面地了解服务全民终身学习教育体制以及与之相关的各关系密切范畴的实然状态，看清全局的走向和发展态势，了然整体中各个环节与构成要素之间的关联及其相互作用方式，进而找到最佳的实践方案。

推荐书目

1.彼得·贾维斯编著、陈春勇主译《国际终身学习手册》，北京出版社，2012。

英国学者彼得·贾维斯在成人教育研究领域享有较高的学术声誉。《国际终身学习手册》一书是"远程教育与终身学习丛书"中的一个分册，该书从终身学习的政策、开放和远程学习、终身学习的场所、国际终身学习四个方面全方位地阐述了终身学习的相关知识，是读者了解终身学习全貌与发展演进的重要基础性读物。

2.吴遵民主编《终身教育研究手册》，上海教育出版社，2019。

吴遵民教授是我国终身学习研究领域的领军学者。他主编的这部《终身教育研究手册》集结汇编了终身教育研究的关键概念、组织机构、经典文献和重要人物等重要内容，全面系统地展示了终身教育的全貌。该著作是国内首部有关终身教育研究的手册式著作，对于教育科研人员、行业从业者有很大的实用价值。

第一章 服务全民终身学习的教育体制研究方法论

英国哲学家培根最先使用方法论一词,并提出以方法论体系武装科学的主张。他的这些思想都编辑于《新工具》这部著作中。笛卡尔比较系统地提出了方法论问题,他在《谈谈方法》(又称《方法论》)一书中也广义地使用方法论一词。至此,方法论问题便成为哲学的中心问题之一。从一般意义来看,方法论是关于认识世界和改造世界的根本方法的学说和理论,核心内容是方法的本质及其发展规律。可以说,方法论也是一种方法,不过它是对方法的理论说明与哲学抽象,是具体的、个别的方法之理论化与体系化,是"方法之方法"。[1] 方法论主要探讨科学研究的方法、原则和规律,探索科学研究的逻辑结构和科学理论的形成过程,它常常涉及对问题、任务、工具、方法技巧的论述,会对一系列具体方法进行分析、研究与总结,最终提出一般性原则。在一定程度上方法论塑造了整个知识体系的多样性,重在解决新知识产生的普遍原理或公理问题。[2]方法论对于科学研究的正确性、有效性和可靠性具有重要意义,为科学研究提供理论指导和方法支持。方法论与世界观常常被一并提及。一定的世界观原则在认识过程和实践过程中的运用表现为方法,各种不同的方法论总是以一定的世界观作为根据。可见,任何哲学都是世界观和方法论的统一,有什么样的世界观,就有什么样的方法论。

尽管学者们对于方法论的认识尚不统一,但都认为方法论是一个内涵丰富、层次多样的体系。《逻辑学大辞典》将方法论分为哲学方法论、一般科学方法论以及具体科学方法论三大基本类别。哲学方法论的层次最高,是认识世

① 翁杰.论法律选择方法论在国际私法理论研究中的意义和作用[J].中国国际私法与比较法年刊,2015(18):66-73.
② 毛浩然,徐赳赳,娄开阳.话语研究的方法论和研究方法[J].当代语言学,2018(2):284-299.

界、改造世界、探索实现主观世界与客观世界相一致的最普遍、最根本的方法理论，也是各门科学方法论的概括和总结。[①] 哲学方法论的形成需要在一定的哲学原理或哲学世界观的指导下，同时需要在社会实践中逐步概括、提炼与总结得出。近代哲学方法论伴随着培根、笛卡尔、洛克、休谟、康德、黑格尔、马克思、恩格斯等浩如繁星的哲学巨匠深邃的思辨与探索，经历了经验主义方法论、先验唯心主义方法论、辩证唯心主义方法论和唯物辩证法的演进历史，成为人类精神世界中最为璀璨的头顶星空；现代哲学方法论则在批判逻辑经验主义的基础上，冲破对科学理论的静态的逻辑分析，把对方法论的研究同科学发展的历史联系了起来，波普尔的证伪主义、库恩的范式理论、拉卡托斯的纲领方法论等学说也成为打破科学发展中形式化方法与公理化方法的有力武器。哲学方法论是适用于一切具体科学的具有普遍意义的方法论，对人类的认识活动和实践活动具有决定性的作用，对一般科学方法论和具体科学方法论具有指导作用。

一般科学方法论是哲学方法论和各种具体科学方法技术之间的中介和桥梁，关涉一定范围之内、带有一定普遍意义，适用多个学科认识发展一般规律的方法理论。系统方法是比较典型的一般科学方法论，相类似的还包括系统论、信息论和控制论等"老三论"以及耗散结构论、协同论、突变论等"新三论"中包含的普遍联系、矛盾统一、质变显变等规律在科学研究方法上的具体化。[②] 一般科学方法论适用于包括自然科学、社会科学和思维科学在内的多类学科，体现出显著的跨学科特征。

具体科学方法论是专属于某一具体学科的方法理论。经济学方法论、法学方法论、管理学方法论、教育学方法论、历史学方法论都是常见的具体科学方法论。不同具体学科方法论侧重于使用不同的研究方法，如自然科学经常使用观察法与实验法，社会科学经常使用案例法与调查法，某些边缘或交叉的学科，如心理学，则可以同时采用自然科学和社会科学的研究方法。[③]

基于上述分析，方法论可以被划分为哲学观点、研究方式、具体方法与技术三个层次。哲学观点主要指开展研究所依据的哲学基础以及学科方法论。研究方式包括研究法（如统计调查研究、实地研究、实验研究、间接研究等）和研究

---

① 周仕东.科学哲学视野下的科学探究教学研究[D].长春：东北师范大学,2008.
② 朱智贤.心理学的方法论问题[J].心理发展与教育,1990(3):134-139.
③ 孙绵涛.教育现象的基本范畴研究[J].教育研究,2014(9):4-15.

设计(包括描述性研究、解释性研究、探索性研究;横剖研究、纵贯研究;普查、抽样调查或个案调查等)。具体方法和技术包括收集资料的方法(如问卷调查法、访谈法、观察法、实验法、文献法等)和分析资料的方法(如统计分析、数理分析与模拟、比较分析、理论分析等)。

　　本章将在反思当前服务全民终身学习的教育体制研究的基础上,以系统哲学的方法论基本观点为基础,围绕哲学观点、研究方式和具体方法三个层次,构建终身学习领域,尤其是对服务全民终身学习的教育体制进行研究的范式方法论,并对如何提升研究质量进行思考,更好地回答"用什么方法研究服务全民终身学习的教育体制"的问题。

一、我国终身学习研究反思

(一)我国终身学习研究现状

　　21 世纪的今天,终身学习已经从教育理念上升为国家战略,并成为各国教育发展不可逆转的重要趋势。2015 年,联合国大会第七十届会议上通过的《2030 年可持续发展议程》发出倡议,确保包容和公平的优质教育、让全民终身享有学习机会。[①] 面对竞争日益激烈的科技与产业变革,知识的积累与创新成为提高民众福祉和增长国家财富的关键基础。学习型国家与学习型社会的建设水平与实现程度已经成为衡量一个国家是否强大的重要指标。中华民族伟大复兴需要我国从人口大国转变为人力资源大国乃至强国,而这一目标实现的基础就是全民终身学习。伴随着全民终身学习实践的发展,我国终身学习研究领域经历了发端、蓄力,再到逐步繁荣的过程。20 世纪末,有关终身学习和终身教育的研究才逐渐走入我国学者的研究视野,相较于其他教育研究领域起步较晚。最初的研究多以介绍国外的相关理论和其他国家推进终身教育的政策经验及有益实践做法居多。关注这一研究领域的学者多为教育理论研究者,因而这一领域被归属为教育学一级学科下的一个具体研究领域。

　　从研究类型来看,应用性研究的比重大于基础性研究。应用性研究是运用基础理论知识分析现象,解决实际问题或实现基础研究成果转化的研究。应用性研究目标明确,致力于针对特定领域生产实践性知识。应用研究注重对现

---

① 柳海民,林丹.优质均衡:加快义务教育高质量发展[J].人民教育,2022(21):38-40.

实问题的科学解释,在经验研究的基础上提出解决问题的建议和对策,遵循"理论—经验—对策"的研究过程。基础研究是指为了获得关于现象和可观察事实的基本原理的新知识进行的实验性或理论性研究。[①] 基础性研究致力于揭示客观事物的本质和运动规律,获得新发现、新学说,属于科学研究范畴。基础性研究不以任何专门或特定的应用或使用为目的,这是基础性研究与应用性研究的本质区别。当前,终身学习领域应用性研究比重较大,一方面注重国际比较研究,介绍美、日、欧盟等国家和区域的终身学习立法与政策以及学分银行等终身学习核心制度建设经验;另一方面注重对图书馆、工作场所顺应终身学习的功能转型,终身学习在线平台建设以及学习者终身学习需求调查等现实问题的分析与解答。这一领域的基础性研究比重不大,使得终身学习与终身教育领域一些关键的基础理论问题没有得到很好的解答,对于终身学习的内涵、本质、发展方向、价值基础乃至终身教育体系构建所赖以建立的融通机制等理论问题都缺少系统的建构与分析,尚未达成一致的共识。

从研究内容来看,终身学习系统内的各构成要素都有涉及。学者们关注了终身学习与终身教育的概念界定,以及两个概念之间的区别和所体现出的教育理念转向;终身学习背景下学习型社会建构的策略与路径;服务全民终身学习教育体系的完善与健全;现代信息技术学习平台如何高效服务全民终身学习;终身学习成果与水平的评价与认证;终身学习视域下正规教育、非正规教育以及非正式学习的转型与发展等内容。当前,学者们倾向于在建设学习型社会的大背景下,探讨构建服务全民终身学习的教育体制的策略与方法,其中法律保障机制、政策调控机制、经费筹措机制、技术支撑机制、社会参与机制和学习激励机制等议题是学者们关注的重中之重。同时,学者们还比较重视研究终身学习的实现途径与学习成果的认定与转化,对如何统筹整合正规教育机构优质教育资源、社会教育资源和数字教育资源以满足学习者多元学习需求,以及充分利用电子学档、资格框架、学分银行高效记录、储蓄、转化、评价和认证学习成果的模式与平台的研究关注较多。学者们多采用借鉴与比较国际有益经验的方式开展这些研究。

从研究历程上来看,呈现由终身教育研究到终身学习研究,再到学习型社

---

① 王臻,郑怡鹏.中国朝鲜(韩国)学研究的特点、问题及对策:以近十年国家社会科学基金立项为研究对象[J].延边大学学报(社会科学版),2023(1):5-13,140.

会建构研究的阶段性特点。1992 年《现代远距离教育》第一次刊发了关于终身教育的论文,开启了本领域研究的序幕。在此后的近十年间,学者们就终身教育的本质、根本宗旨、终身教育思想以及以终身教育为导向的现代教育体系建设开展了广泛的研讨。1997 年的《关于当前积极推进中小学实施素质教育的若干意见》和 1998 年的《面向 21 世纪教育振兴行动计划》两个文件正式使用终身学习和终身学习体系的概念之后,终身学习以更为丰富的内涵以及更为重视学习者主体地位的进步性逐步取代了终身教育研究。2004 年颁布的《2003—2007 年教育振兴行动计划》、2007 年颁布的《国家教育事业发展“十一五”规划纲要》和 2010 年颁布的《国家中长期教育改革和发展规划纲要(2010—2020 年)》强调构建中国特色社会主义现代化教育体系,为建立全民学习、终身学习的学习型社会奠定基础,为终身学习研究的繁荣提供了强大助力,2010 年学界对终身学习的关注达到了一个高潮。终身学习体系在场所、条件、机会、服务形式等方面的内容均被关注。同时,关注某一特定群体终身学习状态与需求的研究开始出现,并越来越受到学界的重视。2012 年,党的十八大报告提出“建设学习型社会”使得终身学习研究再次成为热点。2013 年以“终身学习”为篇名的核心期刊文献达到了目前为止年发文量的顶峰,本研究领域进入到学习型社会建构研究阶段。学者们注重探讨学习型社会与终身学习的关系,针对构建“上下衔接、左右融通”服务全民终身学习的“立交桥”,建立健全服务全民终身学习的“学习成果认证”制度,促进正规教育、非正规教育、非正式教育转型、网络信息平台助推学习型社会建设等重要议题提出较多富有建设性的观点和建议。

　　从研究方法来看,我国终身学习研究领域基于解释主义与建构主义的研究数量较多,而基于实证主义的研究数量较少。基于解释主义的研究力求解释社会现象,回答现象为什么会发生和如何发生,同时对已经发生的教育现象在何种条件下将导致另一个教育现象发生的可能性进行预测。基于建构主义的研究强调人们对于社会现象的理解是建构性的,其根本目的在于探究人如何建构社会现象的意义和理解。建构主义研究以科学的态度深入探究人们对于社会现象的理解和意义,通过符号语言将人们对于世界的认识加以表达和阐述,进而揭示社会现象的本质和内涵。实证主义研究认为教育研究应当同自然科学一样,把教育现象当作纯粹客观现象来测量和分析,对教育现象建立具体观察,并基于经验事实做出研究结论。实证主义研究重视依据实证数据来厘清社会的可预测性和变化性，强调社会科学研究方法结果的可靠性，关注现实世界现象及其彼此间的关系，反对直观的推测和假设。近十年来，我国终身学习与终身教育研究领域因循解释主义研究与建构主义研究，运用了较多的理论思辨、文献案例等主观定性分析方法，侧重于回答"应该是什么"的问题，而较少使用量化、质化或者二者相结合的实证方法，研究方法较为单一、多样性不足，对"是什么"的问题缺少充分阐述。

从研究视角来看，我国终身学习与终身教育研究领域的研究视野被限制在单一学科的藩篱之内，与其他学科研究之间的合作、交流与知识共享还有较大的提升与改进空间，学科壁垒掣肘作用相对明显。真实的教育问题从来就不是诞生在学科世界中的，而是带有高度的复杂性。对真实教育问题的描述、解释和分析需要综合应用多学科的理论和方法，多视角、多领域、多层次开展研究。因此，基于单学科基础上的教育研究在解释真实的教育问题时略显力不从心，最终影响对终身学习领域实际问题的全面、深入和系统认识。因此，要特别重视跨学科协同研究的重要性，形成科研协作共同体和创新团队，最大可能地形成对于终身学习现象和问题的系统观和整体观，把握住问题的本质和边界条件，从而提出解决问题的有效方案。

基于当前终身学习研究现状，从哲学方法论层面分析终身学习研究方法论的基本类型，比较不同类型方法论的优势与特点，形成本领域研究特有的方法论范式，对推动这一领域研究，提高研究质量具有十分重要的意义。

（二）我国终身学习研究领域的两种基本方法论

1.自然生成方法论

"自然"一般有五种不同的含义：一是万物非人为的本然状态；二是无意识、无目的、无为无造；三是与人形成审美关系的外界对象；四是事物内部的规律发展变化；五是自若、不拘束、不呆板。自然生成方法论中的"自然"与第一种内涵更为贴近，即天然而非人为之意。"天然非人为"意味着，没有被人为干预而发生实质性改变。卢梭的自然教育观中蕴含的回归自然、反求于我、找回失去的自然天性理论，以及夸美纽斯自然主义教育包含的"自然适应性原则"强调的教育自身秩序和自然发展规律都充分体现了这一层含义。①

---

① 李世奇.教育现象研究的方法论探讨[D].沈阳:沈阳师范大学,2014.

"生成"一词的英文原文为"being",核心含义是存在,也具有生物、生存、本质、生命、生活、身心等含义。"生存"一词的中文具有形成、长成和养育等含义。综合起来看,生成通常指处于由非存在到存在,或由某种质过渡到另一种质的事物或现象。在哲学发展史上,黑格尔对"生成"一词做了较为系统的分析与阐述。他认为,逻辑学以"纯有"这一概念为逻辑起点,去除一切具体的属性以及毫无规定性的东西,生成了包含着与其自身相悖的否定因素——纯粹的"无"。这种从有到无、有无相互过渡,进而形成有中生无,无中生有的状态的变化过程就是变易,或者生成。生成体现为有与无的辩证统一。[①]

基于对"自然"与"生成"词源的分析,自然生成可以被理解为"非人为的、顺应自然规律从无到有的产生过程与存在状态"。相应的,运用自然生成方法论意味着,研究者不会人为地创设与命名关于所研究事物的构成范畴和要素,而是对事物或现象的本然状态中就已经存在的构成范畴和要素开展研究。观察是运用自然生成方法的首要步骤,研究者需要深入细致地观察事物或现象的实然状态,需要对具有迷惑性的假象进行辨别和排除。观察的目标是发现并确定事物或现象包含的那些非人为的、本然的构成范畴或要素,这些范畴或要素未经任何人工的抽象、概括与总结,是事物及现象在自然状态下的真实呈现。研究者对通过观察所发现、确定并系统分析的事物及现象的各范畴和要素,及其相互之间的逻辑关系进行分析,进而对事物或现象的本质属性进行规定性说明,建构起完整的理论体系,这就是自然生成方法论运用的整个过程。这里突出地表现出两个特点:一是各构成范畴或要素来自对事物或现象的实然状态的观察,是非人为的本然状态;二是理论体系不仅包括对事物或现象各构成范畴与要素的分析,也包含着对非人为本然范畴间的逻辑关系的阐述。基于上述分析,诸如控制论、信息论、系统论以及数理逻辑方法论等一般科学方法论,以及天文科学方法论、生物科学方法论、历史科学方法论等具体科学研究方法论都属于自然生成方法论范畴。在教育学领域,自然生成方法论使用得比较广泛,如将教育现象划分为家庭教育现象、学校教育现象、社会教育现象进行研究,或者将学校办学工作划分为教学、德育、学校管理等现象范畴进行研究,这都是运用自然生成方法论的例证。[②]

---

① 孙绵涛.教育现象的基本范畴研究[J].教育研究,2014(9):4-15.
② 李世奇.教育现象研究的方法论探讨[D].沈阳:沈阳师范大学,2014.

在终身学习研究领域，自然生成方法论的应用比较普遍。最典型的是对正规教育、非正规教育和非正式学习三个基本范畴的划分与分析。这是研究者对自然状态下真实呈现的由不同主体提供的、不同学习成果认定形式，以及不同学习目标、学习时长和学习支持的不同类型终身学习实然状态的总结与观察。自然生成方法论因其较为符合人们分析终身学习现象时的习惯而应用较广泛。一来，人们在认识事物之初，总是先接触到事物非人为的本原状态，然后会更多地依据个人的感觉、知觉、认知和经验，运用特定的方法对事物局部现象进行分析，再进一步思考其背后的理论，这种思路和过程由浅入深、由行入知，对于研究者来讲相对比较容易。二来，自然生成方法论主要依靠研究者观察事物或现象的实然状态，不过分依赖从现象中抽象概括若干范畴的复杂思维过程，在操作层面更便于实施。

当然，自然生成方法论的缺陷也是显而易见的：自然生成方法论往往陶醉于对教育现象某一具体表现形式的研究，但是通过观察事物或现象非人为本然状态发现的各个范畴是否全面，是否能够反映事物或现象的全部内涵，范畴和范畴之间是否存在逻辑交叉与重叠，范畴之间是否具有逻辑重要性等问题很难通过自然生成方法论自身加以解决和澄清。因此，自然生成方法论体现出一定程度的思维惰性和狭隘性，不易抽象出教育现象内部的核心范畴，使研究陷入"只见树木不见森林"的局面。①

2.人为抽象方法论

"人为"一词包括"由人来做"和"人造的"两种含义。"人为"一词既包括人的心理意向，也包括人的活动过程及结果。因此，人是心理与行为的意向和活动的有机复合体。抽象是一种人类特有的思维方式，抽象的根本特征是创造性。依靠抽象这一思维形式，人类才创造了语言、文字、艺术、哲学、科学技术、工业化大生产、信息技术等，推动了人类社会的发展。作为哲学方法论，抽象是人在认识思维活动中对事物表象因素的舍弃和对本质因素的抽取，是人类认识事物的主要方式。事物都是由表象和本质构成的，表象是事物的表面形态和外部联系，如我们看到花朵的颜色、嗅到花朵的香气、触摸到花瓣的柔嫩等。人们通过感觉器官观察事物的表象认识事物。本质是指事物本来具有的材质及其

---

① 孙绵涛.教育现象的基本范畴研究［J］.教育研究,2014(9):4-15.

运动方式,是事物的内在的性质和联系,体现事物运行的客观规律。事物的表象有时会反映事物的本质,但也有很多时候二者是割裂的。同理,事物的现象并不一定会正确地反映事物的必然规律,事物的本质则能反映事物的必然规律,但不易为人们直接感知。抽象就是人们在实践的基础上,对于丰富的感性材料通过去粗取精、去伪存真、由此及彼、由表及里的加工制作,形成概念、判断、推理等思维形式,以反映事物的本质和规律的方法。① 抽象的意义就在于通过分析与综合的途径,运用概念在人脑中再现对象的本质,也就是透过现象看本质。

抽象是人为抽象方法论的基础,是研究者运用科学思维活动提炼研究对象基本范畴进而揭示研究对象质的规定性的研究方法理论。人为抽象方法论具有三个典型的特征:一是研究者需要有科学思维,要求研究者在研究进程中同时使用辩证分析与综合两种方法,确保认识活动的严密逻辑性;二是要求研究者在选取研究方法的过程中注重把感性的具体事实作为科学抽象的依据和前提,进行深层次的处理与加工,实现逻辑与历史的一致;三是以抽象出事物或现象的基本范畴、分析范畴间的逻辑关系并揭示事物或现象质的规定性为基本内容,实现理论与实践的统一。②

人为抽象方法论具有两种不同的指向:均衡和演化。指向均衡的人为抽象方法论强调运用公理演绎创设一种不受外界影响的封闭系统。指向演化的人为抽象方法论则强调研究对象的异质性和人的能动性,认为除了追求效用外,本能、习惯、阶级、文化、认知模式等因素也都是约束和塑造事物和现象的重要因素,因而在方法上更加强调回溯的、比较的、制度的、历史的、案例的和解释学的方法。③

运用人为抽象方法论需要遵循基本的逻辑路径。首先,高度抽象概括作为研究对象的教育事物或现象包含的基本范畴,这一步是对客观事物"抽象的规定在思维行程中导致具体的再现";其次,运用从抽象到具体的方法,客观分析教育事物或现象各基本范畴之间存在的内在逻辑联系;最后,锚定各基本范畴在教育事物或现象整体中所处的地位和所发挥的功能,以便在思维抽象或范畴

---

① 张宏伟.浅析对教育研究方法的分类[J].科技视界,2012(29):109-110.
② 李世奇.教育现象研究的方法论探讨[D].沈阳:沈阳师范大学,2014.
③ 马国旺.抽象的方法论:从马克思纲领到批判实在论新发展评析[J].社会科学战线,2009(8):70-76.

提炼的互相联结上从起点经过中介到达终点,进而形成一个反映着整个事物现象的逻辑体系。① 例如,马克思的《资本论》运用历史唯物主义在一系列经济活动中抽象出了"商品""剩余价值"等范畴,最终组成了逻辑严谨的政治经济学体系。马克思的《政治经济学批判》以实践的生产资料第一性原理,将整个社会现象抽象为生产力与生产关系、经济基础与上层建筑等范畴,也体现出其运用人为抽象方法论的强大逻辑思辨张力。②

与自然生成方法论相比,人为抽象方法论具有一定的优势。一是从事物的整体出发,抽象出事物的基本范畴,远比通过观察发现事物直接呈现的各种范畴的方法要深刻和复杂得多。二是人为抽象方法论要求研究者具备更高的逻辑思维品质,要求研究者能从复杂的事物现象内部抽象提取出若干基本范畴,而自然生成方法论大多不需要这样的思维过程。③

当前,我国的大多数终身学习与终身教育研究中的范畴以自然生成的范畴居多,尽管这些研究对于推动我国终身学习和终身教育研究发挥了极其重要的作用,但是提高本领域理论研究水平就不能仅仅停留在自然生成方法论的层面上,更需要人为抽象方法论的参与,以深刻揭示终身学习现象的基本范畴及其逻辑。我们认为,在对服务全民终身学习的教育体制进行研究的过程中,应以人为抽象方法论为基础,采用人为抽象方法论与自然生成方法论交互运用的综合方法论,充分结合两种研究范式的优点,克服其各自具有的局限性。这显然也与系统哲学的核心思想高度契合。

(三)我国终身学习研究的四种偏向

我国终身学习领域研究历经 30 余年的发展,沿着归纳总结与移植演绎两条路径齐头并进,已经进步为一个达到经验科学水平的研究领域。党的十八大以来,终身学习领域研究取得长足的进步,理论研究数量持续提升,研究主题不断拓展丰富,研究方法多元规范,有实力的学者与研究团队大量涌现。对当前终身学习研究领域进行反思发现,存在四种"偏向"。

政策偏向,即注重政策取向,忽视理论研究。政策性偏向导致终身学习研究成果出现两种偏差:一方面,为了提升政策依据的合理性,观点和理论与终身

---

① 孙绵涛.教育现象的基本范畴研究[J].教育研究,2014(9):4-15.

② 李世奇.教育现象研究的方法论探讨[D].沈阳:沈阳师范大学,2014.

③ 孙绵涛.教育现象的基本范畴研究[J].教育研究,2014(9):4-15.

学习实践联系不够紧密,既不能为终身学习者提供解决自身可持续性学习问题的策略,也不能为终身学习提供者改进实践工作提供系统的指导,因而成果的转化率较低。另一方面,在对研究结论的使用上存在"过度推广"的倾向,即研究结论被政策制定者和实践者们当作因果关系来使用,但是这种将研究结论不经论证和"合理化"便确定为制度或实践选择的做法,对实现工作目标具有一定程度的负面影响。

方法偏向,即思辨与定性方法占主导地位,定量的研究方法还没有很好地运用到研究中。研究者并未充分运用模型构建来阐释终身学习现象,这在一定程度上制约着研究结论的适用性。因此,为了保证研究的科学性、规范性和严谨性,开展终身学习研究应丰富并规范研究方法的运用,将思辨研究与实证研究结合起来,将量化研究与质化研究结合起来。同时,现有的实证量化研究也存在一定的改进空间。这些问题包括:采用"经验+归纳"的研究模式,强调获得客观的经验和事实,归纳出得到普遍认同的结论,但是为了保证结论的客观化,研究者对影响因素实施严格控制,避免不同层面因素的多元互动,或将因素间的互动控制在最低的程度;倾向于将社会结构简化为个体和终身教育提供者,相对忽视社会、经济与家庭背景等因素对终身学习者学习的影响;预设高效能终身学习,假设其所具有的典型特征,然后组织研究验证这些假设,形成循环论证;研究样本存在偏差,研究者通常只是在很窄的范围内选取那些最容易测量的变量,而不是依据哪些变量对于验证研究假设最有效来选取;剔除或限制一些重要的影响因素,很少将终身学习者的认知与感受融入研究之中;对于控制变量统计的准确性及其理论证实关注不足,对现实进行简化的数据分析方法很可能歪曲实际情况并产生错误的推论等等。[①]

理论偏向。对一些关键概念的界定尚未形成统一认识,大量具有争议的概念常常造成定义关系的混乱,增加了调查结果比较的难度。为了避免这种混乱,研究者根据大量筛选后确定人为可控性很强的、范围狭小的变量,并坚持认为单一的变量就可以代表全部变量的总的情况,一定程度上削弱了研究的可信度。系统完整的理论体系尚未建立起来,理论基础的缺失造成研究者对研究内容及方法缺乏统一的认识,导致了研究中涉及设计、方法、结果分析等一系列问

---

① 王刚.学校效能研究批判及启示[J].外国教育研究,2010(5):48-51.

题不能得到很好的解释和协调。①

国际化偏向。部分研究盲目追求国际化，注重介绍、借鉴、移植国外的研究成果，相对忽视我国教育事业发展的历史积淀与有益经验，未能充分结合我国终身教育与终身学习实践的特殊性与复杂性，没有充分剖析我国特有的教育变量与常量，盲目追踪、简单移植西方理论，乐于创造并使用不贴切的新型词汇，不愿意以我国教育实践为土壤，锁定真正需要被解决的关键问题与紧迫问题；同时，用西方理论解释中国的教育实践与经验，容易导致我国教育事业发展特色经验研究的稀释化。终身学习研究应立足中国国情与实践，研究解决中国问题，本土化研究应展示中国学术，总结中国经验，彰显中国模式。②

二、基于系统哲学的终身学习研究方法论思考

系统哲学是系统论在哲学领域的应用和发展。它将系统论的概念和原理与哲学思想相结合，探讨了系统论对于认识世界和解决问题的意义和价值。系统哲学自诞生以来对人类的思维观念与思想方法产生了根本性的影响。在方法论层面，系统哲学将研究对象视为一个具有整体性的系统，注重掌握研究对象的整体性、关联性、等级结构性、动态性、平衡性及时序性等基本特征，探索系统在层次、结构、演化方面的规律，强调系统各要素之间关系的整理与协调，实现系统优化。可以说，系统论既是反映客观规律的科学理论，也是科学研究思想方法的理论，反映了现代科学整体化和综合化这一不可避免的发展趋势，为解决各种复杂的社会问题提供了方法论的坚实基础。③

（一）以历史唯物主义为哲学根基

历史唯物主义，亦称"唯物史观"，是由马克思和恩格斯共同创立的关于人类社会发展的一般规律的科学。《德意志意识形态》和《资本论》的先后完成标志着历史唯物主义从诞生到成为假说，再到最终变成经过实践证实的科学原理。④

---

① 王刚.学校效能研究批判及启示[J].外国教育研究,2010(5):48-51.

② 吕景胜,郭晓来.科研政策导向：社科研究应重视本土化[N].光明日报,2014-12-22.

③ 张敏.基于系统动力学的经济圈交通模型研究[D].西安：长安大学,2010.

④ 陈砚燕.《帝国主义论》对历史唯物主义的应用与当代启示[J].湖北师范大学学报(哲学社会科学版),2023(3):16-21.

　　历史唯物主义与历史唯心主义是两种根本对立的哲学史观。与历史唯心主义主张"社会意识决定社会存在,人们的思想动机是社会发展的根本原因"根本不同,历史唯物主义认为"所有历史事件发生的根本原因是物质的丰富程度,社会历史的发展有其自身固有的客观规律"。历史唯物主义包括社会存在决定社会意识、生产力决定生产关系、人民群众是历史的创造者、阶级斗争是社会进步的重要动力、人民是创造历史的根本动力、社会存在与社会意识的辩证关系、社会意识独立性、物质决定意识、社会发展总趋势是前进上升与曲折的、人的本质是人的社会性等基本观点。历史唯物主义关于社会存在(即社会的系统与架构,与组成社会的各个要素)决定社会意识(即伴随体系架构产生的意识、诉求、思想等),社会意识又可以塑造与改变社会存在的论述,深刻地解释了思维和存在的关系、认识的主客体关系以及认识发展的辩证过程等一系列问题,对科学研究范式的创新与发展影响巨大。[①]

　　对比历史唯心主义,历史唯物主义的先进性体现在:首先,用严密的科学论证代替了武断纷繁的主观见解,第一次将社会研究置于科学的基础上,从而打破了将社会看作可以按照长官意志、社会意志或政府意志随意改变、偶然发生和变化的观点。其次,马克思主义哲学尤为注重实践性,主张人类历史的发展、社会形态的更替是一种自然历史的过程,坚持物质第一性、精神第二性、精神是物质的反映这一根本实践性特征。[②] 最后,历史唯物主义的研究对象是社会发展的一般规律,其考察问题方法具有整体性,和以社会生活某一局部领域、某一个别方面为对象的各门具体社会科学不同,它着眼于从总体上、全局上研究社会的一般的结构和一般的发展规律。[③] 因此,历史唯物主义第一次把社会历史的研究奠定在科学的基础上,宣告了唯心史观的破产,为认识世界和改造世界提供了强大思想武器,也是各门具体社会科学坚实的科学世界观与方法论。

　　作为一种新的哲学范式,系统哲学的创立晚于马克思主义哲学。但是不同于试图从人的意识中推论出关于外部世界规律的哲学,系统哲学是一种坚持实在论的唯物主义立场的哲学体系。这使系统哲学与历史唯物主义保持同源,二者所关注和想要做的事情保持了较高的一致性。基于对哲学史、科学史和思想

① 孙绵涛.教育现象的基本范畴研究[J].教育研究,2014(9):4-15.
② 李世奇.教育现象研究的方法论探讨[D].沈阳:沈阳师范大学,2014.
③ 张晓云.埃尔斯特的方法论个人主义批判[J].江西社会科学,2018(3):30-35.

史的考察,系统哲学从形成基础、理论渊源、创立时间、哲学范式、哲学旨趣以及理论内容来看,均与马克思主义哲学具有较大的同一性。可以说,系统哲学是马克思主义哲学的新阶段。

基于系统哲学设计构建终身学习研究的方法论,首要的要求就是坚持历史唯物主义。终身学习是与人类社会生活和有关历史发展息息相关的教育活动形式之一,必然遵循人类历史发展规律。透过内容丰富、形态万千的终身学习表象揭示其本质属性及规律,仍需遵循历史唯物主义方法论关于物质实践第一性原理。同时,历史唯物主义能够实现对思维和存在的关系、认识的主客体关系以及认识发展的辩证过程的科学分析,因此在剖析服务全民终身学习的教育体制所蕴含的管理机构、实施机构、管理制度、实施制度及相互之间的机制的过程中,也需要遵循历史唯物主义方法论的原则。①

(二)丰富思维方式与研究方法

用马克思主义的方法看待科学研究,会自然而然地运用系统的观点看世界,进而发展出系统哲学。也可以说,系统哲学的思想早已包含在唯物辩证法之中,并以自身的进步与完善不断充实和发展了历史唯物主义。系统哲学对于马克思主义历史唯物主义的充实与发展,对终身学习研究方法论的系统化与合理化起到至关重要的作用,也是保证终身学习研究方法论科学性的关键因素。

首先,重视环境因素(外因)。系统哲学的发展进一步充实了辩证法原有范畴与规律的内容。例如,以往辩证法在说明事物发展的动力和源泉时,主要强调内部矛盾(内因),而相对忽视外部矛盾(外因)。与此不同,系统哲学认为,一个系统如果始终处于孤立和封闭状态,那么其内部矛盾的发展只能走向紊乱和无序。加之环境因素纷繁复杂,无限多样,所以外因对系统的作用和影响就不可能完全确定,这也是开放系统具有偶然性和不确定性的重要原因。② 因此,不应仅仅把外因看作只是影响事物发展速度的因素,而是应该同样重视外因对于事物的状态、性质和方向所具有的重要甚至是决定性的作用。再比如,系统哲学认为,系统是动态自组织的,可能是进化的,从无序走向有序的;也可能是退化的,从有序走向无序的。这要视环境的偶然因素的影响及由此而造成系统

① 李世奇.教育现象研究的方法论探讨[D].沈阳:沈阳师范大学,2014.
② 王帆.如何认识当今世界?——复杂系统观的启示[J].世界经济与政治,2009(10):41-50,4.

内部因素的涨落(起伏)情况而定。结构有序的稳定系统,当受到外部突然因素的干扰和内部涨落的影响,且这种干扰与涨落足够大时,会造成系统的崩溃和解体,从有序变成无序,从稳定变成不稳定。同样,外部的影响和内部的涨落达到一定阈值时,无序的系统也可以变成有序的系统,实现自组织。这些观点给运用唯物辩证法认识事物带来很多有益的启示:要对偶然性在事物发展中的作用重新认识,认识到事物发展的速度以及方向、前途,都是由必然性和偶然性共同决定的;加深理解对立面转化的原理,事物不止有一个对立的他物,它的发展过程达到某一临界点时,有可能向不同的方向转化,如果认为事物的转化只有一种可能、一个方向,那就是把复杂问题简单化了;拓宽对规律的认识,规律不仅有决定论,而且有概率论,概率论和决定论一样在复杂事物的发展中扮演着重要的角色。[①]

其次,坚持立足整体。系统哲学是开放式的,而不是封闭式的;是动态的,而不是静态的;是多维式、网络式的,而不是单维直线或平面式的。系统哲学像是一面"多棱镜",为我们正确认识世界提供了许多新视角、新思路、新方法。传统哲学通常以一种彼此孤立的视角审视观察对象的各个构成要素,进而用概念或实验把它们重新放在一起产生整体并对其进行理解和阐述。系统哲学批判了这一惯性思维,主张在理解系统各构成要素的时候要将其置于系统整体的视角下,在认识要素的同时,还要深刻地理解要素之间的相互关系。这一观点深刻地改变了科学研究的图景和当代科学研究者的思维方式,可以防止错误和僵化。坚持整体性的辩证思想应成为开展终身学习研究的核心思想,作为终身学习方法论的根本原则。在进行终身学习研究时,要立足整体,从整体与部分、整体与环境的相互作用过程来认识和把握终身学习及事业发展整体;在思考和分析问题时,需要从整体出发,把着眼点放在全局上,注重整体效益和整体结果。[②]

再次,注重与社会实践紧密相连。在马克思历史唯物主义的基础上,系统哲学基于自身的理论语境和视角,与社会实践紧密相连,不断融合新的现代科学成果和社会实践成果,形成发展着具有独特概念、规律、基本原理和方法以及自身理论语言的稳定的理论体系,同时也以新原理与新规律不断丰富完善马克

① 王帆.如何认识当今世界? ——复杂系统观的启示[J].世界经济与政治,2009(10):41-50,4.
② 刘俊佳.在机器人教学中渗透思维培养的策略:以2019年FLL机器人工程挑战赛实训为例[J].实验教学与仪器,2019(51):136-138.

思主义哲学体系。与社会实践紧密相连是哲学范式实现更新与超越的必由之路。开展终身学习研究也应始终坚持与实践相连。科学研究不仅是理论的探索，更是一种关乎现实的实践。理论与观点是认识和思考现实的产物，它们一方面需要从实践中抽象出来，另一方面需要有效指导实践。研究中，我们不应仅仅重视对体制、机制、体系、功能、理念此类要素及其蕴含的规律的阐述与分析，更应该思考它们对于事业发展、社会生活进步和人类行为规范指导的意义与价值，使研究不仅是理论探究，更是实践指南。

最后，坚持科学研究的使命。系统哲学旨在准确地、科学地表述系统物质世界的辩证发展规律，深刻地、全面地揭示自然界、人类社会、思维领域等系统运动的本质特征和普遍联系，并从整体上考察系统事物的生灭转化过程和系统内外的辩证关系。[①] 这正是科学研究的根本使命。系统哲学认为，物质系统、生命系统和社会系统不是相互割裂的，而是在相互联系中发展的，因而系统哲学致力于发现并找到三个领域中周期性重复出现的最一般的规律，进而概括出一般进化规律。时代在进步，科学和人类文化在不断更新，但是科学研究的根本任务没有变，哲学服务与指导科学研究的功能也没有变，历史唯物主义仍然具有普遍的真理性和有效性，与其同源的系统哲学也体现出更具有时代特征和强大的实践指导功能。终身学习研究也应该始终坚持科学研究使命，集中关注科学与社会发展前沿阵地上的最新成果，结合对社会实践的深刻思考，不断汲取营养，不断丰富自身体系，不断提升自身形式，发现和总结出更多的新知识、新理论和新规律，再用以研究和解决事业发展中遇到的实际问题。

三、终身学习研究的范式方法论建构

（一）范式方法论释义

"范式"是一个与方法论关系密切的专业词语。1962 年，托马斯·库恩在其专著《科学革命的结构》中首次使用了"范式"的概念。托马斯·库恩在批判逻辑经验主义和波普尔证伪主义的基础上，以"范式"为核心构建起有别于传统理解的新科学革命模式，勾画了一整幅以范式的形成、发展、变革与更迭为途径的科学发展与质变的动态图景。所谓的科学革命不是连续性的、积累的进步过

---

① 李孝林,孔庆林.用系统辩证论研究会计学中的逻辑起点[J].系统辩证学学报,2000(4):66-69,76.

程,而是一个"范式转换"的过程,即由新范式取代旧范式,推动科学理论跨越式发展的过程。《科学革命的结构》一书的出版在哲学界、社会科学乃至自然科学界引发震动,先后被翻译成 20 多种语言畅销世界,对科学史、科学哲学、一般哲学的研究产生了深远的影响,其影响甚至延伸到其他人文与社会科学领域。

　　究竟什么是"范式"呢? 库恩在《科学革命的结构》一书中曾在二十余处用到"范式"一词,但始终没有给出一个前后统一、表述明确的定义,导致范式一度被认为是一个"只可意会、不可言传"的模糊概念。可能库恩认为,当他使用范式及其更替来说明科学思想进化过程的时候,范式的内涵已经全部体现在他用来佐证自己观点的一个个生动的例子中。库恩解释道,"范式一词有两种意义不同的使用方式,一方面它代表一个特定共同体成员所共有的信念、价值、技术等构成的整体;另一方面它指谓着那个整体的一种元素,即具体的谜题解答,把它们当作模型和范例,可以取代明确的规则作为常规科学中其他谜题解答的基础"。库恩还曾经想用"学科基质"(disciplinary matrix)一词来取代范式概念。"用学科一词,因为它指称一个专门学科的工作者所共有的财产;用基质一词,是因为它由各种各样的要素构成";而"所有书中被当作范式或范式的一部分都只是学科基质的组成部分,它们形成一个整体而共同起作用"。这段话清晰地表明,在库恩看来,范式是特定共同体成员所共有的信念、价值、技术及其现实应用性等多种要素构成的整体。①

　　将范式视为由不同要素构成的完整体系,是范式理论与系统哲学的核心思想不谋而合的认知交汇。基于系统哲学,正确理解范式一词,必须回答好"范式由哪些要素构成","这些要素相互之间是何种关系"两个关键问题。库恩提出并解释了组成范式的四种成分:符号概括、"形而上学范式"或"范式的形而上学部分"、价值以及范例。"符号概括"是团体成员能无异议、不加怀疑地使用的公式,是某一时代共有的以符号形式出现的理论概括。"形而上学范式"或者"范式的形而上学部分"是某个科学共同体成员共同秉持的信念,是科学活动的精神工具,主要体现为相信特定科学共同体公认的模型。"价值"比符号概括和模型更能为不同的共同体(成员)所广泛共有,而且在使全体自然科学家觉得他们同属于一个共同体上起着关键的作用,还能够帮助科学共同体成员查明危机之

---

① 蒋楼."科学范式"理论内涵的哲学启示[J].哲学基础理论研究,2016(2):145-155.

所在或在彼此不相容的研究方式之间进行选择。① 价值是决定科学共同体集体行为的因素，使科学共同体更具整体感。获得同样的认知工具是一个科学共同体所真正共有的本质性的东西，而这个相同的认知工具和认知方式就是科学共有的"范例"。例如教科书上的模型，课后的习题，期刊文献中的技术性解答，体现的是某个学科的精细结构。

英国学者马斯特曼在对库恩的范式理论进行专题研究后，认为范式由三个方面内容构成：一是形而上学范式或元范式，可以被视为一种科学的信念、一种形而上学的思辨、一项指引直觉本身的有条理的原则等，是范式的核心；二是社会学范式，像习惯、制度或者榜样一样对科学行为产生规约；三是人工范式，是一种具体的行为方式，像一本实际的教科书或经典著作，一种装置或仪器操作的标准程序。在给马斯特曼的回信中，库恩说道："我同意你对《科学革命的结构》一书中'范式'的看法：范式的中心是哲学方面，但它又显得非常含混……虽然我目前的见解在许多细节上还与你不一致，但我们的思路是很相近的，包括对语言哲学和隐喻的相关性。"不难看出，库恩基本同意马斯特曼的观点。综上所述，范式可以被概括性地理解为科学共同体及其成员进行科学研究时赖以运作的理论基础和实践规范。范式由多种成分构成，包括知识层面的符号概括、信念层面的形而上学范式、价值取向层面的价值和操作层面的范例。

尽管范式不是理论或理论体系，但是却对理论研究、理论的发展乃至理论的革命具有决定性的意义和作用。范式能够以润物细无声的方式含蓄地指导科学家们应该相信什么，应该怎样去开展研究。范式指导下的科学革命需要经历几个典型时期：在前范式阶段，不同的学派林立，随之出现一个占统治地位的主流范式；主流范式的确立标志科学进入常规科学时期，大多数科学家是在范式的指导下进行研究活动，解决一类被称为难题的特殊问题，来强化、扩展、确证与巩固范式；随着有些反常的、范式无法解释的甚至与范式相抵触的现象逐渐出现，科学发展进入反常阶段；当这些反常的现象、问题越来越多、积累到一定程度，便会引发一场革命，即用一种新范式取代原有范式的"格式塔"转换，② 科学革命就此发生。

---

① 蒋楼."科学范式"理论内涵的哲学启示[J].哲学基础理论研究,2016(2):145-155.

② 岳欣云.应然、实然与必然:关于我国教育研究范式的思考[D].开封:河南大学,2002.

范式一词被应用到方法论领域后,本身的词义发生了一定程度的转变。范式方法论是西方学者借用范式这一范畴在对科学研究的理论基础进行探讨时提出的一种方法论概念。① 诺斯维尔在《哲学范式和质的研究》中构建出完整的范式方法论体系。他将元范式划分为客观主义范式和阐释学范式两个基本范畴。客观主义范式主要针对自然科学研究,旨在用看得见的事实和数据发现存在于人之外的、并为人感知到的绝对的现实,包括真理和社会现实。客观主义范式又划分为实在论范式、唯理论范式、实证主义范式和逻辑实证主义范式。阐释学范式主要针对社会科学研究,强调在人的真实生活情境中认识人的意识及其相互关系,以及这种意识的语言表达和相互关系。阐释学范式包括现象学范式、存在主义现象学范式、解构主义范式、新实用主义范式和解释学范式。客观主义范式与阐释学范式的根本区别在于研究对象是否为不受人的主观意识影响而客观独立存在,这种对立来自西方哲学的传统(图 1.1)。

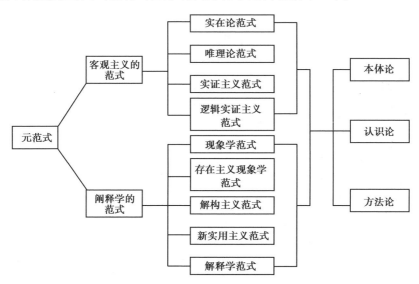

图 1.1　诺斯维尔方法论范式范畴示意图

另一位学者库伯认为,范式是指导人们从事研究活动的一套信念,对科学研究起到指导、规范与整合的作用。他将范式划分为实证主义范式、后实证主义范式、批判理论范式和建构主义范式。实证主义范式认为知识来源于经验,

① 孙绵涛.西方范式方法论的反思与重构[J].华中师范大学学报(人文社会科学版),2003(6):110-125.

只有通过经验验证的知识才是可靠的，因而强调对现象进行客观、中立的观察和描述，追求普遍性和规律性。后实证范式认为，社会世界是客观存在的实体，也是主观意向的产物，运用证伪主义的假设与检验、逻辑方法与经验分析方法的结合，来发现客观规律，解释、预测社会现象。批判理论范式以现象学、解释学与存在主义为哲学基础，充分运用反思性思维、分析性思维和创新性思维，通过分析当下的社会个体和群体受到的不公正待遇，以及造成这些不公正的社会机制，提出改革性的解决方案。建构主义范式坚持主观性与客观性相统一，强调知识的社会构型，注重运用反思、参与式观察、深度访谈等方法，深刻阐释多元文化与思想模式以及社会结构与权力的意义认知。

中国台湾学者陈伯璋认为范式方法论包括现象学的范式、解释学的范式、批判理论的范式和符号互动的范式。他认为范式的哲学基础不仅包括本体论和认识论，还应包括价值论。与西方学者不同，陈伯璋并没有为每一种范式寻找相对应的本体论、认识论和价值论，而是研究四种范式在本体论、认识论和价值论上所具有的共同基础。[①] 这为构建终身学习研究的范式方法论提供了极大的启发。

在教育领域，范式一词是指教育科学研究者或群体公认的一套基本概念、原理、方法规范及基本方法与工具，既包括教育研究者共同的教育信仰、理论知识，也包括操作层面的方法、工具与程序。例如逻辑实证主义范式就是从事实证研究的教育研究者的方法论信仰。在逻辑实证主义范式影响下开展研究，研究者将所研究的现象或事物看作一种不受主观价值因素的影响、不为知识与理论所过滤的客观存在。为了准确阐释这种客观存在的本质属性，研究者需要采用自然科学研究的方法、工具和程序对研究对象进行经验证实或者逻辑演算检验。常用的研究方法包括实验、田野调查等，研究程序则采用提出假设、搜集资料、验证假设这种自上而下的顺序。[②]

在众多理论观点中，孙绵涛教授提出的新范式主义方法论非常有代表性。这一方法论充分吸收借鉴了前人相关的研究成果，注重深入思考与辨析各种范式之间的关系问题，范式、哲学基础以及研究方法三者之间的关系问题，范式的哲学基础创新等问题，对范式方法论进行了成功的本土化重构，对教育研究方

① 孙绵涛.西方范式方法论的反思与重构[J].华中师范大学学报(人文社会科学版),2003(6):110-125.
② 岳欣云.应然、实然与必然：关于我国教育研究范式的思考[D].开封:河南大学,2002.

法论的进步起到了推动作用。新范式方法论的突出特点在于：一是囊括了哲学本体论、认识论、方法论和价值论作为范式方法论的哲学基础，促进了研究范式上的相互借鉴、相互促进，始终贯穿着对于教育现象和教育问题本质及其意义的认知与追问，能够基于研究对象的理论与实践、基础与主体框架，源与流等多条线索、多个切面进行纵横交织的研究，进而构建出全面、完整、严密的论述体系；[①]二是对方法论的深化发展，注重对处在研究方法逻辑结构中的层次比较高的研究方法的探究。[②] 这一方法论注重对研究对象的内在发生、外在条件、历史发展和现实结构进行理论建构，这就需要不仅从本质也要从外在形态，不仅从产生也从发展过程，不仅从整体也要从构成要素进行研究，必然要求运用多种研究范式对研究对象进行解构和建构，客观上促进方法论向着更高的层次发展。孙绵涛教授认为，新范式方法论重构遵循了这样的思路：第一步，明晰特定领域范式方法论的哲学基础，范围包括本体论、认识论和价值论；第二步，阐述范式本身，包括现象学范式、解释学范式、批判理论范式、建构主义范式和符号互动范式；第三步，确定研究方法，即具体的研究方式、研究工具与程序。因此，新范式方法论包括三个层次的范畴，分别为：哲学范畴、范式范畴和方法范畴。[③]其中，哲学范畴论主要探讨哲学本体论、认识论和价值论及其相互关系；范式范畴论主要研究反映一般研究逻辑的现象学范式、解释学范式、批判理论范式、建构主义范式和符号互动范式及其相互关系；方法范畴论主要分析研究方法的逻辑结构，并将具体的研究方法抽象到较高层次。[④] 本研究将以孙绵涛教授的新范式主义方法论三个层次范畴为框架，以系统哲学为基础和根本指导原则，阐述终身学习研究的范式方法论(图 1.2)。

(二)终身学习研究范式方法论的哲学范畴分析

哲学范畴是新范式方法论认识和研究事物或现象的哲学基础，是新范式方法论的基础范畴，哲学范畴决定了范式范畴和方法范畴。哲学范畴为从事特定领域研究的人员提供了共同承诺的信念，使研究者具有了倾向性的或普遍接受的类比和隐喻，帮助研究人员判断何种研究结论或者哪些对问题的解释可以被

①　孙绵涛.西方范式方法论的反思与重构[J].华中师范大学学报(人文社会科学版),2003(6):110-125.
②　李世奇.教育现象研究的方法论探讨[D].沈阳:沈阳师范大学,2014.
③　祁型雨.利益表达与整合:关于教育政策的决策模式研究[D].武汉:华中师范大学,2003.
④　孙绵涛.西方范式方法论的反思与重构[J].华中师范大学学报(人文社会科学版),2003(6):110-125.

接受,哪些是研究领域中最需要被解释或者被探讨的问题,这些问题具有何种紧迫性或被优先研究的特性。哲学范畴对于研究者判断自身属于哪一个学科研究领域或科学共同体起到重要作用,尤其是在研究者必须在不相容的研究方式之间做出选择的时候,会起到决定性的作用。此外,哲学范畴作为支配研究者个人选择的依据,还能够对研究者的工作及其成果起到预测与评价的作用。简而言之,哲学范畴科学研究发展过程中起着导向作用,其以独特的性质引导人们主观性的形成,对科学研究的价值取向、研究方法等起到一般的预设和规范作用。

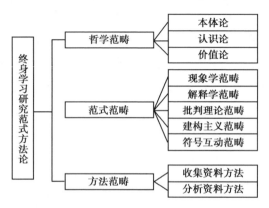

图 1.2　终身学习研究范式方法论范畴图

　　不同的哲学体系可以提出不同的哲学范畴。例如,基于研究方向和层次,可以将哲学划分为本体论、认识论和价值论;基于认识事物的本质属性是物质第一性还是精神第一性,可以将哲学划分为唯物主义与唯心主义、经验论(实证主义)与先验论、二元论与一元论等范畴;基于哲学的发展脉络与阶段,可以将哲学划分为古典哲学、近代哲学、现代哲学、后现代哲学以及马克思主义哲学体系等范畴。新范式方法论以"认识事物是什么"和"怎样认识事物"为主线,为科学研究提供哲学本体论、认识论和价值论的哲学基础。[①] 从本体论方面来看,唯物主义与唯心主义对世界本原是物质的还是唯心的争论已久,马克思主义对物质与精神的辩证关系做了科学的阐述,认为世界的本原是建立在实践基础之上的物质形态。从认识论的方面来看,经验主义认识论和先验主义认识论各自

---

① 祁型雨.利益表达与整合:关于教育政策的决策模式研究[D].武汉:华中师范大学,2003.

强调了事实经验和认识主体主观经验的重要作用,马克思主义主张实践认识论,将认识统一于实践基础之上的感性与理性、主客体的相互作用。从价值论的方面来看,不同的哲学观点对于价值的客体属性、主体属性各有侧重,马克思主义科学地分析了价值的客体属性与主体属性之间的辩证关系,将价值统一于客体对主体需要的满足关系。① 科学研究的根本目的在于认识事物的本质,即回答是什么的问题,这涉及本体论的问题;当探讨事物究竟是应然本质还是实然本质的时候,就必然涉及认识论问题,也就是如何认识"是什么"的问题;要更好地阐释事物是什么,需要更为深刻地揭示事物是否被主体需要,为什么被主体需要以及多大程度上满足主体的需要,这就是价值论的问题。可见,本体论、认识论和价值论成了人们从事科学研究不可回避的三个基本哲学问题。当然,无论是对事物本质的认识,抑或是对事物满足主体需要的客体属性进行选择和认定,都离不开研究者主观价值、愿望与判断的左右与影响。也就是说,对本体论与价值论的分析都离不开由认识论主导的思维认知过程,因此认识论问题是贯穿哲学范畴的一个根本性的问题,在具体分析科学研究的哲学基础时,更侧重于分析认识论基础,而并不过多地涉及本体论基础和价值论基础。②

　　本研究认为,终身学习方法论应建立在马克思主义实践认识论的基础之上。马克思主义实践认识论为终身学习方法论构建提供了关键的哲学支撑:其一,实践是社会现象形成、运动以及发展的决定力量,物质资料的生产实践活动是最基本的活动,它制约着一切人类的其他活动,实践运动的规律构成了社会历史的规律,对事物的认识必须建立在实践基础上才能得以实现。其二,马克思主义实践认识论辨明了真理与价值的关系问题,认为真理与价值是历史的统一,认识真理是实现价值的前提和基础;实现价值是认识真理的根本动力和最终落脚点,价值和真理互相影响、相互引导,互为支撑,真理的拓展与深化引导着研究者关注新的价值诉求,使价值体系不断丰满充实;价值目标、内容的调整与更新,也必然推动研究者更加深入全面地揭示真理,激发研究者追求真理的决心。其三,马克思主义实践认识论辨明了认识与实践的关系问题,认为实践是一种辩证的历史过程,认识作为人对世界的理论把握,是人对世界的实践把握方式的内化,与实践活动具有内在同构性。相应地,研究者的认识活动也必

①　孙绵涛.西方范式方法论的反思与重构[J].华中师范大学学报(人文社会科学版),2003(6):110-125.
②　孙绵涛.西方范式方法论的反思与重构[J].华中师范大学学报(人文社会科学版),2003(6):110-125.

然是一种历史性的辩证过程，实践的发展变化为研究者提出了更多需要解答的问题，认识的深化又能反作用于实践，推动实践、改进实践，认识促使实践得以以自觉的方式进行演进。

具体来讲，终身学习范式方法论的哲学范畴同样涵盖本体论、认识论和价值论，主要探讨终身学习现象的本质即终身学习是什么的问题，如何认识与研究终身学习现象的本质及其发展规律的问题，终身学习现象的主体需要和客体属性相统一问题。在认识的逻辑顺序上，应以服务全民终身学习的实践活动范畴作为认识的逻辑起点，再逐步认识终身学习观念、终身学习体制和终身学习机制等范畴，这是由实践活动的第一性决定的。在认识终身学习现象的本质方面，需要将终身学习现象还原到社会系统之中，全面把握事物的应然本质和实然本质，以把握实然本质为认识应然本质提供基础和支持，以把握应然本质为认识实然本质提供模式与引导，进而准确认知事物的本质规定性。同时，应基于系统哲学的基本原则，关注终身学习现象这一"存在"的包容性，涵盖终身学习现象的外在宏观环境、处于终身学习场域中的个体、群体、机构及其多元行为；不仅研究现象的构成成分，更要研究它们如何进化发展，探讨现象的固有规律和演变规律，坚持静态与动态的统一。在认识终身学习价值方面，需要透过终身学习现象与人和社会发展的关系，探析其客体属性与人的主体需要之间的效用对应关系。① 主体的需要是社会存在和发展的首要前提，主体需要构成了社会发展的原动力；社会发展以满足主体需要为根本目的，社会的每一次进步与转型都促进主体需要满足方式的丰富和满足程度的提高，实现了主体在能力、关系和需要的性质和水平方面的发展。这意味着，价值论的阐述需注重判断主体与客体之间相互作用的状态，其核心在于：事实与价值的融合。

（三）终身学习研究范式方法论的范式范畴分析

范式范畴的内涵在某种程度上与库恩所讲的学科基质的第一种形式"符号概括"十分类似，承袭了范式作为范例和模型的本意，包括定律以及模型中某些符号的定义，具有法则和规矩的功能，是特定领域科研人员进行研究时施展数学和逻辑操作技巧的立足点，是他们可以毫无异议、不加怀疑地使用的公式。范式范畴可以使科学工作者具有共同的理论背景、价值观念、基本概念、基本方

---

① 李世奇.教育现象研究的方法论探讨[D].沈阳:沈阳师范大学,2014.

法和学术平台,为学术研究提供基本的原则、规范、参考与指导,促进科学共同体的形成,推动学术研究走向成熟。借鉴孙绵涛教授的观点,终身学习研究范式方法论的范式范畴包括现象学范式、解释学范式、批判理论范式、建构主义范式以及符号互动范式五种。①

1.现象学范式

现象学范式的创立者是德国哲学家胡塞尔。在胡塞尔看来,现象学方法是抵御实证主义对哲学进行扼杀的有效应对,是真正实现研究人的意义、生命价值等终极问题的有效方法。现象学猛烈地批判实证主义,贬斥实证主义对于科学的追求排除了一切主观和价值的因素与观点,彻底否定了活生生的人的意义。现象学范式主张,科学研究应重视研究者先验想象与情感参与因素,重视研究者自身的联想意向与构造想象的能力,重视研究对象本身的动态发展变化,进而实现从实证主义对于研究对象的客观注视转向本质直观,关注研究对象在历史、当下及未来三重视域中的形态、变化与延展,而不仅仅片面、孤立地局限于当下这一单一维度,接受社会现象研究的不确定性和动态生成性。同时,现象学范式强调改变实证主义僵化的技术取向,重视研究者作为先验主体的生存之思,发挥研究者的主观能动性,帮助研究者摆脱技术的枷锁与束缚,彰显其主体性地位。

基于现象学范式,对服务全民终身学习的教育体制进行研究应注重三方面内容:一是服务全民终身学习的教育体制这一现象的本质是什么。现象学是对本质的直观,通过研究辨明体制的本质、体制中人的本质和存在的本质。二是现象与现象以及现象各构成要素之间的联系和关系。厘清服务全民终身学习的教育体制各要素之间的关系,服务全民终身学习的教育体制与外界影响因素之间的关系,以及服务全民终身学习的教育体制与人的生命价值实现、社会发展进步以及国家强盛之间的关系。三是发现服务全民终身学习的教育体制变化发展的趋势与可能性。在方法运用方面,秉持忠于事实、忠于现象的理念,努力实现对于观察现象的本质直观,不仅要深入实践关注现实世界的终身学习现象,也要关注研究者大脑中理念的终身学习现象,力争反映全面、客观、真实的终身学习现象形态。打破实证主义整齐划一的方法与程序桎梏,超越严格控制

① 祁型雨.利益表达与整合:关于教育政策的决策模式研究[D].武汉:华中师范大学,2003.

的"人为"情境，注重研究对象的时空延展性，使终身学习研究充满价值关怀、凸显人文属性。

2. 解释学范式

解释学起源于古希腊时期对荷马及其他诗人作品的解释与批评。在经历了局部解释学、普遍解释学和本体论解释学三个阶段的演进与发展后，解释学得以在哲学领域完成理论体系的建构。本体论解释学的代表人物是海德格尔和加达默尔，其主要观点认为：人的理解活动是一种存在方式，是人类社会经验的重要组成部分；被解释文本中保留有历史的传统，作为中介的理解活动能够实现解释者的个人成见与历史传统二者的视界融合，达成二者的辩证统一。因此，理解活动是一种创造性活动，而不仅仅是一种单纯的认知方式。正如加达默尔所讲，"社会历史的本质就是我们置身于传统之中，在理解传统中发现自己"。按照解释学范式的观点，理解首先是一种处于循环中的活动，即处于从整体到部分和从部分到整体的不断循环往返的运动状态，也就是根据解释文本的整体来理解细节，又根据文本的细节来理解整体的循环过程。同时，在理解的过程中展现事物的实在性才是真正的解释学。这正是加达默尔提出的"效果历史"的概念，"真正的历史对象根本就不是对象，而是自己和他者的统一体，或一种关系，在这关系中同时存在着历史的实在以及历史理解的实在"。① 这意味着在解释作品时，需要从作品的效果历史中理解作品，把历史与现在密切相连，肯定作品对于当代社会的意义。简而言之，解释学范式突出了理解的主观性、历史性、相对性和整体性。②

基于解释学范式，终身学习研究应注重寻找隐含在日常终身学习现象及结构背后的意义，把焦点放在以文字或语言为载体传递与表达出的意义上。在解释终身学习现象和规律的过程中，不能仅仅被动感知与接受被解释对象，而应该主动去认识，并进行自主性的理解，深入终身学习现象发生的场域，以自己的思想方式推动解释，赋予它特殊性，并不追求理解和被解释对象的绝对吻合，而是在主观性范围内对被解释对象进行的恰如其分、如其所是的理解与描述，并具有自己的价值观念和语言表达理解。与此同时，要注重对于终身学习现象的

---

① 袁世硕.加达默尔文艺作品存在方式论质疑：读《真理与方法》札记[J].文艺研究,2006(2):37-42.
② 陈甜,徐晓梅.从效果历史角度谈重译的必要性：以《少年维特之烦恼》译本为例[J].海外英语,2020(10):13-14,21.

本质以及终身学习现象演进发展的过程的理解,深刻审视终身学习现象及其所处宏观环境的整体性、连续性、历史性和特殊性,将理解与语义分析建立在历史、政治语境基础之上。在研究方法的使用层面,基于解释学范式的终身学习研究应关注对全部终身学习现象的语义理解,分析资料时兼顾现象逻辑与表述逻辑,注重遵循历史与逻辑的统一。

3.批判理论范式

批判理论范式是 20 世纪 60 年代欧美国家出现的一种重要的知识产出范式,被广泛运用于认知心理学、文学研究、哲学研究以及社会科学研究中,成为现代思想中最重要的研究范式之一。法兰克福学派对批判理论范式体系的形成贡献巨大。批判理论范式是一种基于对人类社会的深刻检视,通过分析当下的社会问题并找出其中的根源,以改善社会状况的学术范式。它的目的是发掘身处社会中的个体和群体受到的不公正待遇,以及造成这些不公正的社会机制,并提出一些改革性的社会解决方案。批判理论范式经历了以经济为主的批判维度、以文化为主的批判维度和以道德为主的批判维度三次重要转向。批判理论范式提供了一种具有鲜明特征的解释和理解社会现象的方式,它重视影响社会现象的政治、经济、文化与道德力量;它将社会不公的结果归结于复杂的社会结构,主张通过改变社会结构来改善不公平状况;它将个体视为社会变革的主体,主张通过改变主体的行动实现社会现象的改进;它坚定地认为社会现象是历史发展的产物,必须立足历史的演变,才能真正理解社会现象。针对教育领域,批判理论重视社会意识形态和政治经济学对学生学业与终身发展的影响,将种族、社会经济地位、性别等因素作为导致学生在教育权利、教育机会、教育质量等方面遭遇不公平的主要影响因素,并寻求相应的途径解决教育不公平。[①]

基于批判理论范式的终身学习研究应尊重社会科学研究与自然科学研究的差异性,慎重地对待将自然科学研究方法引入社会科学研究领域的主张。批判理论范式的核心研究方法是辩证的、历史的批判。研究过程中,要坚持整体地(联系地)、历史地研究终身学习现象,批判地审视终身学习现象中存在的意识形态及其他因素,引入关注弱势群体的价值取向,审慎地评估研究产生的社

---

① 李世奇.教育现象研究的方法论探讨[D].沈阳:沈阳师范大学,2014.

会影响。以批判理论范式为引导，应在研究中更为注重理解不同主体与群体及其社会经济、文化背景之间的差异，关注到不同社会主体与群体之间的关系，深刻地把握终身学习领域中的结构性不平等与偏见，挖掘改革进程中的深层次障碍，从而推动终身学习的包容与公平。

4.建构主义范式

建构主义思想可以追溯到古希腊时期苏格拉底的"产婆术"，文艺复兴思潮中对人自身价值的强调成为近代建构主义学说发展的重要依据。此后，"新科学""经验自然主义"等学说夯实了建构主义的哲学基础，"认识发生论""智力发展理论"等理论加强了建构主义的心理学基础，建构主义理论体系愈发完善，逐渐发展成为西方思想界的主流学说之一。虽然建构主义本身包含激进建构主义、社会建构主义、社会文化认知观、信息加工建构主义和控制系统论等多个分支，但其基本观点大致相同：知识不再被视为绝对现实的知识，知识是经验建构的结果，来源于人们依据自己的经验、文化、社会环境和语言等因素对社会现象的理解性建构，即个人创造有关世界的意义，而不是发现源于现实的意义。建构主义范式并不致力于预测和控制真实的世界，也不过分期望改造现实世界，其核心在于探究人们如何建构社会现象的意义和理解，致力于在研究者心中重新建设一个新世界。建构主义范式重视整体方法，主张从整体的性质来理解个体的属性与行为；建构主义将人置于中心，以人的需要为前提，以人的发展为目标；建构主义坚持多元方法取向，在保留了传统的实证主义方法的同时，更注重借鉴后实证主义的诠释性方法，既说明变量关系的成分，也分析理解的社会意义。建构主义范式的这些特征为科学研究提供了新视角、新话语和新工具。

基于建构主义范式的终身学习研究将突出地体现出相对性、互动性与主观性。相对性意味着，没有客观的真理是已知的，对于终身学习现象可以有各种各样的不同解释，每种解释都源于研究者个人对于意义和理解的"建构"。互动性表明，研究者和作为研究对象的终身学习现象之间是密不可分的关系，研究结论是事实和个人思想互动的结果和产物，不是一种纯粹的现实，而是一种"构建现实"。主观性则强调，基于建构主义范式的终身学习研究主要以质性研究为主，研究者带着他的信仰、经验和价值观去分析与阐述，量化研究作为质性研究的补充和辅助。在研究内容方面，应关注机构、组织、团体和个人等主体及其构成的话语、身份、规则、社会等系统要素在终身学习场域中的特定时刻的特定结构,学习者如何理解特定的终身学习内容、方式、阶段、空间对个人的意义及如何影响其终身学习经历并形成自己的意义,终身学习活动或事件的发生、发展与演变过程的原因和方式等议题。在方法选择方面,主要涉及解释的方法和辩证的方法,前者要求尽可能地准确清晰地描述个别的结构,后者要求充分深刻地比较和对照这些个别结构。尤其倚重访谈、观察、文献分析等方法,在研究者和研究参与者对话的过程中捕捉参与者的想法,掌握参与者真实体验,分析参与者的行动变化,进而构建并体现"意义"。

5.符号互动范式

符号互动理论产生于美国,实用主义哲学、行为主义心理学、芝加哥学派都是符号互动理论体系不断丰富与完善的重要基础。符号互动范式通过分析日常环境中的人际互动来研究社会,库利、托马斯、米德、布鲁默、戈夫曼是符号互动范式的代表人物。符号互动范式中的符号是指能够代表某种意义的事物,如语言、文字、动作、表情、手势、物品甚至场景,一些事物之所以成为符号是因为人们赋予了它某种公认的意义。符号互动范式关注社会现实,认为社会现实是由活动着的人使用各种符号进行互动而创造并表现的。同时,符号互动范式将世界视为由复杂的"主体间性"所构成的世界,强调从关注"主体—客体"关系转向关注"主体—主体"关系,确认自我主体与对象主体间的共生性、平等性和交互性。在研究过程中,注意符号系统与社会结构之间的关系,尽管符号互动受制于社会结构,但仍需尊重并发挥主体的主动性与创造性。符号互动范式开创了社会学研究的一个崭新视角。[①]

基于符号互动范式的终身学习研究,应将研究的焦点置于微观层面,避免先入为主的偏见,强调学习者的特殊性,注重对终身学习者个人之间互动过程的探讨分析;重视对终身学习实际状态和互动过程的考察,意识到符号互动是能动的、可变的过程,社会组织结构和制度随符号互动变化而变化,充分运用观察性、纪实性和非结构性的方法审视过程以及过程中的变化,从经验中归纳总结理论。在具体方法方面注重探究与检验。探究是指研究者进入具体的终身学习现象之中观察情境,用持续发现的事实修正观察结果、提炼理论;检验是研

① 牛玉慧.中原城市美学与城市公共设施优化研究:从城市美学角度思考公共设施的优化设计与布局[J].美与时代(上),2013(11):85-87.

究者在观察后依据经验证据创造性地提出、论证概念或范畴，梳理分析概念与范畴之间的相互关系。

（四）终身学习研究范式方法论的方法范畴分析

范式方法论的方法范畴类似于库恩所讲的"范例"，是操作层面的范式，包括科学共同体成员所掌握和使用的相同的认知工具和认知方式。一般来讲，一个完整的方法论体系应同时包括关于从抽象到具体的方法的理论和从具体到抽象的方法的理论，这源于科学研究活动同时包括这两个相向的研究过程。无论是实现从抽象到具体的研究目标，还是实现从具体上升到抽象的研究目标，都需要借助具体的研究方法。范式方法论的方法范畴就是从理论上辨明由抽象到具体或者由具体到抽象研究任务的各类方法，并使研究者能够在研究过程中自觉地有效地运用这些方法。

从属性上来看，方法范畴可以划分为量化研究和质化研究。量化研究是确定事物某方面量的规定性的科学研究，就是将问题与现象用数量来表示，进而去分析、考验、解释，从而获得意义的研究方法和过程。[①] 质化研究是通过收集和分析非数值化的数据来发掘问题、理解事件现象、分析人类的行为与观点，进而把握社会现象和人类行为的本质的研究方法和过程。量化研究强调可重复性和客观性，通常旨在验证某些特定的假设或推广性的结论，从而得出普遍的结论，如探究变量之间的关系和因果效应等。而质化研究则旨在深入了解研究对象的经验、态度、信仰、文化等方面，把握社会现象和人类行为的本质，从而提供深刻的见解，为实践和政策制定提供有益参考。量化研究主要使用数值化的方法来收集和分析数据，如问卷调查、实验设计、统计分析等。质化研究则主要使用非数值化的方法来收集和分析数据，如深度访谈、观察、文件分析等。量化研究和质化研究各有所长，实践中需要根据研究目的、研究问题、研究对象等多种因素加以选择。在实际的研究过程中，量化资料和质化资料有时很难决然分开，尤其是在混合方法被更广泛运用的今天，在终身学习这种特定的研究领域。一方面，终身学习现象既是一种事实存在，也是一种价值存在，二者紧密地交织在一起，抛开价值谈事实与抛开事实谈价值，都无法真正准确地认识终身学习

---

① 贾利军，王健民，徐韵.天人合一：从量化研究到质性研究的方法论跨越[J].企业经济，2021(5)：33-42.

现象的本质。这意味着,无论是揭示终身学习现象事实存在的本质,还是揭示其价值存在的本质,都需要将量化资料和质化资料统合在一个分析过程之中。另一方面,科学研究思路遵循假设检验逻辑,首先从理论推导出研究假设,其次通过经验观察来检验假设,最后上升为更高层次的总结凝练,形成"质化—量化—质化"的认知模式。这意味着质化分析要借助量化分析达成准确性,量化分析借助质化分析实现深刻性,二者相互支撑,无法割裂,共同服务于研究目标的实现。因此,我们倾向于将终身学习范式方法论的方法范畴划分为收集资料的方法和分析资料的方法。

收集资料的方法是指研究者经过周密的设计,遵循规范的程序从特定研究场域针对研究对象获取研究资料所使用的一系列方法和过程。[①] 资料收集方法的确定依据包括研究目的、研究对象的属性与特征、研究成本、资料收集难度等。资料的收集必须遵循科学、规范的设计与程序,才能最大限度地保证资料收集的真实性与可靠性。常见的资料收集的方法包括:文献法,就是收集和分析研究各种现存的有关文献资料,从中选取信息,以达到某种调查研究目的的方法。文献的种类繁多,包括期刊、专著、专利、报纸、论文集、学位论文、技术标准、研究报告等,载体既包括纸质文本,也包括光盘、磁盘、网络数据等电子文献。观察法,指研究者在自然条件下对研究对象进行系统的连续观察,并做出准确、具体和详尽的记录,进而全面正确地掌握所需信息的研究方法。观察法可以细分为直接观察、间接观察、参与式观察、非参与式观察、结构观察、非结构观察、叙事观察等类型。调查研究法,主要指问卷调查法和访谈调查法。问卷调查法是指通过制订详细周密的问卷,要求被调查者据此进行回答以收集资料的方法。访谈调查法是通过研究者与被调查对象的直接对话收集事实材料的调查研究方法。[②] 实验研究法,是由研究者根据研究问题的本质内容设计实验,控制某些环境因素的变化,通过对可重复的实验现象进行观察,从中发现规律的研究方法。实验研究法包括自然情境中的实验和实验室中的实验等,是各类研究中唯一能确定因果关系的研究方法。[③] 个案研究法,是对特定个体、群体或

① 孙绵涛.西方范式方法论的反思与重构[J].华中师范大学学报(人文社会科学版),2003(6):110-125.
② 李燕莉,井海燕,王敏,等.高中英语写作课的创新设计研究[C]//十三五规划科研成果汇编(第五卷).内蒙古北方重工第三中学,2018:4.
③ 刘玉晓,梁凤莲,王倩,等.基于专家审稿意见的综合性农业学术类稿件问题实证分析[J].农业图书情报学刊,2016(8):1274-1277.

组织进行的长期持续性研究,以了解其行为发展变化的全过程的方法。个案研究法有助于形成对研究对象深入全面的认识。个案研究法重视资料收集,关注研究对象产生与发展的全过程,注重内在与外在因素及其相互关系的分析阐述。个案研究法是当今教育研究中运用广泛的定性研究方法,也是描述性研究和实地调查的一种具体方法。此外,还有教育行动研究法、教育叙事研究等新兴的教育研究方法。收集资料的基本要求为可靠性、有效性、相关性和实效性。

常见的分析资料的方法包括:思辨分析,如历史研究、比较研究和文献研究等;话语分析,如语言样本分析、对话分析法、语料库分析、语言实验法、批评话语分析等;内容分析,包括分词、字频统计、词频统计、聚类、分类、情感分析(含简单和复杂)、共现分析、同被引分析、依存分析、语义网络、社会网络、共现矩阵等;质性资料分析,如口述史、民族志、行动研究、扎根理论等;社会网络分析,如中心性分析、"核心—边缘"结构分析、凝聚子群分析等;引文分析,如引文数量分析、引文间的网状关系或链状关系分析、引文主题相关性分析等;统计学分析,如统计描述、方差分析、二元相关、元分析、多元回归分析、多元变量分析、因子分析、主成分分析、聚类分析、结构方程模型等。[1]

(五)基于系统哲学的终身学习范式方法论的特征与科学性

在系统哲学视域下,运用范式方法论开展的终身学习研究将突出整体性、层次性和价值性三个特征。

首先,整体性。整体性体现为由多个要素组成了具备原有单个要素不具备的新增功能的整体,各要素一旦基于某种构造设计组合成新的系统,其功能在数量和质量上就会优于先前各独立单元所拥有的功能效果之总和。[2] 基于系统哲学的终身学习研究理论也鲜明地体现出这一特征,即由不同的理论要素相互作用、相互影响形成系统完整的理论整体,以便理论学习者和使用者能够从整体上把握服务全民终身学习教育体系的主要内涵和总体构成,理解这一系统运行所蕴含的发展规律和内在逻辑。具备整体性的理论体系,各构成部分之间彼此链接、相互印证,共同实现学理和实践的价值与意义,并展现出强大的理论生命力和演进深化的潜力。相反,割裂理论体系的整体性,相对隔离地对发展脉

① 刘金波.微定制:高水平学术论文的写作与发表[J].写作,2022(4):76-86.
② 徐卓宇,江凤娟,陈志伟.系统论视域下新时代党的民族教育理念的多维分析[J].中共南宁市委党校学报,2021(2):29-33.

络、指导思想、教育对象、价值倡导等系统组成部分进行片面研究,虽然能够得出一些有价值的结论和成果,但由于缺乏对于研究对象各个范畴以及中观微观结构间的整体统筹,使研究结论僵硬固化、相互割裂、缺乏韧性,极大地影响了理论的解释力与科学性。因此,基于系统哲学的终身学习研究将注重理论系统产生的整体与综合效应,促进产出新质、新结构、新规律,加强与格局背景、文化内涵、落实主体等多个要素的系统整合和综合联动,使理论体系的各构成要素构成一个协调有序的系统整体,提高理论的学理与实践效益。

其次,层次性。层次性体现为理论体系的内容丰富性及结构等级次序合理性。基于系统哲学建构的终身学习理论体系各构成要素结构明晰、各理论单元之间的层次分布与相互关系合理。如围绕指导思想、战略意义、鲜明特征、功能价值、实践路径等范畴进行从宏观到微观、从抽象到具体的理论建构。

最后,价值性。价值性指的是对社会价值的引导和选择要充分考虑理论本身的系统性,综合考虑社会需要、价值观念和社会环境等多个方面。价值性要求充分避免在进行社会价值选择时产生操作性的偏差,即在取向上的厚此薄彼。理论体系并非局限于行为导向的简单操作工具论,而是关涉价值的判断与选择。如将终身学习放在中华民族伟大复兴的历史目标中进行总体分析,以全民族的奋斗目标作为关键的价值取向。

方法论是包含哲学层次、科学层次和技术层次在内的内涵丰富之概念。哲学层次指导技术层次的选择与实施,其科学性决定了技术层次各种具体研究方法的适切性与信效度。新范式方法论基于历史唯物主义,吸收了系统哲学的精华思想,其用于终身学习研究领域的科学性主要来源于能够最大限度地科学揭示和分析终身学习范畴及其逻辑关系的研究假设。这一方法论的合理性与优势显著地体现在以下四个方面。

1.认识起点的科学性

新范式方法论主张以物质实践活动为起点研究纷繁复杂的社会现象。恩格斯说过,"人们首先必须吃喝穿住,然后才能从事政治、经济、科学、艺术、宗教等直接的、物质的、生活资料的生产,从而一个民族或一个时代一定的经济发展阶段便构成基础,国家制度、法的观念、艺术以及宗教观念就是从这个基础上发展起来的,因而也必须由这个基础来解释"。① 可见,物质实践生产活动是社会存在和发展的基础,是社会生活的根基与土壤,认识社会存在与社会生活必须以物质实践生产活动为逻辑起点。相较于新范式方法论,不以物质实践活动为起点的哲学方法论容易将科学研究导入偏差。如黑格尔以他构建的精神现象为认识事物的起点,但将世间万物推演到以上帝为支柱的绝对精神,最终陷入唯心主义。再比如胡塞尔将现象视为客体释放的信息与主体能知的耦合,主张以主体的记忆、期望、感受等精神理念作为认识事物现象的基础,否认未经人类理性的现象的存在,最终将认知导向循环论和怀疑论。② 终身学习作为一种客观存在的教育现象,具有自身存在和发展的独特性,必然遵循自身的发展规律和路径,既不依照神的意志行事,也不以人的意志为转移。因此,只有以作为物质实践活动具体形式的终身学习活动为逻辑起点,进而认识终身学习体制、终身学习机制、终身学习观念等其他系统构成范畴,才能正确认识、科学分析与阐述终身学习现象。

2.认识路径的合理性

新范式方法论遵循历史唯物主义的基本观点,用普遍联系的观点看待世界和历史,认为物质世界是普遍联系和不断运动变化的统一整体,世界上的一切事物都处于相互影响、相互作用、相互制约之中。在这一观点指引下,马克思、恩格斯发现了物质生产、劳动、实践在社会发展中的决定作用,又在揭示生产、劳动、实践的内在结构的过程中,发现了生产力对于生产关系的决定作用,从而科学地概括提炼出生产力、生产关系、经济基础、上层建筑、社会存在、社会意识等一系列历史唯物主义基本范畴。坚持物质实践活动第一性,进而概括社会生活的基本范畴,并对基本范畴及与此相关的社会结构做出新的探索和研究成为历史唯物主义包括新范式方法论认识社会现象的具体路径。对终身学习现象进行科学研究,首先要合理提炼划分若干基本范畴,如终身学习观念、终身学习体制、终身学习机制、终身学习活动等;其次,相对准确地分析每一构成范畴所涵盖的内容,并论证这些范畴是否囊括了所有的终身学习现象;最后,清晰地剖析和阐述各范畴之间的逻辑关系和相互作用方式。③ 这种认识路径符合历史唯

① 徐良.马克思的实践论对近代西方本体论的克服[J].怀化师专学报,1993(2):27-33.
② 孙绵涛.教育现象的基本范畴研究[J].教育研究,2014(9):4-15.
③ 孙绵涛.教育现象的基本范畴研究[J].教育研究,2014(9):4-15.

物主义的认识规律,排除了事物和现象认识起点上的杂乱无章,并在认识过程中兼顾了终身学习现象发展的背景、要素、关系、结构、整体以及历史发展连续性,因而对终身学习现象及其规律具有较强的解释能力,更容易深入把握终身学习现象的本质与历史格局。

3.认识内容的层次性

新范式方法论主张,对事物和现象的认识是一个从宏观向具体不断深入的过程,即不断地寻找事物或现象的新层次,探索不同层次上运动规律的过程。每一个新的层次被发现,都会更新原有对于事物或现象的整体与部分、高层次与低层次、高级运动形式与低级运动形式的差异的认知。新范式方法论包含的这种系统层次分析是认识物质世界的层次性,为探索各层次上的特殊规律提供正确的方法和途径。这是新范式方法论优于传统分析方法的一个重要特质。对服务全民终身学习的教育体制进行分析必须重视层次分析。如我国现行教育管理体制中位于最高层次的是国家教育行政部门,位于最低层次的是基层学校、培训机构等终身学习实施机构,在最高层次和最低层次之间还有许多条条块块构成的层次,层次的设置和相互协同衔接会直接影响信息的传递,最终影响决策和执行两端的活动成效,缺少中间层次和中间层次过多都不利于终身学习活动的开展。系统的层次是无限的,层次分析可以为其设置合理的度,这既是实践的必然需要,也是改进实践的重要依据。因此,遵循等级秩序原理,运用层次分析方法能够发现终身学习现象每一个层次独有的特质和规律,这种特质与更高层次的大系统和低层次的子系统所具有的特质是截然不同的,也是不可被替代的。只有明确每一层次的特质和规律,才能确保构建的终身学习体系结构清晰、信息顺畅、互动紧密、协同高效,不断增强其宏观有秩序、微观有效率的属性。

4.认识方法的创造性

创造性意味着发现和运用尚未被揭示出来的客观事物的关系、本质和规律。新范式方法论秉持了系统哲学的综合方法,通过对系统各个组成部分的综合,形成对系统的新认识。这在本质上是一种创造性活动,也是使终身学习研究具有创造功能的根本原因。新范式方法论的创造性主要体现在两个方面:一是发现终身学习现象中未知的常规系统。由于终身学习现象包含多种不同的要素,各要素之间的相互联系也包含多个中间环节,因此很多要素、范畴及其相互关系都需要在深入的研究中逐步被发现。此外，由于不同的研究者会从自身的研究诉求出发，选择不同的角度审视终身学习现象，人为地分裂或剥离一些要素之间的相互联系，这也使得一些重要的联系及其构成的子系统被忽视。新范式方法论的综合分析方法有助于对终身学习现象各要素进行探索性综合，解释其具有的尚未被发现的固有联系，发现新的常规系统及其规律。二是对已有系统进行整体优化。新范式方法论要求对终身学习系统诸要素进行创造性综合，达到要素或子系统之间的相互协调，形成最佳的结构，减少相互抑制作用，增强相互增益作用，使部分的功能和目标服从系统整体的功能和目标，进而达到系统整体的最佳状态。

综上所述，基于新范式方法论对终身学习现象进行研究的基本思路应为：以具体的若干终身学习现象事实为起点，抽象出终身学习实践活动范畴，以此作为认识的逻辑起点，将终身学习实践活动范畴还原到具体分析终身学习现象内部其他与教育活动相关的要素，再分析各个范畴包含的具体内容，检视这些范畴是否包含了所有的终身学习现象，最后分析各个范畴及其包含的现象之间的相互关系以及作用方式，进而在认识上形成了由具体到抽象，再由抽象到具体的认识闭环。新范式方法论可以成为认识、改造、创新终身学习现象的重要方法论武器。

四、基于新范式方法论的终身学习研究改进

（一）坚持以历史唯物主义为方法论指导

作为新范式方法论的根本哲学基础，历史唯物主义揭示了事物的本质、内在联系和发展规律，是人们发现问题、分析问题和解决问题的有力思想武器，为我们思考理解研究终身学习提供了坚实的思想基础，为我们准确把握终身学习事业发展的主要矛盾，准确解释我国终身学习事业发展的时代特征，预测事业发展趋势、摸准事业发展重心具有根本指导作用。正如恩格斯曾指出，"马克思的整个世界观不是教义，而是方法。它提供的不是现成的教条，而是进一步研究的出发点和供这种研究使用的方法。"坚持历史唯物主义开展终身学习研究要充分运用基本矛盾分析法正确分析终身学习事业发展中的主要矛盾，将"一切从实际出发""具体情况具体分析""历史和逻辑相一致""理论与实践相结

合"的原则和方法贯穿到学术研究的全过程,将终身学习置于国内外形势和历史发展的大趋势之中,置于中国特色社会主义伟大事业的建设进程之中,提高研究的战略性、系统性、预见性,提高理论成果的创造性与可操作性,透过纷繁复杂的现象把握本质与规律,深入推动马克思主义同当代中国发展的具体实际相结合,有效解决我国社会主义现代化建设中尤其是终身学习事业发展领域中的重大实际问题。[①]

（二）牢牢把握党和国家教育事业发展的主题

认真研究和回答我国服务全民终身学习的教育体系建设面临的一系列重大理论、政策与实践问题。围绕贯彻落实习近平总书记关于哲学社会科学工作的重要论述,对推进知识创新、理论创新、方法创新,构建中国自主的知识体系,更好回答中国之问、世界之问、人民之问、时代之问,更好彰显中国之路、中国之治、中国之理。[②] 围绕落实立德树人根本任务、以推动教育高质量发展为指向,针对终身学习助推普惠性人力资本提升、终身学习推动全民道德素养提升,终身教育促进全民生活品质提高、终身学习助力全体人民共同富裕等根本战略性问题,针对人才质量、创业就业、现代信息技术服务终身学习、公平的受教育权等与人民有最直接、最紧密、最现实利益关系的重点问题开展深入研究,力争提出具有极大建设性的新观点、具有极强创新性的新理论和具有极高水平的咨政建议,为终身学习事业的稳步推进提供坚实的智力支撑。

（三）坚持量化和质性相结合、多学科方法运用

在发扬思辨研究传统的同时,重视实证研究的运用,发挥实证研究特长,以观察和实验的经验事实为基础,采用系统方法和完整程序得出结论,形成客观、普遍的规范性知识。倡导量化与质性相结合的混合研究方法,兼顾量化研究对数量关系规定性的发掘与质化研究对事物内在属性的阐释,促进终身学习研究方法从单一转向多元的发展。尊重每种方法背后体现的不同哲学理念、理论立场及价值取向,发挥各自的使用范围、优势,克服其固有的局限性和不足,全面深入地认识终身学习系统的本质与规律。[③]

---

① 张瑜.近10年来思想政治教育研究方法的新进展[J].思想教育研究,2019(5):34-39.
② 韩震.高校要在构建中国特色哲学社会科学中发挥好主力军作用[J].马克思主义理论学科研究,2022(6):27-35.
③ 张瑜.近10年来思想政治教育研究方法的新进展[J].思想教育研究,2019(5):34-39.

（四）形成以多元、适切和规范为导向的研究取向

所谓多元性是指积极确立终身学习的学科属性，拓展研究视角，广泛吸收借鉴相近学科或相关学科最新研究成果，突破学科桎梏，多角度、多层次、多方位、多形式地推进融合研究和方法创新。每一种研究方法都具有自身的哲学预设和方法论准则，多元方法并举有利于不同研究范式在终身学习领域中的思维碰撞、交流互鉴、成长融合，提高终身学习研究领域的包容性。所谓适切性，就是要看研究方法是否针对、切合所要解决的问题，是否能满足研究者对于研究问题的需要。① 具有适切性的终身学习研究需要符合两个标准：一是针对终身学习领域亟待解决的重大政策与关键实践问题开展研究，二是针对终身学习领域亟待回答的重大理论问题展开研究。应根据研究问题的性质和特点选择适切的工具和方法，避免陷入"主义误区"，盲目追求某种研究潮流或取向；更不能随意选用、简单移植其他学科的研究方法，导致研究范式混杂与割裂。所谓规范性是指研究过程和研究结果客观、科学，经得起实践检验。研究者应重视科学研究思维的培养，坚持正确方向、坚持实事求、坚持研究伦理，加强逻辑分析能力和统计应用能力的训练，不断提高研究方法的设计与运用能力；注重学理逻辑和理论思辨，探索教育本质和规律，对重大问题持续跟踪，注重长期性、系统性研究，创新本领域科学研究范式，不断提高终身学习研究的规范性。

本章小结

本章从研究类型、研究内容、研究历程、研究方法和研究视角方面回顾了我国终身学习研究的现状，概括出两种普遍的方法论，即自然生成方法论和人为抽象方法论，指出当前研究存在政策偏向、方法偏向、理论偏向和国际化偏向四种误区。系统哲学坚持历史唯物主义哲学根基，能够为终身学习提供丰富的思维方式和研究方法，应以其为基础建构终身学习的新范式方法论。借鉴中外学者范式方法论的观点，本章认为终身学习范式方法论包括哲学范畴、范式范畴和方法范畴。其中，哲学范畴论主要探讨哲学本体论、认识论和价值论及其相互关系；范式范畴论主要研究反映一般研究逻辑的现象学范式、解释学范式、批判理论范式、建构主义范式和符号互动范式及其相互关系；方法范畴论主要分

---

① 张瑜.近10年来思想政治教育研究方法的新进展[J].思想教育研究,2019(5):34-39.

析研究方法的逻辑结构,并将具体的研究方法抽象到较高层次。终身学习范式方法论的优势体现在认识起点的科学性、认识路径的合理性、认识内容的层次性和认识方法的创造性四个方面。在今后的研究中,应坚持以历史唯物主义为方法论指导、牢牢把握党和国家教育事业发展的主题、形成以多元、适切和规范为导向的研究取向、坚持量化和质性的结合、多学科方法运用。

推荐书目

1.托马斯·库恩著、张卜天译《科学革命的结构》,北京大学出版社,2022。

这部著作被视为科学史的分水岭,是 20 世纪学术史上最具影响力的著作之一。书中首倡的"范式转换"已成为人类认识世界过程中具有指导意义的概念。这部著作对于读者理解范式概念的本义以及科学研究的根本发展动力具有重要的启示意义,也有助于研究者思考以范式为基础构建不同教育研究领域的方法论。

2.乌杰著《系统哲学基本原理》,人民出版社,2014。

该书对系统哲学的形成进行了思想史、科学史和哲学史的全面梳理,提出并阐述了系统哲学的五个基本范畴,以及自组织涌现、差异协同、结构功能、层次转化及整体优化等基本原理。该书有助于促进读者将系统哲学思想和社会实践结合起来进行整体思考,为社会事业发展提供系统哲学的理论基础,并为解决各种错综复杂的问题提供了新的方法论铺垫。

第二章 服务全民终身学习的教育体制本体论

本体论是关于万物本原或本体问题的学问。从哲学史的演进与发展来看，尽管哲学包含了许多不同的分支，但是本体论始终是哲学最核心的内容，从古希腊哲学到经院哲学再到近代哲学，不同时代、不同流派的哲学家都对本体论阐述了见解，形成了一个繁杂宏大的本体论理论体系。本体论是关于一切实在的基本性质的理论，关注并尝试追寻事物的终极本原，用逻辑推导的方式研究事物背后的根本动因，进而建构起完整的哲学原理系统。本体论代表着一种哲学原则和解释框架，它主张抛弃事物的偶然属性，抽象事物的必然属性，抛弃流变性、找到永恒性，是人们反思和批判现实的重要依据和武器，也是近代科学的重要基础。从本体论、认识论、价值论和实践论的关系来看，本体论是整个哲学理论体系的根基，本体论决定着认识论、价值论和实践论的形成与发展，是根基与主干和枝权的关系。

在西方哲学史上，关于本体论的观点非常丰富，先后出现了各种不同的本体论观点流派，如宇宙本原论、物质本体论、理性本体论、意志本体论、神学本体论、情感本体论、生存本体论、自然存在本体论、社会存在本体论、社会生产关系本体论、人学本体论，等等。[①] 有的流派强调人的主体性的重要性，认为人的存在和思维是世界的本质和基础；有的流派重视物质的存在和作用，认为物质是世界的本原和基础；有的流派强调精神的存在和重要性，认为精神是世界的本质和基础；还有的流派认为语言是人类存在的基础和本质，强调语言对于世界认知和理解的重要性。这些流派的发展和演变也反映了哲学思想的历史变迁和发展趋势。对各种流派的观点加以梳理，可以概括总结出四种本体论类型：

---

① 吴永祥.关于马克思主义哲学本体论的思考[J].中国校外教育,2012(6):49,98.

一是将能看得见、摸得着、被人感知到的物质作为万物本原的物质本体论;二是将人大脑意识中的某些概念或思想观念视为万物本原的意识本体论;三是把正在显现的现象视为万物本原的现象本体论;四是将物质实体形式视为本原的形式本体论。四类观点都是对终极存在的深刻思考,寻求运用统一性抽象诠释终极存在的生成、变化与复归,在超越经验升华到理性层面探索表象与本质的逻辑关系的思路和路径方面是高度一致的。

马克思主义哲学对于本体论的发展来说是一次根本性的变革。马克思认为,"世界既不统一于人的思维和人的精神,也不统一于独立于人之外的物质,而是统一于人的实践"①。实践本体论突出了实践的行动含义,包括物质生产、革命、交往等一切改造世界的感性活动,强调社会生活本质上是实践的,物质生产是人类历史发展的基础,从而把实践看作一种革命的、能动的力量。同时,实践在认识和理论建构中也起到了决定性的作用,是认识的源泉和动力,是获得真正的知识的唯一根本渠道,从而将实践与理论、实践与经验、实践与社会发展有机地统一起来。马克思实践本体论的先进性表现在:它不是孤立片面地探究事物的"自在规定性",而是注重全面地探究与人的实践活动相关的物性;将哲学与客观存在的实在世界统一起来,为人们认识与改造世界提供了坚实依据;用实践的观点去理解和解释事物的现象和本质,用历史的眼光来揭示人的本质,将哲学的重心重新放到人自身上来,突出了人作为改造世界的主体的身份。② 马克思实践本体论是新的哲学基础和逻辑起点,超越形而上学只见物、不见人,唯心主义只见人、不见物的局限性,更有助于揭示世界和现象的真正面貌。

恩格斯说,人类是历史确定性与未来至上性的统一……人和人类社会总是要不断地向"全体自由性"进发,这种历史的使命以及所能达到的目标就是人的"至上性",本体论追求的正是源于人类的至上性。据此,马克思实践本体论对存在的理解具有三种明确的指向:一是探寻对象世界的现象与本质的逻辑关系,对终极存在本质的方式、理由、目的所蕴含的道理与规律进行解释,得出思维层面的理性终极存在。二是基于本体观念的具体化和知识化,形成具有统一性的知识形态的关于存在的终极解释。三是基于对人类自身主体性的尊重,寻

---

① 薛宝.实践与实践本体论概述[J].学理论,2012(29):45-46.
② 薛宝.实践与实践本体论概述[J].学理论,2012(29):45-46.

求本体论对人类具有的普遍适用性或普遍约束性的终极价值,作为规范人类思维和行为的标准。

本体论是研究服务全民终身学习的教育体制的核心问题,是正确构建服务全民终身学习的教育体制与高效组织推进改革实践的基础。应重点回答好"什么是终身学习""什么是服务全民终身学习的教育体制""什么是服务全民终身学习的教育体系"及其相互关系问题。一方面,要对服务全民终身学习的教育体制的本质属性、要素结构、运行规律、能动性等根本问题进行深入分析;另一方面,要对服务全民终身学习的教育体制与服务全民终身学习的教育体系以及终身学习等范畴之间的关系进行严谨地辨析,对实践本体论关注的客观属性、能动性、结构形式等关键问题作出系统的阐述。

一、终身学习是一种全域性学习实践活动

(一)终身学习概念之辨

终身学习概念始于20世纪60年代。《学会生存:教育世界的今天和明天》报告指出,教育应该具有普遍性,并且伴随人的一生。至此,终身学习作为教育的一个组织原则和重要理念得到联合国教科文组织的高度重视,并在全世界范围内大力提倡与推广。2022年,联合国教科文组织发布的《让终身学习成为现实》手册中指出,面对现代生活的复杂性,人们具有乐于改变,愿意实施终身学习以提高自身适应性的强烈意愿。手册阐明了推进终身学习事业的关键因素:立足于国家和地方背景,创设全面愿景,引导多元利益主体参与建设,完善治理体系、推进协同合作,给予终身学习专项财政支持,强化终身学习的监测与评估,确保终身学习政策执行到位。尽管终身学习的提出已经具有超过60年的发展历史,但是不同国家包括学术界对于终身学习的理解和认知仍存在较大差异,时至今日也并未得到完全统一,比较有代表性的定义方法有四种。

一是内容说。认为终身学习是人在一生中所需要的知识、技术,包括学习态度等应该如何被开发和运用的过程。内容说主张有意义地学习,目的在于帮助学习者拓展、更新、提升知识储备,掌握顺应时代发展的学习方法,提高思维水平与学习能力,更好地适应社会发展与变革带来的挑战。实现这一目标必须突破学校、家庭、文化中心或企业等学习场所的限制,超越以年龄划分学习阶段

的定式,充分利用一切能够为学习者所用的资源、设施和关系,实现高效的体系化学习。

二是过程说。认为终身学习是实现个体需要的一种持续一生的学习过程。如将终身学习定义为"人类为适应社会发展、实现个体发展需要而开展的贯穿生命的持续化学习过程,囊括了教育体系的各个阶段和各种形式,具有终身性、全民性、广泛性、灵活性、实用性等多项特征"①。这种定义方法着重突出终身学习的持续性和贯穿性,意味着终身学习往往延伸至学习者一生的各个阶段,以及持续学习的内容与不同阶段的发展需求紧密契合,最终实现"活到老学到老"或者"学无止境"的境界。

三是主体说。这种定义方法强调学习者作为终身学习主体的身份属性,倡导学习者身份实现重要转向。随着学习者的主观能动性、创造性等个人因素在学习过程中发挥越来越重要的作用,学习过程已经转变为以学习者为中心的主动建构过程。教师不再单纯地扮演知识输出机的角色,而是转变为学习的引导者与辅助者角色,承担着激活学习者动机和兴趣、能力和发展取向等学习效能关键因素的职能;学习者也不再是被动接受教育的被塑造者角色,而是学习活动的设计者、探究者、塑造者、发现者和真正的主导者。

四是特征说。这种定义方法通过概括终身学习特征来理解和阐述终身学习的本质属性。如吴遵民认为,终身学习已不再是教育和训练的一个方面,必须成为提供和参与学习背景的连续和统一的指导原则。终身学习体现出如下特征:一是终身学习理念具有自主性,二是终身学习理念强调拓宽教育方式,三是终身学习是具备一定目的性的学习活动。② 韩民认为,终身学习的特征是人生各个阶段的教育与学习有机整合,各级教育纵向衔接,各类教育横向沟通,通过各种途径获得的学习成果都能得到恰当的承认,其典型特征是连续性、开放性、多样性、灵活性、个性化和整体性。高志敏认为,终身学习的特征包括教与学过程的延续性和终身性;教与学内容的广泛性和全面性;教与学空间的开放性和社会性;教与学目的的双重性。③ 尽管学者们概括的特征不尽相同,但学者

---

① 庞桂娟.《IMLS 焦点:学习在图书馆》报告解读及思考[J].图书馆,2016(3):28-32.
② 吴遵民.终身教育发展的中国经验:改革开放 37 年终身教育的历史回顾与展望[J].江苏开放大学学报,2016(1):10-18.
③ 高志敏.关于终身教育、终身学习与学习化社会理念的思考[J].教育研究,2003(1):79-85.

们都意识到，终身学习的关键是用一生的时间去践行自我教育。

上述四种观点从一定的角度和范围解释了终身学习的内涵。将不同观点的有益成分综合起来，在界定终身学习定义的时候需要重点把握好以下三个方面：一是终身学习的功能。作为学习主体自我提升的自主性行为，终身学习能够使主体掌握相应技能、激发多种潜能，更加适应社会发展和周围环境的变化。二是终身学习的主动性。终身学习行为的主体是学习者个人，作为不受地域、环境、条件等客观因素限制的个体自发性活动，终身学习主要依靠学习者个人的独立思考和钻研来提出问题、解答问题，最终实现所期望的终极目标。三是终身学习的持续性。"终身"意味着从生命开始到生命之末的一整个过程，终身学习应是贯穿主体一生的持续、不间断的学习历程。基于此，我们将终身学习界定为：社会成员为适应社会发展和实现个体发展的需要，自发并持续一生地主动性学习终身所需的全部知识、技能和价值的过程。

终身教育与终身学习是一对存在着千丝万缕联系的伴生概念。联合国教科文组织发布的《教育：财富蕴藏其中》报告中强调，"终身教育概念是进入 21 世纪的一把钥匙""要把终身教育放在社会的中心位置上"①。与传统教育相比，终身教育使教育得以在人的全部生涯里发生，将人一生中的学习、工作和退休三个阶段贯穿起来，使人均能接受一定形式的教育；终身教育实现了正规与非正规教育、学校教育与校外教育一体化，使教育的场所扩大至与人们生活有关的各种环境，使人在一生中的各个阶段都拥有充分发挥内在潜能的机会，教育将不再由某个特定机构（学校）或者特定个人（教师）来提供，而是由整个社会来提供。由此可以将终身教育概括为一句简练的陈述：人们在一生中所受到的各种培养的总和。

终身教育与终身学习具有诸多相似特征，但终身学习概念的提出恰恰是在对终身教育概念的反思与质疑中提出的。随着终身教育理论和实践的发展，人们逐渐意识到终身教育并不能满足人们对于理想学习状态的所有憧憬与期待。终身教育的责任主体是政府，强调国家力量和政府行为，学习者始终处于被教育和被管理的地位，因而终身教育必然包含一种将学习者作为对象，强调自上而下、由外及内对人进行"塑造"的意味。这也是终身教育最受质疑的一点。如

---

① 联合国教科文组织总部中文科.教育：财富蕴藏其中[M].北京：教育科学出版社,1996.

民主的社会教育论者就怀疑,终身教育是国家权力对国民的思想统治和意识形态教化的策略等。[①] 终身学习概念的提出天然地包含一种推动教育重心转移的使命,使学习者成为教育的中心,真正实现以人为本,使教育更加关注学习者个体、更加关注学习者的自我意识、更加关注学习者个人素质的完善。终身学习强调建设一种以学习者为中心的教育体系,根据年龄、性别、语言、文化和经济差异等因素考虑学习内容,倡导以个性化需求为主导的学习,打破终身教育维系的主体意识集体化,促进学习由被迫向自主转变,推动教育制度由管控向服务与保障转变,实现教育者由知识传授者向学习辅助者转变,将促进和满足学习者终身学习的需要作为教育学习及实践活动的真正中心。可以说,终身学习是对终身教育的一种超越,是对终身教育缺陷的弥补和修正。终身教育的历史贡献是将持续性接受教育和学习的理想植入人的头脑之中,使其成为一种共识;终身学习则进一步将学习的自主权赋予学习者自身,并完善了保障终身学习自由和相关权益的规范体系,调动多方资源为终身学习者创设更为便捷与开阔的环境。在终身学习情境下,学习者的主观能动性得到充分激发,学习者自身学习活动的目标设定、进程调控与收益评估等权益得到保障,学习活动不再是机械的受控,而是更具针对性、灵活性、包容性与扩张性,因而具有针对学习者个人的巨大意义。

当然终身教育与终身学习具有紧密的内在联系,二者的本质和根本目标趋向一致,即对人的发展及社会发展所产生的促进作用是一致的。终身教育是基础,学习者的综合素养提升、关键能力培养,尤其是学习能力和技能的提升离不开终身教育;终身学习是实质,各级各类教育期望的效果都要体现在学习者身上,依托于学习者自主的学习实践。此外,终身教育的重要内容是培养学习者的终身学习能力,使学习者清楚地知道该在什么时间学习、该在哪里学习,该学习什么内容、该用怎样的方式和工具学习,该达到何种学习标准、产出何种学习成果。也就是说,终身教育需要帮助学习者成为真正的学习主体,能够正确认识学习的价值,培养端正的学习态度和价值取向,树立正确的学习的动机和愿景,养成科学的学习习惯,提高自学能力和自主作出正确价值判断与价值选择的能力。

① 刘彦文.终身教育与终身学习及其关系[J].教育导刊,2003(7):8-10.

(二)作为自主性全域学习的终身学习

党的二十大报告提出"建设全民终身学习的学习型社会、学习型大国"，这是党中央领导全面建设社会主义现代化国家新征程，在向第二个百年奋斗目标进军的关键节点上规定的中国式现代化事业的重要任务。习近平总书记强调，"因应信息技术的发展，推动教育变革和创新，构建网络化、数字化、个性化、终身化的教育体系，建设'人人皆学、处处能学、时时可学'的学习型社会，培养大批创新人才"。"人人皆学、处处能学、时时可学"是对终身学习显著特征的高度凝练与概括。这一概括蕴含了终身学习在主体、时间、空间、内容、形式和目的六个维度的基本属性，充分说明了终身学习内涵的丰富性。

我们将终身学习的本质属性定位为"全域性"。"域"并不仅仅指空间或者地域，而是体现终身学习本质属性的所有维度和范围。之所以称为全域性，一方面是因为终身学习在所有属性维度都彰显了与传统学习显著不同的特征；另一方面是因为终身学习各维度属性的内涵丰富、结构完整。终身学习的全域性集中体现为：主体全域性、空间全域性、时间全域性、内容全域性、途径全域性以及目标全域性。

1.主体全域性

主体全域性可以表述为人人皆为自觉自主的学习主体。这里包含两个关键词："人人"和"自觉自主"。早在 2000 多年前，孔子就在《论语》中提出了"人人可为师，人人可学之"的有教无类思想，这一论断在世界教育史上极具光辉价值；保罗·郎格朗"每个人都要实现自己的抱负，发展自己的可能性"的呼吁，今天听来仍旧振聋发聩。人人意味着每个人都可以参与终身学习，每个人都可以将终身学习作为生活常态。① 人人皆可参与终身学习打破了学习仅仅局限于适龄主体和社会精英两个固有领域的局限，使学习成为主体的一项基本发展权利，性别、年龄、地域、职业、种族、收入等差异都不能成为破坏公民平等学习权利的因素。

"自觉自主"意味着学习者作为学习的主人，可以依据自身的兴趣爱好，结合自身素质发展的需求，选择适切的学习内容与多样化的学习方式，以主人翁的姿态实现自我导向学习，激发生命潜能，提升人生层次与境界。而全社会包

① 高志敏.关于终身教育、终身学习与学习化社会理念的思考[J].教育研究,2003(1):79-85.

括学校和教师都将成为终身学习的服务者,为学习者的个性化学习提供多方面保障和支持。可见,终身学习所体现的主体全域性准确、充分地诠释了主体教育观。

此外,通过法律赋予与保障学习者全面的学习权,也是主体全域性的应有之义。学习权是公民根据自身发展实际,不受外界干预自主地决策学习活动、获取知识以满足生存和发展需求的权利。学习权包括学习自由权和学习条件保障权。学习自由思想起源于欧洲中世纪的大学自治思想,意指学生在学业上所拥有的探讨、批判、挑战权威、选择教师和教学内容的自由裁量空间。今天,学习自由权的内涵渐趋完整。学习自由权强调学习者在接受教育或进行学习时不被其他权力干涉,如自由想象、自我创造、自我实现等思想自由,以及学习时间、地点、方式、课程、专业、学校、教师等的选择自由。学习条件保障权则侧重规定政府、学校、家庭和社会为个体的学习创造条件和提供支持保障的义务,使个体的学习自由权由抽象变为现实。[①] 前者是对学习者权利边界的划定,在赋予学习者自由空间的同时,确定学习自由权相对主体的不干涉义务的范围;后者则是对学习权利相对人义务的规约,是国家、社会必须为学习者自由学习创造条件的法律依据,二者关系密切、互为实现的前提。

2.空间全域性

空间全域性体现为处处可学,所有可供学习主体建构意义的场域都是学习空间。这与老子提出的"道存在于万物之间",杜威提出的"教育即生活"理念的意蕴高度吻合。联合国教科文组织明确提出"要将社会整个教育和培训的全部机构和渠道加以统合",以使人们"在其生存的所有部门,都能够根据需要方便地获得接受教育的机会"。处处可学意味着打破学习在空间上的界限与束缚,无论是在家庭、社区、企业、机关、公园、博物馆、图书馆,甚至在工作中都可以进行学习,学习与人的现实生活更紧密地融合在一起,全面渗透人们生活的每一寸空间。

学习空间的突破得益于信息网络技术的迅猛发展,伴随而来的是以互联网为载体的网络线上平台逐步取代传统学习场所,成为终身学习的主阵地。较之传统的线下学习,线上学习具有成本低、灵活性大、精准性高、趣味性强等优势,

①　寇尚乾.论学习权与教师专业发展[J].攀枝花学院学报,2006(3):68-71.

因而受到越来越多学习者的青睐。学习者可以进入国家和各省市专门打造的国家智慧教育公共服务平台、爱课程、学堂在线等专门的网络学习平台进行系统化的课程学习，也可以使用手机、平板电脑、计算机、网络电视等智能数据学习终端根据自己的学习需求与兴趣随时随地进行学习。以教育数字化助力教育强国建设已经成为教育事业发展的重要战略，国家先后推进国家教育数字化大数据中心等项目与平台建设，围绕学习资源数字化、教学过程数字化、考试测评数字化、管理服务数字化四项根本举措，以数字化新平台、新环境、新机制、新评价、新模式、新生态为目标强化大数据赋能教育效能提升，为实现处处可学奠定坚实的条件保障。

此外，营造全社会浓厚的终身学习氛围是实现处处可学的关键任务，要致力于逐步建成学习型社会、学习型城市、学习型社区、学习型乡镇、学习型组织，努力创设不断创新、不断进步的文化与崇尚学习光荣的社会环境，吸引人、鼓舞人、推动人积极参与终身学习。

3.时间全域性

时间全域性体现为所有主体建构意义的时刻都是学习时间。中国古代的思想家荀子曾说"学不可以已"，埃德加·富尔号召"每个人必须终身不断地学习"，这些思想都强调了时时可学的重要性，意味着学习将成为每个人在一生中接连不断的持续过程。对于每个人而言，只要有时间的存在，就当有学习的存在。[①] 时间全域性是对"终身"这一概念最为基本与真切的解释。学习不再是一个起始于初等教育并终结于高等教育的过程，学习将不再仅仅划定在儿童与青少年的时段之内，学习不应再受特定时间的局限，学习可以向前延伸至 0~3 岁的养育，也可以延后至成年与老年阶段，直到生命终结。时间全域性还意味着学习将不再是入职之前的专项活动，入职后的学历提升、业务培训等在职学习将对实现学习者的职业发展，提高他们的业务能力、就业竞争力和综合素养，为他们参与激烈的社会竞争奠定良好的职业基础。

时间全域性将推动更加灵活和开放的学习样态的出现与普及。例如弹性学习，允许学生根据社会需要、个人兴趣和条件选择课程和学习方式，允许学习者工学交替、提前或延后学业，或以学分为依据分阶段完成学业。灵活和开放

---

① 叶伟勇.终身教育视角下乡村振兴本土人才培养的路径探析：以 L 市开放大学"领雁"工程项目为例[J].黑河学刊,2023(1):122-128.

的学习样态意味着学习者拥有更多的选择机会以及更大的自主权来设计安排自己的学习。

实现实时学习离不开管理制度的保障与规约,如建立完备的学历与非学历教育间的"学分互认"机制,突破不同类型教育间的界限;建立终身学习卡制度,把学习者终身学习情况、学习奖励记录在案,并在此基础上建立学分银行,给予学历或非学历的成果认定等。

4.内容全域性

内容全域性体现为学习者通过终身学习掌握与积累各类文化知识,完成人生意义、生活意义、职业意义与社会意义的建构,实现素质的全面发展。终身教育的倡导者保罗·朗格朗对终身学习内容作了系统性的概括,将生命教育、审美教育、艺术教育、体育教育、职业教育、家庭教育、公民教育、闲暇教育、信息选择教育等内容全部包括在终身学习的领域之中。

学习者在不同的学习阶段,具有不同的学习内容诉求。在学龄前阶段,学习的主要方式是对外界事物的感知,重在引导幼儿对学习的兴趣,满足幼儿好奇心、激发求知欲,采取适当的方式为幼儿输入主动学习的意识,培养终身学习因子。在学校学习阶段,学习者系统地学习科学文化知识,淬炼学习品格与学习能力,鼓励学习者探究真理,养成潜心钻研的学习品格,为自我全面提升打下坚实基础。在成人阶段,学习方式更加个性化和经验化,学习者本人也有权自主决定和选择学习的内容与方式,学习与工作互相促进、高度融合,学习内容集中于职业技能培训、学历提升、文化补偿等方面。在老年阶段,保持学习提升精神生活质量是本阶段学习者的核心诉求,因此以兴趣特长、学习新技术和新知识为主要内容,涉及的知识门类非常丰富,如生活艺术类、书法类、舞蹈类、信息技术类、文学类等多个领域。新兴课程如视频剪辑、健身养生、家庭收纳与整理、老人心理学、街舞、无人机等课程越来越受到老年人的青睐。

5.途径全域性

途径全域性意指终身学习的形式与方式多元化。终身学习的形式主要包括正规学习、非正规学习和非正式学习。正规学习是指发生在有组织、有结构的环境中,具有明确学习目的,有严格学习时间和必要学习资源安排,学习者有意识地进行的学习行为。① 正规学习具有三个显著特点：首先，纳入国家教育与培训体系中，受国家教育法律法规调整，具有明确的教育目的与严格的课程设置，教育内容相对固定，学习者评价合格后才能进入下一阶段的学习；其次，正规学习的学习成果为通过国家规定的相关考试后，颁发的国家认可的文凭或某种形式的合格证；最后，兼顾教育者与学习者双方的个性特点与价值观念，学习者对教育内容与教学方法施加影响的能力较小。

非正规学习是指正规学习以外的，学习者有意识参与的有计划的学习行为和活动。非正规学习设有较为明确的学习目标、学习时间安排和相应的资源保障，但缺少正规学习严密的组织性和结构性；非正规学习既面向特定对象群体，也面向普通人群；非正规学习的实施方式既有课程学习，也有参与式学习；非正规学习通常由非政府组织、企业或者公民社会组织等非教育机构举办；非正规学习不以获得正规教育中的合格证书或文凭为学习目的，但学习成果也可以得到认证。

非正式学习是指源自工作、家庭生活以及休闲活动等日常活动中的学习行为。② 非正式学习是一种存在于日常工作与生活之中的学习，具有短暂、临时、偶然等特点。非正式学习是一种随意的、偶然性的教育或学习活动，在三种学习途径中它的组织性、结构性或计划性最弱；非正式学习的方式主要是学习者不断从日常活动经验与生活环境中获取并且积累知识、技能、态度与观点，学习行为通常是无意的，体现出较强的参与性；非正式学习的成果常常以经验、技能、经历、作品、资格、资历或业绩等多种形式表现。

当今社会，满足学习者多样化与个性化需求的终身学习方式层出不穷，发展变化十分迅速。总的来看，学习方式的快速变化受到了多种动力因素的驱动，如教育新理论和新理念的驱动、新媒体和新技术革命的驱动、教育政策法规的驱动、学习时间调整的驱动、学习方式自组织的驱动以及学习者自身发展变化的驱动。"适者生存"的法则同样适用于终身学习方式的演进，那些不能满足学习者需求的方式终将被迫退出历史舞台。学习方式的选择与变化受到包括

---

① 叶长胜，江娜.非正规、非正式学习成果认证：联合国教科文组织终身学习研究所的研究[J].世界教育信息，2023(1)：65-73.

② 郝人缘，吴雪萍.终身学习视阈下非正规和非正式学习结果认证研究：以欧盟成员国为例[J].职业技术教育，2021(31)：65-73.

学习者身体状况、学习氛围、学习内容、学习动机等多种因素的影响,学习工具的研制周期与学习方式变革的周期相应缩短,体现出历史普遍性与历史特殊性的辩证统一。终身学习在时间、空间和主体上的特殊性决定了终身学习方式必然呈现出多样化、个性化、主动化、信息化、泛在化、智慧化的特征,也突出地表现出由被动式向主动式转变,由传统学习向移动学习、泛在学习转变,由同质化向个性化转变的发展趋势。

6.目标全域性

目标全域性是指终身学习事业发展具有多层次目标指向。从个人目标来看,终身学习能够帮助学习者在整个生命发展过程中不断学习和汲取知识,适应需求变化,实现自我发展和提高。从教育目标来看,终身学习的实现将极大地改变教育系统的总体样态,使教育系统更加开放、更加灵活、更加以学习者为中心推进有序变革。从社会目标来看,一方面终身学习可以提高公民的学习热情,拓宽见识与视野,提高创新性与创造力,进而激发社会整体的活力与创新精神;另一方面,学习型社会可以为每个公民提供学习机会,特别是通过各种渠道和学习方式为弱势群体提供学习机会,这有助于弥合社会的教育差距,促进社会公平和流动。从国家目标来看,终身学习可以不断提高全民素质和技能,特别是提高劳动者业务能力和技术水平,这有助于提高企业和国家的生产力与创新能力,增强国际竞争力。

二、服务全民终身学习的教育体制的本质与范畴

(一)教育体制是机构与规范的统一体

教育体制是政策制度中使用频率非常高的专有词汇,也是教育管理研究比较热门的讨论话题,更是一个容易引起歧义的概念。对于教育体制一词的含义,学者们有不同的理解。如有的学者将教育体制界定为,一个国家在一定的政治、经济等体制的基础上建立起来的教育基本体系与制度,主要包括教育制度、教育管理体制、办学体制、学校领导体制等。有学者将教育体制理解为,一个国家或地区组织和管理教育的系统,包括学校、教育政策、教学方法、师资培训等多个方面。还有学者将教育体制定义为,是现代国家教育制度的重要组成部分,是指教育事业的机构设置、管理权限的划分及其运行的制度规范。主要

包括教育事业内部的机构设置、管理权限划分、各级各类教育机构办学主体的责权利关系以及相应的政策、法令和规定等。这些概念各有侧重，分别强调了理解教育体制定义的关键内涵，包括制度、机构设置、权限等，但又未能清晰、准确地阐述构成教育体制的要素及其相互关系。

孙绵涛教授在《教育管理学》一书中对体制作出了较为全面的界定。他认为，体制是机构和规范的结合体或统一体。这一定义相较于其他概念来讲，具有要素明确、层次清晰、逻辑严密的特点。这一理论为探讨服务全民终身学习的教育体制本质提供了基本理论框架。根据这一定义，教育体制可以被相应地定义为：教育机构与教育规范的结合体或统一体。[①] 对其本质的阐述主要围绕教育机构和教育规范两个要素范畴展开。

教育实施机构与教育管理机构是教育机构的两种基本类型。教育实施机构包括家庭教育机构、学校教育机构和社会教育机构，能够为学习者提供各种形式的教育、培训与学习服务。教育管理机构是指管理教育事业，或计划、组织、领导与控制教育教学实践活动的职能机构，可以进一步划分为各级各类教育行政机关和学校内部承担管理职能的组织机构。教育规范具有依规设立并保障教育机构有序运转，实现教育机构各项职能的功能。教育规范的表现形式非常丰富，既包括国家制定颁布的各类教育法律法规、行政规章、部门规章、工作规程等，也包括党和政府颁布的教育方针和教育政策，还包括微观层面学校内部起到管理功能的制度规范。教育机构与教育规范两个要素相互关联、互相制约、相互促进。教育机构是教育体制的物质载体，没有教育机构，教育体制就失去了赖以存在的组织基础；教育规范是教育体制的内核，缺少教育规范，教育机构无法建立，也难以持续健康有序运行。教育实施机构与教育规范相结合形成教育实施体制，教育管理机构与教育规范相结合形成教育管理体制。前者可以细化为学校教育体制、家庭教育体制和社会教育体制；后者可以分为教育行政体制与教育实施机构内部管理体制。可见，现实中的教育体制呈现出显著的多维度与多层次性。

建设高质量教育体系必然要求建设与之相匹配的教育体制，教育体制改革为实现教育高质量发展提供强大的组织与制度保障，注入源源不断的动力。以

---

① 孙绵涛.教育体制理论的新诠释[J].教育研究,2004(12):17-22.

史为鉴,我国教育事业发展的每一次巨大飞跃都伴随着教育体制的深化与改革。党的十八大以来,以习近平同志为核心的党中央全面动员全党全社会关心支持教育发展,大刀阔斧推进深化教育领域综合改革,借由教育体制改革破除制约教育事业高质量发展的体制机制障碍,促进教育事业的高质量发展。教育体制改革是建设高质量教育体系,办好人民满意的教育的必由之路,这是历史昭示我们的重要成功经验。教育体制改革应围绕人民最关心、最直接、最现实的利益问题展开,为满足人民群众日益增长的优质教育需求,努力提供多样化、高质量的教育服务。落实到终身学习领域,教育体制改革必须坚持立德树人根本任务,把转变政府职能、改进管理方式、激发各方支持教育改革的积极性、释放多元主体活力作为重点,构建服务全民终身学习体系,进一步完善中国特色社会主义现代教育体系。与此同时,教育体制改革也是社会事业改革发展极为重要的环节之一,不仅是促进教育事业自身完善与发展的重要举措,也与就业、收入分配、社会保障、医疗卫生、社会治理等社会事业关键领域的改革密切相关。

(二)服务全民终身学习的教育体制范畴分析

服务全民终身学习的教育体制是服务全民终身学习的教育机构与教育规范的结合体,分为由服务全民终身学习的教育实施机构和一定教育规范构成的实施体制,以及由服务全民终身学习的教育管理机构和一定教育规范构成的管理体制。

1.服务全民终身学习的教育实施机构

服务全民终身学习的教育实施机构是指为社会成员持续一生的学习活动提供专项教育或服务的各类组织、机构和团体。服务全民终身学习的教育实施机构分为正规学习机构、非正规学习机构和非正式学习机构三种。

正规学习机构是由教育行政部门批准设立,为学习者提供有目的、有组织、有计划的全面系统训练和培养活动的机构,主要指各级各类提供学历教育的学校。统一性、连续性、标准化和制度化是正规学习机构的典型特征。正规学习机构的资质和设立均由国家法律法规明确规定。正规学习机构包括两种基本的所有制形式,一是由国家设立举办的公立机构,二是由社会组织或者个人面向社会依法举办的民办正规学习机构。正规学习机构提供在学习目标、学习时长或学习支持方面的结构化、以证书为导向的层次性教育。正规学习机构具有规定的环境和场所，毕业须达到规定的标准。

非正规学习机构指为成人和儿童有选择地提供的，以能力提升为主要目标的教育实施机构，如学前教育机构、家庭教育机构、继续教育机构、专业培训机构、老年教育机构、超常规教育机构以及大众教育机构等。与正规学习机构相比，非正规学习机构提供了更为多样的教育与学习活动形式。在正规学习机构囿于自身局限性而无法全面完成教育任务的情况下，非正规学习机构实现了重要的补充作用。非正规学习机构提供非学校性质的学习与教育，与正规学习机构提供的常规课堂教学与活动具有较大的差异。非正规学习机构的重要贡献在于把受教育者从学校教育模式中那些非常有限的活动中解放出来，创设了一个更为广阔的学习空间。在学习目标方面，与正规学习机构由政府统一规定学习目标不同，非正规学习机构学习者有机会直接参与学习目标的确定，将学习目标与自身的生存与发展密切连接起来。从学习主体来看，正规学习机构会将学习者按照同质性进行分类，开展标准化的教学；而非正规学习机构则根据学习者在年龄、性别和文化等方面的异质性，积极开拓替代性学习的众多可能性，鼓励学习者互为学习资源，互相学习。从组织形式来看，非正规学习机构常常以项目形式作为载体，善于从与其他组织或其他项目活动的紧密联系中获益，实现广泛多样化的组织形式。从学习方法来看，正规学习机构由教师主导信息传递，学生作为信息接收者；非正规学习机构则引导学习者积极参与项目学习，注重培养学习者的主动意识，鼓励并允许学习者对自己的学习过程承担责任。从工作人员来看，非正规学习机构广泛使用志愿者和兼职人员。

非正式学习机构指为学习者提供能够从日常生活经验和生活环境中学习和积累知识技能的机构。与正规学习机构与非正规学习机构相比，非正式学习机构的活动更能体现以学习者为中心，自我发起、自我调控与自我负责等主体性学习的特点。非正式学习机构强化了学习的情境性，使学习突破了时间和空间限制，让学习无处不在、无时不在。非正式学习机构促进了知识的快速更新与迭代，使学习与发现和解决现实问题联系得更加紧密、与学习者的现实生活联系更加密切。相关研究表明，人们在工作中获得的知识有80%来自非正式学习。正如《学会生存：教育世界的今天和明天》报告中指出，"所有这些途径，不论是正规的还是非正规的，不论是制度化的还是非制度化的，原则上，我们认为它们是同样有效的"。非正式学习的内容和形式非常丰富，主要包括艺术类的非正式学习、文学与科学技术类的非正式学习,以及发生在公共图书馆、博物馆、文化馆等场所的非正式学习。随着现代信息技术的发展,线上学习平台和移动设备终端 APP 等渠道开展的学习逐渐成为非正式学习的主要形式(图 2.1)。

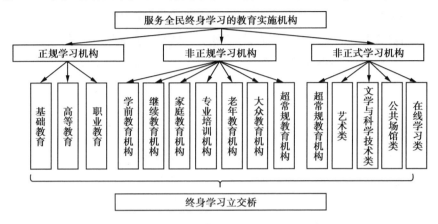

图 2.1　服务全民终身学习的教育实施机构范畴图

服务全民终身学习的教育实施机构的最终形态是由不同实施机构构成的充分沟通各级各类教育、顺畅衔接多种学习成果的全民终身学习立交桥。借用交通立交桥的比喻,使抽象化的概念得以形象化呈现,终身学习立交桥这一概念准确生动地表达了"为全体社会成员提供灵活开放、多样便利的学习或教育的途径,并能够使各级各类教育有效沟通衔接、各类学习成果得到有效认可"的含义。以终身学习立交桥为载体,建立更加开放的学习环境和发展路径,是当今世界各国推进服务全民终身学习体系建设的共识性经验。①

2.服务全民终身学习的教育实施规范

教育实施规范可以分为正规学习机构实施规范、非正规学习机构实施规范和非正式学习机构实施规范。需要指出的是,党和国家颁布的教育法律法规和教育政策尽管也包含教育实施方面的内容和条款,但是总的来讲,教育法律法规和教育政策作为国家实施教育管理职能、实现教育管理目标的工具的属性是其本质属性。因此,宏观层面教育法律法规和教育政策此处没有论述,而是在教育管理规范部分进行分析。

正规学习机构实施规范主要包括:①教育教学制度。教育教学制度是正规

① 陈玉明.我国终身学习"立交桥"的建构[J].广西广播电视大学学报,2015(2):5-10.

学习机构的核心规范，用于设定教育教学工作的目标、任务与内容，如规划完备的课程体系，突出课程的综合性、多样性和开放性；规范实施课程的教育教学方法，改进课堂教学的组织形式、方法、工具、程序，如强调扩展教学方式、改进课堂教学和教学组织，倡导启发式教学和探究性教学；突出教育教学的价值取向，如注重培养学生的学习能力、实践能力和创新精神；加强自主学习环境建设等。②教育质量标准及评价制度。教育质量标准及评价制度是衡量教育教学应达到的目标而制定的具体明确的标准，以及如何通过特定方法与工具，对教育教学质量进行准确测量的制度。主要内容包括考试考核制度、质量检测制度，包含评价指标体系、评价方法与工具、评价程序、评价结果反馈与利用在内的评价模式体系制度等。③教师专业发展制度。包括教师职业属性、教师地位、教师资格、教师培训、专业指导制度等。④学校标准化建设制度。明确学校建设的具体标准，规范校舍建设、安全防范设施建设、教学仪器装备配备、数字化基础环境建设、学校班额、教师配备等标准与要求。⑤学分制度。如学分认定制度、学分考核制度、学分互认制度、学分转换制度、学分积累制度、课程置换制度等。⑥开放办学制度。协调正规学习机构与家庭、社会、政府之间的关系，形成政府指导下的家校社协同共育局面的相关制度。

非正规学习机构的实施规范主要包括：①成人继续教育制度。满足社会和学习者需求，以提高学习者适应能力和创新能力为目标制定的专业设置、课程改革、教育教学创新、学习效果评估与反馈机制等制度。②职业资格证书制度。包括职业资格证书的性质、等级、标准制度，学习成果与职业需求匹配评估制度、持证上岗和带薪教育制度、政府购买相关教育培训服务制度等。③高等教育自学考试制度。包括学习方式制度、学籍制度、学业标准制度、学习者实际能力和专业技能的测评制度等。④普教、职教、在职培训融合制度。包括专业设置、教学内容、教学目标、教学模式、能力素养标准制度等。⑤非正规学习机构协同合作制度。加强各级各类学校、企业、社会、政府部门、行业、社会组织、社区间以及非正规学习机构间合作与参与程度的制度。

非正式学习机构的实施规范主要包括：①学习场所建设制度。包括非正式学习各类场馆、机构的资质、设施等级与标准等制度。②公共学习资源制度。包括统筹各级各类教育资源共享机制，公共数字化学习服务平台，数字多媒体学习空间、数字场馆、区域教育互联网建设与完善制度等。③线上教育教学监管制度。包括不良内容、不良教育行为、不正当收费等违法行为的内容和程度认定的制度、监督主体制度、监督方式与程序制度、违法处理与责任救济制度。④社会教育、学习型城市建设相关制度。包括鼓励各类教育主体深入参与,引导市民参与社会学习与学习型城市各类学习活动的激励与优惠制度等。

服务全民终身学习的教育实施规范的理想形态是形成现代终身学习制度体系。所谓终身学习制度是指调整和规范终身学习服务机构及其成员,以及与终身学习服务机构相关的组织机构及人员行为的权威规则。现代终身学习制度涉及的行为关系主体包括终身学习者,各类终身学习的正规机构、非正规机构、非正式机构及其工作人员。现代终身学习制度既包括与终身学习者和终身学习相关的正式的、系统的、成文的行为规范,也包括非正式的、非系统的、不成文的行为规范。现代终身学习制度并不局限于静态的文本存在,也包括制度规范的活动与变迁层面。现代终身学习制度包括两项基本功能:激励功能和约束功能。①

(三)服务全民终身学习的教育管理体制范畴分析

1.服务全民终身学习的教育管理机构

教育管理机构包括教育行政机构和教育实施机构内部管理机构两个范畴。教育行政机构的职责是推进教育事业的发展,保障教育资源的合理配置,提供教育服务,促进教育改革和发展。教育实施机构内部管理机构的职责是遵循教育规律,采用一定的手段和措施,带领和引导师生员工,充分利用机构内外资源与条件,有效实现各项教育教学工作目标。

结构与功能之间的关系是系统哲学的一对经典范畴。结构指的是系统的内部构造和外部关系,是系统的形式特征。功能指的是系统在给定条件下所能完成的任务或目标,是系统的功能特征。系统的功能可以分为主功能和辅功能两种。主功能是指系统的基本任务,辅功能是指系统提供的附加服务。结构与功能是相互关联的,系统的结构决定了它的功能,而系统的功能又反过来影响系统的结构。系统的结构和功能是相互作用、互相促进和限制的关系。在设计和管理系统时,应该考虑到结构与功能的相互作用、使得系统的结构和功能得到最优的配合,以提高系统的效率和可靠性。上述分析充分说明,任何系统都

---

① 孙绵涛.教育现象的基本范畴研究[J].教育研究,2014(9):4-15.

是功能与结构的统一体，系统的各个部分都应该为整个系统执行某些功能或职责。对于组织来讲，机构设置的依据和基础是组织所要履行的各项职能。职能是人、物和机构应该具有的职责和功能，在自然科学和社会科学中，有时也被称为功能。

教育管理机构的设置同样适用上述依据。在对服务全民终身学习的教育管理机构进行人为抽象时，需要充分考虑管理机构的职能。经典管理学理论认为，组织的管理职能包括领导、计划、组织和控制四项职能。领导职能指管理者为组织结构中各个职位配备合适的人员，即选人、用人、评人、育人、留人，并合理运用各类资源、有效使用多种工作方法激励和引导机构成员，使他们为实现组织目标做自觉努力贡献的职能。领导者工作的有效性受到领导特质、机构成员素质能力、工作任务和机构本身的属性等因素影响。为了实现有效领导，机构领导需要充分了解个人和组织行为的动态特征、激励员工及时进行有效的沟通，朝向实现组织目标共同迈进。领导职能的重要工作内容是预测未来、凝练愿景、确定目标，以此作为指引计划制订的依据。计划职能根本上是一个进行选择的过程，需要管理者在原因与目的、活动与内容、人员安排、时间安排、空间安排以及手段与方法等方面作出审慎的判断和选择。计划在管理职能体系中处于枢纽的重要地位，直接关系到其他职能实现的效果。计划职能需要做好基础信息分析、发展需求分析，充分遵守党和国家的法律政策规定，深入分析机构所处的环境和具有的现实条件，还要对计划的可行性和收益进行多方论证，进而明确需要什么样的组织关系、什么样的人员配备、按照什么样的方向与诉求去领导机构成员，以及采取什么样的控制方法。组织职能是机构依据所处的特定环境，为有效实现机构工作目标，建立合理的组织结构，配备合适的机构人员，明确任务及各项工作活动间关系，实施机构改革促进机构协调运行的职能。组织职能的关键任务是创设有助于实施高效集体活动的组织架构，用以划分、组合和协调人们的活动和任务，并维系这一架构的稳定运行。组织职能重点关注各分支机构的排列顺序、空间位置、聚集状态、联系方式和相互关系。组织职能的关键工作包括职位设计、划分部门、职权配置、人力资源管理、协调整合以及组织变革，通过动态的组织活动最大限度地发挥静态组织结构的整体功能。控制职能是对组织的运行状况加以监督，通过控制发现计划与实际的偏差，并采取纠偏举措，保证计划执行，确保工作目标实现的职能。控制职能的实现需要三个前提：一是有明确的执行标准，如定额、指标等；二是及时获得发生偏差及偏差程度的数据或信息，如报表、简报、原始记录、口头汇报等；三是纠正偏差的有效措施。缺少任何一个前提，管理活动便会趋向失控。

上述四项职能是管理学界研究者结合自然生成方法论和人为抽象方法论作出的共识性概括。服务全民终身学习的教育管理机构，无论是教育行政机构，还是教育实施机构的内部管理机构，均可以此为依据进行构建。

服务全民终身学习的领导机构。领导机构承担服务全民终身学习事业发展的决策、协调、统筹与指导工作，发挥对终身学习进行顶层设计、统筹协调、督促落实的职能。顶层设计需要关注整体结构和关系，强调各个部分之间的相互作用和协同效应，要从服务全民终身学习事业的整体出发，对现状、问题进行深入分析，对现有资源、环境和挑战进行全面分析，明确事业发展的愿景和目标，颁布制定相关政策与管理制度，为事业发展定向、定盘和定性。统筹协调要求针对服务全民终身学习发展任务，在综合考虑各种因素、资源和环节的影响与关系的基础上，采取有效措施或方法，使各种因素、资源和环节能够协同、统一地发挥效用，进而达到实现个体发展和共同发展的目的。督促落实的对象是承担具体工作的"人"或"群体"。通过督促使"人"和"群体"达成思想认识上的统一和具体实践方式的共识与默契，以强化主体责任落实为抓手带动计划的执行。

服务全民终身学习的计划机构。计划机构的核心要务是制定战略规划，需要结合国家教育事业发展的现实条件，依据终身学习建设任务的推进程度，充分了解全社会终身学习需求等因素，坚持问题导向，重点研究国家、地区或者本单位事业发展的突出问题，遵循教育规律和人才成长规律，创新发展理念，明确指导思想，突出主要目标和任务，注重方法创新、内容创新、形式创新和管理创新，制定符合国家、地区和本单位的战略规划和阶段工作计划。计划机构的另一个重要任务是为领导机构决策提供支持，做好服务全民终身学习相关教育信息的收集、整理与分析工作，对学习者、教育者、教育实施机构事业发展关键指标及变化进行综合分析与研究，提供有价值的决策数据和信息，帮助领导机构作出有关终身学习事业发展的正确决策。计划机构还需要与其他管理机构以及教育实施机构保持紧密的联系、沟通与协作，确保各项管理工作和教育实践活动按照规划的进度和方式进行，从而实现事业发展的长远和阶段目标。计划的重点内容是事业发展预算，充分考虑人员、教学、科研等多方面因素，充分考虑服务全面终身学习专项教育与专项服务的开展情况，制定兼具合理与可行性的预算。

服务全民终身学习的组织机构。组织是实现决策的必要途径，是执行过程的关键环节，也是提高效率的决定因素。计划机构确定目标和任务后，组织机构围绕工作目标的实现，依托本单位的组织形式，合理分配工作任务，合理调配各类资源，确保事业发展规划和各阶段工作计划得以有效、彻底地贯彻实施，以最佳的效率实现事业发展目标。组织机构承担着指挥的重要职能，在工作过程中发挥自身的影响力，发布指令与指导激励。一方面，通过发布命令，以纪律要求实施高强度指挥，把分散无序的工作要素组织发动起来，形成具体的执行活动和实践过程；另一方面，以工作业务指导和激励调动员工的积极性的低强度指挥，组织相关机构与个人同心协力完成事业发展任务。尤其注重专业指导与引领，组织机构在权限范围内以说服、建议、协商、奖励、帮助等非强制措施对有关机构和个人的实践活动进行指导和引领，使事业发展中遇到的各类问题得以专业化地解决。

服务全民终身学习的控制机构。控制机构实现职能的基本程序是监督、检查、评估和指导。控制机构的工作重点是评价和改进。控制机构依据一定的指标和标准，运用一定的定性或定量方法对服务全民终身学习实施机构的办学与服务工作质量，以及终身学习者学习成效进行客观评价，衡量其达成目标的程度，实现客观鉴定的功能。运用多样的检查与督促形式，发现问题、改进工作、执行政策，确保教育实施机构沿着正确轨道运行。根据督查和评价的结果，及时给予被评价者反馈，帮助其找出产生问题的原因和解决问题的方法，达到改进教育工作和保障教育目标实现的目的。可见，控制机构既能实现对教育工作的监督和检查，同时也是运用教育科学理论和技术对督导对象进行教育和指导的过程。

服务全民终身学习的教育管理机构的应然形态是终身学习治理体系。治理是管理的一种高级形态，从管理到治理的转变是执政理念和履责方式的全面变革。终身学习治理体系是明确治理主体间权力关系，促进治理主体协同合作，高效管理终身学习事业发展，促进与保障服务全民终身学习事业科学、健康、有序发展的一整套紧密相连、相互协调的机构设置与制度安排。终身学习治理体系重在形成多元主体协同共治格局,即:尊重鼓励多元协同治理主体自由表达其利益诉求,清晰地划分共治主体的权能与责任,积极推进服务型政府转型,合理向终身学习实施机构赋权,完善社会组织、家庭参与协同治理的渠道,加强终身学习实施机构服务质量监督。①

2.服务全民终身学习的教育管理规范

服务全民终身学习的教育管理规范从宏观层面可以划分为宪法、法律法规、方针政策三个层次。在微观层面,终身学习实施机构内部管理制度由于内容繁复、形式多样,而且实践中多与实施规范融合在一起,因此合并在服务全民终身学习的教育实施规范中进行分析。

1)宪法中关于教育的条款

宪法是国家最高权力机关制定的国家总章程和根本大法。受教育权是由宪法确认和保护的公民的基本权利之一。世界各国的宪法大多包含公民受教育权的内容,有的国家甚至在宪法中设立专门的章节对此加以规定。宪法中有关教育的条款通常涉及一个国家教育事业发展的指导思想、教育目的、基本教育制度、公民教育权利与义务、教育行政管理权等内容。宪法规定的相关教育条款具有最高的法律效力,直接或间接地制约着教育活动,是一切教育法律、教育方针和教育政策制定的重要依据。任何教育法律法规、教育方针政策都不得与宪法规定相抵触。从内容上来看,《中华人民共和国宪法》的第 1 条、第 2 条、第 3 条、第 4 条、第 5 条、第 19 条、第 27 条、第 46 条、第 47 条、第 49 条、第 89 条、第 107 条、第 119 条等条款与教育密切相关,规定了教育法的基本指导思想和立法依据,国家发展教育事业的目的、基本原则和任务,公民的受教育权利,公民有从事教育、科研等的权利,父母的教育义务以及国务院和县级以上地方各级人民政府和民族自治地方的自治机关领导和管理教育工作的权限。但我国宪法中没有关于终身学习和终身教育的相关规定。现阶段,由于关于终身学习立法的理论研究成果逐步丰富,国家对终身学习和学习型社会建设工作的高度重视,全社会对终身学习立法的重要性、必要性乃至紧迫性的认识已经趋于一致。在宪法中增加有关终身学习的条款,乃至制定专门的终身学习法的时机和窗口已经出现。宪法中增加的对于终身学习基本原则的规定将对完善服务全民终

---

① 王刚,钟鑫.教育效能:教育治理现代化的核心价值取向[J].新教师,2021(12):8-10.

身学习的法律与政策体系产生极大的促进作用。

2）关于终身学习的法律法规

法律法规的形式比较多样，包括教育根本法、专项单行法律和相关法律。教育法在我国教育领域的地位是根本性的，是所有教育领域单行法的母法，具有无可撼动的地位。《中华人民共和国教育法》从国家与公民两个层面提出了终身教育事业发展目标，并对实现目标进程中的国家责任提出了明确的要求。第 11 条提出，推动各级各类教育协调发展、衔接融通，完善现代国民教育体系，健全终身教育体系，提高教育现代化水平；第 20 条第 2 款提出，国家鼓励发展多种形式的继续教育，使公民接受适当形式的政治、经济、文化、科学、技术、业务等方面的教育，促进不同类型学习成果的互认和衔接，推动全民终身学习；第 42 条提出，国家鼓励学校及其他教育机构、社会组织采取措施，为公民接受终身教育创造条件。一方面，终身学习已经取代终身教育成为学习型国家和学习型社会建设的核心主题，现有教育法中关于本领域的相关规定有待更新；另一方面，教育法中关于终身学习或终身教育的规定停留在目标层面，没有对具体的建设内容、建设任务和建设措施作出进一步的规定，需要在今后的修法工作中加以明晰。

终身学习单行法在终身学习法制体系中起着纽带的作用，向上承接上位的宪法和教育根本法，向下又指引着行政法规、部门规章及教育政策的制定与实施。我国终身学习单行立法已经被提到日程上，需要重点关注的立法议题，并在单行法中明确加以规定的内容包括：首先，明确终身学习法律理念。法律理念是对终身学习性质、功能、目标方向、价值取向和实现途径等重大问题的系统化的法律认知，它根植于终身学习实践与我国法治实践，反映法律对终身学习实践进行规约的价值诉求。其次，明确政府作为终身学习法的责任主体。这一责任主体的确定有利于整合各类教育教学资源，保障资源分配的均衡，实现教育公平，形成教育合力，将终身学习工作落到实处。[①] 最后，确定终身学习法的基本框架和内容，以宪法和教育法为依据，确定终身学习法应包括的内容，如服务全民终身学习的管理体制、师资保障、经费投入及督导问责等。

终身学习的法律法规还包括国务院及其部委颁布的行政法规和部门规章。

---

① 孙绵涛，王刚.我国现代学校制度建设的成就、问题与对策[J].教育研究，2013(11):27-34.

行政法规的制定主体是国务院,行政法规必须经过法定程序制定,具有法的效力,通常以条例、办法、实施细则、规定等形式表现。部门规章的制定主体是国务院各部委。制定关于终身学习的行政法规与部门规章需要明确立法需求,需要针对终身学习事业中的哪些问题立法,这些问题的逻辑重要性如何排序,这些立法需求的紧急程度如何等。明确立法需求之后需要确定立法主体,即由国务院还是国务院部委,由国务院哪个部委或哪个部委的哪个司局制定。同时要注重在国务院行政规章制定过程的完整性和公开性。

地方性法规和地方规章也是终身学习法律法规的重要内容。地方性法规的制定主体为省、自治区、直辖市、省和自治区的人民政府所在市、经国务院批准的较大的市的人大及其常委会制定和颁布的;地方规章的制定主体是省、自治区和直辖市人民政府,以及省人民政府所在地的市的人民政府和国务院批准的较大的市的人民政府。地方性法规和规章仅在本行政区域内实施。目前很多地区结合自身的实际情况颁布了有关终身学习的地方性法规或规章。如《北京市终身学习促进条例》《江苏省关于加快完善终身教育体系的实施意见》《苏州市终身学习促进条例》《武汉市终身学习促进条例(草案)》《广东省专业技术人员继续教育条例》《福建省专业技术人员继续教育条例》《甘肃省专业技术人员继续教育条例》等。

综上所述,终身学习法律法规体系是由宪法规定的关于终身教育和终身学习的条款,教育法中明确列出终身学习和终身教育的条款,关于终身学习和终身教育的单行法,国务院制定终身学习行政法规,教育部或相关部委制定的部门规章,以及地方制定的地方性法规与地方规章构成的完整体系。

3)终身学习政策

随着终身教育与终身学习理念引入中国,我国政府加大了针对终身学习领域教育政策制定的力度,各类政策文本先后出台,逐渐形成较为完善的政策体系,成为推动终身学习事业快速发展的重要思想原则与制度基础。我国终身学习政策演进鲜明地体现出四个特点:一是政策目标,从以促进经济社会发展为主转向以促进人的全面发展为主;二是政策属性,从依托于成人教育政策转向形成独立的教育政策部门;三是政策内容,从面向工农的文化技术教育转向全民终身学习;四是政策价值取向,从以工具价值为主转向终身学习本身的以内在价值为主。

当前教育政策明确了终身学习与终身教育的重要战略地位。进入 21 世纪以来，终身学习与终身教育被多次写入党代会报告和国民经济社会发展规划，在《面向 21 世纪教育振兴行动计划》《国家中长期教育改革和发展规划纲要(2010—2020 年)》《中国教育现代化 2035》等教育改革和发展的重大纲领文件中被不断强调，重视程度逐渐增强，成为党和政府制定教育政策和推进社会发展的主要思想，以及教育体系建设的重要价值取向与战略目标。终身学习在教育领域中的基础性地位被最终确立。但是，当前教育政策对于服务全民终身学习教育体系建设实践工作缺少明确规定，例如终身学习的教育行政机构该如何设置，各级政府、教育行政部门、终身学习各类实施机构之间形成何种体制与机制，各自承担何种职能缺少具体的规定。与已经具有相对完备政策的其他类型教育相比，终身学习事业发展的顶层设计、统筹协调、整体推进、督促落实的机制等方面还缺少政策的规范；对于非正规学习和非正式学习师资队伍建设的政策规定也存在较大的空白；关于终身学习的问责机制的政策也处于待弥补状态。开展服务全民终身学习的各项教育活动需要大量的经费来保障，关于服务全民终身学习的经费保障机制的政策也不健全，尤其是关于经费筹措渠道、经费使用的内部监督与外部监督的政策还亟待完善。

服务全民终身学习的教育管理规范建设的追求目标是构建终身学习法治体系，这一体系由一系列完善的终身学习法律法规和政策制度构成。终身学习法治体系建设以推进教育治理体系和治理能力现代化为重要抓手，[1]为构建服务全民终身学习的教育体系、办好人民满意的教育、建设人力资源强国提供支撑。终身学习法治体系建设需要加快推进终身学习立法，健全依法行政机制，完善终身学习法律政策制度的实施体系，并提高运用法治思维和法治方式深化终身学习事业发展改革的能力。[2]

综上所述，服务全民终身学习的教育体制由服务全民终身学习的教育实施体制和教育管理体制构成。服务全民终身学习的教育实施体制由教育实施机构和教育实施规范构成，教育实施机构由正规学习机构、非正规学习机构和非正式学习机构构成，教育实施规范由机构章程、组织制度、工作制度和人员制度

---

①　全面建设依法治教的教育法治体系[J].上海教育,2019(34):1.

②　刘兴宇.我国终身学习的研究热点及发展趋势：基于 1999—2019 年 CNKI 期刊文献的共词可视化分析[J].文化学刊,2021(7):160-164.

构成。服务全民终身学习的教育管理体制由教育管理机构和教育管理规范构成,教育管理机构包括领导机构、计划机构、组织机构和控制机构,教育管理规范包括宪法、法律法规、方针政策三个层次。将这些要素绘制成图可以形象地展示服务全民终身学习的教育体制的全貌(图2.2)。

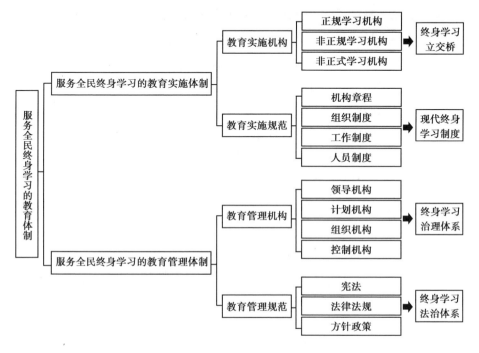

图 2.2　服务全民终身学习的教育体制范畴图

(四)服务全民终身学习的教育体制与教育体系关系之辨

根据系统哲学的基本观点,系统是由两个或两个以上的要素相互作用而形成的整体。系统结构体现为系统要素之间的连接方式。构成系统的各个要素本身也是一个系统,是大系统的子系统,子系统的构成要素还会作为次子系统。可见,系统都是以"系统"—"子系统"—"次子系统"的形式、按照层次递进关系形成的。也就是说,任何系统都是更高一级系统的组成部分,这被称为系统的层次结构特性,或者等级层次原理。根据这一原理,服务全民终身学习的教育体制是更高一级系统的重要组成部分,这一更高级的系统就是服务全民终身学习的教育体系。通过辨析服务全民终身学习的教育体制与其上位系统服务全民终身学习的教育体系的关系,能够帮助我们更加深入地把握其本质。

应坚持马克思主义物质实践活动第一性原理的观点，基于系统哲学的思维方式，运用人为抽象方法论，对构成服务全民终身学习教育体系的构成要素，及各要素之间的逻辑关系进行深入分析，准确把握服务全民终身学习教育体系本质，进而归纳总结出其定义。

服务全民终身学习的教育体系这一概念包含"终身学习"和"教育体系"两个关键词。终身学习是指社会成员为适应社会发展和实现个体发展的需要，自发的、有规律的、有目的的、持续一生的主动性学习过程。全民终身学习突出体现了人人皆学、处处能学和时时可学的鲜明特点，能够不断支持与激发人类潜能，赋予人们权利和必要能力获取终身所需的全部知识、技能和价值。教育体系是指教育大系统中的各种教育要素的有序组合。综合两个上位概念，我们将服务全民终身学习的教育体系界定为：以终身学习思想为导向，以建设学习型社会为目标，保障全体社会成员公平的学习权益，满足全体社会成员多元化的学习内容需求、学习方式需求以及终身发展需求，有利于实现学习者主体性学习的服务型教育体系。

分析服务全民终身学习的教育体系由哪些要素构成，要素与要素之间又是何种关系，是认识这一体系本质的关键。遵循历史唯物主义方法论，在借鉴国内外有关学者研究的基础上对服务全民终身学习教育体系的构成范畴进行综合分析。从构成要素来看，教育体系是由教育观念、教育体制、教育机制和教育活动构成的系统。相应地，服务全民终身学习教育体系也是由教育活动、教育观念、教育体制和教育机制四大范畴构成的完整系统。四个要素相互作用、协同配合、发挥合力共同服务于全民终身学习。

1.服务全民终身学习的教育活动

教育活动具备一般活动的基本特性，是社会活动的一种特定形态。教育活动意指有意识地以影响人的身心发展为目的的社会实践活动。教育活动的根本立足点在于激发受教育者的自身潜能，实现受教育者的全面发展。教育活动的形式和内容十分多样，如课堂教学活动、课后辅导活动、教育科研活动、学校管理活动、教育行政活动、教育改革活动等。对实践形式多样的教育活动进行概括和抽象，可以划分为教育实施活动、教育管理活动和教育服务活动三个基本类型。

教育实施活动包括正规教育实施活动与非正规教育实施活动。正规教育实施活动是有组织、有目的地进行的,按照一定的教学计划和课程体系进行安排的活动。它以科学知识和科学方法为基础,通过有序的学习和教育实践活动,以培养学生的文化素养和科学思维能力为主要目标。正规教育实施活动体现为一个长期过程,需要教与学的主体持续性地进行互动交流与实践。它不仅涉及基础知识的学习,还包括对科学原理和科学方法的深入理解与应用。随着教学模式的改革,正规教育实施活动的形式和方法也越来越多样生动。有的正规教育实施活动鼓励学生主动提出问题、进行观察和实验,并通过分析和推理等思维活动,逐步发展出科学的认知和科学的思维方式。有的正规教育实施活动提倡学生之间的合作与交流,通过小组合作和团队合作的方式,让学生共同探索和解决问题,培养他们的团队合作能力和沟通能力。还有的正规教育实施活动强调实践操作和实验实践,培养他们的实际动手能力和解决问题的能力。通过正规教育实施活动,学生可以获得真实的科学文化知识,培养科学思维和实践能力,提高解决问题的能力,并逐步形成对学习科学文化知识的兴趣与求知欲。

与正规教育实施活动形成鲜明的对比,非正规教育活动形式更加灵活多样,与学习者所处的工作和生活环境密切相关,直接针对学习者的现实需求,在学习内容、学习时间和学习场所方面体现更大的弹性。非正规教育实施活动随时代发展在功能和范围上不断拓展,逐步形成了三类重点活动。一是非常规教育,由各种类型的教育项目构成,提供了常规全日制教育的替代品,服务于因各种原因没有能够在规定时间接受正规教育的人,为其提供接受教育的机会。如夜校课程、远程教育项目等,其中一些为全日制课程的压缩,另外一些则更加侧重于学习者自身的学习兴趣和诉求。非常规教育的关键在于确保其与正规学校系统相应级别授予的证书同等价值。二是大众教育。这类活动的主要特征是:教育对象面向广大民众;采取"做中学"的学习方式;结构高度灵活;能够不断调整以适应学习者需求的变化。如成人读写算项目、合作式培训、政治动员和社区发展活动。这些活动是由志愿者组织运作的,强调的是共同发展而不是个人竞争。三是职业培训。这是由公司、行业协会、私营机构以及部分正规学校组织的各种专业的或职业的非正规教育项目,针对在岗工作人员实施的再教育活动。当学校不能对技术变革作出迅速准确的反应,无法全面满足各种各样学习需求的时候,多样化的培训机制以及各种非正规教育实施活动的固有价值就会越来越受到重视，并被普遍接受。

教育管理活动分为教育行政活动和教育实施机构内部管理活动。教育行政活动是国家对教育公共事务进行决策、组织、调控和管理的活动。立法、执法、规划、划拨经费、督导、评估是教育行政的主要方法和工具，教育行政部门视情况采取某一种或某几种方法的组合来实现管理目标。依法行政是教育行政的根本要求，体现国家的意志，遵守和贯彻国家的政策和法规，在国家和地方法律法规许可的范围内行使职权，以维护和推进公共利益为根本目的。教育行政同时具备一般管理的基本特征，如以明确的目标为导向，合理配置管理权限，有分工、有计划、有决策、有交流、有协调，综合运用各种管理手段实现管理目标。教育实施机构内部管理活动是指管理者遵循教育规律，充分利用内外部的资源和条件，运用特定方法和工具，带领和引导成员有效实现工作目标的教育组织活动。教育实施机构内部管理应坚持以育人为中心，实现管理育人，将管理重心置于为学习者服务，满足学习者的多元学习需求；教育实施机构内部管理应实现对校内外各种资源的有效整合，并建立健全内部的组织机构和规章制度。①

教育服务活动也称教育辅助服务，是针对各类教育活动提供的附加服务，如学习课程开发、教师专业发展培训、教材编撰与采购、教学设施设备供应、场地租赁、学术会务服务、招生宣传咨询服务等支持性工作。教育服务活动是教育实施活动的补充，是学习活动与教育活动顺利完成的重要组成部分。教育服务活动主要包括五个类型：一是设计开发类教育服务。如专业的课程、教材、教具、教案等辅助性开发服务。二是培训类教育服务。主要是指对教育实施机构的教职人员进行在职的专业发展培训服务，如举办在职培训班，入校教学诊断与指导、优质学校现场交流参访等。当前，一些学校购买第三方教育机构的在职培训课程，以提高学校教师的教育教学能力和技术，就属于这一类服务活动。三是设备类教育服务。即为教育教学活动提供专门化的设施设备的服务，如为学校提供投影设备、实验设备、打字复印设备、电脑等。四是管理类教育服务。学校或教育机构囿于自身的能力，无法实施对于某项办学工作、教育资源或教育人力的有效管理，就需要专门的教育服务机构提供管理服务。管理类教育服务主要体现在校园安全管理、电子数据库管理、教育教学质量和教师教学科研

---

① 卢海弘.构建面向现代化 2035 的终身学习体系：国家战略视角［J］.高等继续教育学报,2019（6）：1-7.

成果质量评估、学生发展程度与学习成绩监测与评价等方面。五是营销类教育服务。尤其是民办教育机构为了拓展市场、扩大招生、占据市场份额均需要专门的营销,形成了巨大的教育营销服务市场,催生了一批为学校或教育机构制定营销方案并推动营销方案落地执行的专业性教育服务公司。

教育活动蕴含主体、内容、活动形式和资源四个核心要素。主体指终身学习过程中学的主体和教的主体,是教育活动的人的要素。内容指终身学习中获得的各类知识、技能和态度,是教育活动的客体要素。活动形式指终身学习活动的组织、动员、实施、监督、评估等环节的过程、程序、方法和步骤,是教育活动的媒介要素。资源指终身学习活动得以顺利开展与实施的资源保障,如政策资源、关系资源、设施资源、经费资源、人力资源等,是教育活动的条件要素。这些要素既有事实层面的要素,也有价值层面的要素;既有目的性要素,也有教育性要素。根据系统哲学的机制应变协调原则,在推进服务全民终身学习事业的进程中,应遵循各要素与外界进行物质、能量和信息交换形成稳定有序结构的规律,使各要素之间实现协同运动,进而产生有序的非线性相互作用,才能最大限度地保证服务全民终身学习的教育体制系统稳定高效运行。

2.服务全民终身学习的教育机制

机制一词最初被使用于自然科学领域,本义是机器的构造和工作原理,用于解释机体结构组成部分之间的相互关系,以及发生的各种物理、化学性质变化过程。今天,机制一词已经被广泛地应用于社会科学领域。机制引申到教育领域被称为教育机制,意指教育现象各构成要素之间的相互关系及其运行方式。

教育机制可以被划分为教育层次机制、教育形式机制和教育功能机制。对教育机制的分析遵循以下逻辑:首先在层次上确定机制的类型范畴,然后进一步考察教育现象各构成要素的关系及具体运行的形式,最后分析不同形式机制体现的多种功能。

教育层次机制分为宏观教育机制、中观教育机制和微观教育机制。宏观教育机制是从国家系统顶层架构出发,把教育内部各要素及其优势整合成为国家教育事业整体竞争优势,从而实现教育功能。宏观教育机制关注教育整体运行、增长状况及其影响因素。中观教育机制侧重于从区域或教育机构层面,运用组织手段整合教育资源发挥教育功能。中观教育机制关注流程的优化、标准的设定、模式的创新及体系的形成。微观教育机制重点关注教育个人和群体主体的行为要素，以调动人的要素的积极性为手段发挥教育功能。微观教育机制关注不同教育主体的行为决策与实施，以及行为之间相互影响的关系。

教育形式机制分为"行政—计划式"机制、"指导—服务式"机制和"监督—服务式"机制。综合运用行政手段和计划手段整合不同要素、发挥教育系统功能的机制为"行政—计划式"机制。综合运用指导手段和服务手段整合不同要素、发挥教育系统功能的机制为"指导—服务式"机制。综合运用监督手段和服务手段整合不同要素、发挥教育系统功能的机制为"监督—服务式"机制。教育形式机制的选择和使用与不同历史阶段、不同教育发展任务以及不同区域实际发展水平等因素密切相关。

教育功能机制包括教育激励机制、教育制约机制和教育保障机制。教育激励机制是运用激励方法调动教育各方面的积极性与主动性发挥教育系统功能的机制。教育制约机制是运用规制等强制手段对教育各方面形成特定约束与限制从而发挥教育系统功能的机制。教育保障机制是为教育事业发展提供资金、政策、人力与设施等保障促进教育系统功能发挥的机制。

三类教育机制之间是相互联系、对立统一的关系。分析任意一种教育机制的时候，要注意考察其与另外两种教育机制的联系。实践中也是如此，在创新或改革某一类教育机制的时候，也必须考察其对其他两种机制带来的影响，以及其他两种机制的反作用。

3.服务全民终身学习的教育体制

教育体制与教育机制是一对比较容易混淆的概念，有些学者甚至将这两个概念混用。教育体制与教育机制是两个在本质上截然不同的概念。从定义上来看，教育体制是教育机构与教育规范的统一体；而教育机制是教育现象各构成要素之间的相互关系与运行方式。机构和规范是教育体制的载体，两者都是实体性要素。因而教育体制是客观存在的，可以被主体切实经验和感知的实体现象。而教育机制的本质是相互关系和运行方式，是从教育机构和教育规范的实体中概括出的抽象范畴，不具有实体形态。实践中，教育体制和教育机制紧密地交织在一起，相互影响、相互作用。教育体制与教育机制必然同时产生，当教育体制产生的同时，其要素与要素之间必然发生特定的联系，也就产生了一定的运行方式，这就是教育机制。教育体制与教育机制必然同时分析，因为分析教育体制必然要分析教育体制各要素之间的相互关系和作用方式,这就是对教育机制的分析。分析教育机制的时候,必然会阐述教育机制中涉及的教育机构和教育规范等范畴,这也是对教育体制的分析。我们能从学理上对二者加以本质区分,但是当审视实践时,二者总是被放在一起进行分析,不能将二者完全割裂。

构建服务全民终身学习的教育体制,也是服务全民终身学习教育机制创新的过程。其中,教育层次机制的创新重点是衔接,教育形式机制的创新重点是保障,教育功能机制的创新重点是动力激励。在层次机制方面,衔接意味着运用合理的方法顺畅连接不同层次和不同类型的教育子系统,使之相互合作、相互补充与相互促进,形成有机统一的和谐整体。教育层次的衔接应注重从初级层次到高级层次的有机整合,实现结构合理、递进顺畅的连通,使发展通道更为畅通;教育类型的衔接应注重普通教育和职业教育互通通道的建立,帮助学习者在两类教育中自由转换;教育形式的衔接应注重正规教育和非正规教育相辅相成,以多样的教育形式满足学习者日益增长的多元教育需求。形式机制的创新重在加强保障体系建设。如加大对贫困人口、农民工和农村地区的教育投入,提供经济补贴、奖助学金等学习支持。同时,要推广社会化学习资助机制,鼓励社会组织、企业和个人提供学习赞助和奖励,形成多维度的学习保障体系。此外,还要加强就业培训和再就业服务,降低学习门槛,为失业人员和转岗人员提供学习和就业支持,提高就业竞争力。功能机制聚焦的动力激励是指加强全民终身学习的宣传和推广,增强全民终身学习意识。一方面,对终身学习的重要性进行广泛宣传与普及,提供相关信息和针对性指导,使人们深入了解终身学习对于个人、社会和国家的重要影响与意义,形成参与终身学习的主观积极性与能动性;另一方面,灵活运用多种方式培养与提高公民终身学习能力,高效开展终身学习实践。

推进服务全民终身学习的教育机制创新,需要建立一种动态平衡结构,即明确三种机制在不同阶段、不同区域和不同任务背景下的逻辑重要性。在层次机制上,建立起以中观和微观机制为重心、以宏观机制为导引的动态结构,强调转变政府教育治理方式,向区域、教育实施机构、教师和学生个人合理赋权。在形式机制上,建立起以指导和服务为核心,以行政、计划、监督为辅助的动态结构。在功能机制上,建立以激励为基础、以保障为关键、以制约为辅助的动态结构。

4.服务全民终身学习的教育观念

教育观念是人们在实践的基础上形成的一种对教育现象系统的理性认识。教育系统及其构成要素的运行必然受制于一定的教育观念、反映着一定的教育观念，甚至生产出一定的教育观念。教育观念包括对教育现象是什么的认识而形成的教育本质观，对教育现象作用的认识而形成的教育价值观，对怎样实现教育作用而形成的教育实践观，还有对教育作用结果的认识而形成的教育质量观。

从教育本质观来看，服务全民终身学习的教育是以有意识地促进学习者知识增长、技能提升、精神升华、生命完整为目标的社会实践活动。激发每个生命主体的全面潜能、充实每个生命主体的人生道路、彰显每个生命主体的人生价值是终身学习和服务终身学习教育的根本使命。有书 CEO 雷文涛表示，"成长是解决人生难题的金钥匙。在如今的时代背景下，如果我们不保持成长的状态，可能会产生自由落体、随波逐流的感觉，保持成长是免于恐惧的重要途径"。这句话准确地阐述了服务全民终身学习的教育的本质，就是为每个人贯穿一生的、与时俱进的成长与发展提供有意义的支持与帮助，满足学习者学习科学文化知识的需要，培养个性特长的需要，增加社会归属感的需要，以及提升人生境界、追求幸福人生的需要。

从教育价值观来看，服务全民终身学习的教育既关注个人的发展，也关注社会的进步，不仅满足现实的需要，更立足于长远的诉求，服务于个人与社会的可持续发展。服务全民终身学习的教育是对物质文明、精神文明、政治文明、社会文明、生态文明进步起到正向推动作用的教育；服务全民终身学习的教育有助于实现立德树人根本任务，强化五育并举，培养具有现代化品质、适应未来发展需要的人才；服务全民终身学习的教育将惠及大众，使人民共享教育事业发展成果，实现人民对美好生活的向往；服务全民终身学习的教育将优化社会人才结构，实现平等和谐的人际关系与社会关系；服务全民终身学习的教育尊重、体现并揭示科学与教育发展规律。

从教育实践观来看，服务全民终身学习的教育以学习者为主体，充分发挥学习者在学习过程中的主动性，激发学习者的学习与发展热情，为学习者通过思考、感性认识、实践等过程获得知识、技能、情感等教育结果提供强有力的支持;服务全民终身学习的教育以实践为核心,坚持问题导向,引导学习者通过自主学习、协作探究等方式,解决问题和矛盾,将学习的知识技能与实践相结合,实现知行合一;服务全民终身学习的教育尊重个体差异,提倡个性化教育,满足不同的学习发展需求,使每个学习者在实践中实现自我价值,拥有独特个性与自身优势;服务全民终身学习的教育突出教育实践的实效性和效果性,积极融合现代教育技术手段,探索新型教育模式,创新高效学习方法。

从教育质量观来看,衡量服务全民终身学习的教育的质量,应回归教育培养全面发展的人这一逻辑起点,通过是否促进人的发展、提升人的发展水平、形成适应性的全面发展的人来评价。坚持全面质量观,破除"唯分数、唯升学"的片面质量评价,从多个角度进行综合衡量,如:教育目标的实现程度即学习者是否达到预期学习目标;学习者的反馈,学生是否获得良好的受教育和学习体验;学习成果可视化,建立在大数据分析的基础上,围绕项目成果、社会实践、考试成绩、品行发展等项目,用"数智"评价的图谱表征学习成果;社会反馈,如从关注度、参与度、完成率、提升度、就业率、收益水平等维度衡量终身学习服务课程质量、教学质量情况。

总的来看,教育活动是认识服务全民终身学习的教育体系的逻辑起点,研究者总是先观察到形式多样的终身学习活动,这是一个自然生成的要素范畴。在对教育活动的主体、内容、方法、过程等要素进行分析的过程中,逐步发现机构对教育活动的整体组织与协调,以及规范对教育行为的激励与约束是影响教育活动有序高效的关键因素,因此概括出机构与规范结合体即教育体制这一范畴。分析教育体制就必须明确构成教育机构和教育规范的子要素,也要分析它们之间的相互关系和作用方式,这就抽象出教育机制的范畴。在深入分析教育活动、教育体制和教育机制范畴的过程中,研究者发现它们背后蕴含着一定的驱动力,受制并反映着一定的教育观念。至此,由教育活动、教育体制、教育机制和教育观念四个范畴构成的教育体系抽象建构完成。从认识顺序上来讲,坚持历史唯物主义物质的实践活动第一性的原则,先认识教育活动,进而认识教育体制、教育机制和教育观念。然而,现实中的教育体系的形成与发展并非全然遵循这一认识逻辑,而是呈现出多开端、非线性的复杂特征。如先秉持某种教育观念,进而选择相应的活动形式加以实现,再设计相应的教育体制和机制给予支撑和保障;或者先顶层设计教育体制和教育机制,在特定的体制机制框架内开展教育活动,进而总结概括反映这套实践模式的先进教育观念等。这使得教育体系的产生、运行、改革和发展愈加错综复杂。

三、构建服务全民终身学习教育体制的关键抓手

(一)构建纵向衔接、横向沟通的终身学习立交桥

我国构建终身学习立交桥的条件已经成熟,此项任务箭在弦上、势在必行。一来,以连续性正规教育为特征的单一、封闭的教育阶梯已经难以适应学习者更加多样的终身学习需求;二来,世界各国终身学习立交桥建设已经走在我国前列,实现人力资源强国的战略任务迫切要求我们跟上甚至赶超国际发展形势;三来,我国一些教育发达省份在构建终身学习立交桥方面锐意改革、积极进取,开展了大量有益的探索,积累了较多有益经验,为我国构建更加完善的终身学习"立交桥"奠定了基础。① 因此,要从战略高度认识建立终身学习体系的重要性和迫切性,将其上升为促进我国教育高质量发展的核心任务,加速建立并完善有利于终身学习的教育体系。

以系统哲学为依据构建终身学习立交桥,需要着眼于整体,遵从整体与局部之间密切联结、相互依赖、互为存在与发展的前提的原则,既发挥整体统帅、支配、决定局部、协调局部向着统一方向发展的功能,又注重局部变化与发展对整体及其功能发挥的关键作用,全面设计各种层级、各种类别、各种形态的教育及学习活动,使之纵向衔接、横向沟通、相互联系、相互依赖,达成不同类型学分及学习成果的互认和衔接,充分实现"整体具有部分或部分之和所没有的性质"的非加和性,进而实现教育体系整体的最佳效应。在功能上,终身学习立交桥致力于有效整合各级各类教育资源,满足学习者多样化的学习和发展需要,便于全体社会成员根据自身学习与发展情况,从最有利的切入点进入终身学习通道、自主选择教育的级别、内容、形式、时空、渠道,形成社会化自主学习。以系统哲学为指引构建终身学习立交桥,应重点关注以下四项工作。

一是搭建国家资历框架。资历框架是关于终身学习者学习成就的系统性规则,是用以对各种资历进行开发和分类的工具。国家资历框架通常涵盖基础技能类资历框架,包括语言能力、运算能力、写作能力、沟通能力等基础技能;专

① 李纪传.系统思考视野下的终身学习"立交桥"建设[J].继续教育,2011(10):19-21.

业技能和知识类资历框架,即某一专业领域需要的基础知识和技能,这一层面的学习内容和所需学分数因职业不同而有所不同;高级专业技能和知识类资历框架,即超越基本学习内容的高级课程,例如研究型本科课程、硕士课程、博士课程等;实践和就业经验类资历框架,针对实践和就业经验的认证标准。科学合理的国家资历框架一方面能够明确指引个人发展方向,帮助每个学习者根据自己的兴趣和需求形成学习目标,制订相应的学习计划;另一方面,提供职业发展标准,根据职业发展要求建立不同的资历等级,引导职业人才的专业化发展。与此同时,国家资历框架有助于在知识学习和认证体系之间产生关联性,使二者之间的步骤变得协调一致,进而提高学习和认证的连续性。

二是整体设计各级各类学历教育,实现教育体系内的衔接与融合。各级各类教育及资源如同建造交通立交桥的建筑原料,只有原材料种类丰富、品质优良、供应充足、适合使用,才能保证终身学习"立交桥"的施工质量和顺利架设。[①] 首先,充分发挥正规学校教育在终身学习中的传统与重要的功能,促进初中后学历教育的沟通与衔接,以及普通教育与职业教育的衔接与融合。其次,针对非正规学习教育和非正式学习,建立健全认证、积累、转换和激励的制度,满足社会成员适应社会和自身发展对终身学习的需求。再次,积极开发社区学习资源,广泛开展城乡社区教育,力争将一切具有教育意义和学习价值的社会资源都转变为可以利用的优质学习与教育资源。最后,统筹规划各级各类教育资源,促进教育系统内部以及教育系统与社会其他系统之间的资源开放共享。通过上述举措,对已经存在的、各种原本独立的、互不关联乃至互相割裂的教育资源进行重新整合,以人的各个不同发展时期为中轴线,以与人关系最为密切的学校、家庭及社会等场域形态为横断面,围绕人的一生发展构筑一个立体的教育学习网络。当然,整合不是简单叠加,而是实现以学习者需求为导向的量和质的整体性升级。为此,搭建一站式的终身学习公共服务平台,为社会成员终身学习提供及时、准确、个性化的资源服务和信息服务是构建覆盖全社会的终身学习网络的重要任务。

三是以学分银行为载体,实现学习成果的认证、累积和转换。学分银行具有和银行一样的储存汇兑功能,但储存的是学习者的学分,汇兑的是学习者相

---

① 陈玉明.我国终身学习"立交桥"的建构[J].广西广播电视大学学报,2015(2):5-10.

应的学历或资格证书。依托学分的存储汇兑功能，学分银行通过将学生在高等教育或是社会教育培训机构修习课程或是通过教育部的学分认证考试等多种形式获得的学分存入其个人的账号，在学分积累达到相应的标准时由学生兑换高等教育学位证书的方式实现学习管理。学分银行零存整取的管理方式，有助于打破各种教育类型与教育形式的壁垒，实现教育资源广泛共享，是实现终身学习以及建立学习型社会的理想实践形式。

四是积极吸纳多方资源，设计平台、课程、质量评价一体化体系。整合门类齐全的终身学习机构，充分利用学校资源面向社会举办讲座报告、开放文化体育场馆设施，满足人们增长知识、发展综合素养的需求；要充分调动各种社会资源，提高博物馆、图书馆、科技馆等公共资源的接待能力与服务水平，突破终身学习的场所壁垒，打造优质的全民终身学习设施条件环境；建设社区终身学习阵地，满足社区居民的个性化学习需求；健全家校协同教育机制，开展家庭教育指导服务，增进学校和家庭的交流，贯通校内外学习空间；以互联网、大数据、人工智能等新兴技术为载体，建设并规范线上终身学习平台，创新发展线上教学、混合式教学等多种教学模式，扩大终身学习教育体系的覆盖面，为学习者的个性化终身学习提供有效支撑。充分依据学习者的多元学习需求，整体规划各级各类教育、各种教育形态的课程，使课程蕴含立德树人根本任务，符合教育内在要求，形成纵向衔接、横向沟通、纵横整合、内外协调、整体优化的一体化课程体系。一体化课程体系应以人才素质需求为基点，以促进人的全面发展为根本点，以激发学习者的主体性与创造性为支撑点，引导学习者实现主体性学习，形成持续学习能力，使其在任何时间节点介入课程体系都能明确学习方向与目标，自由选择课程和充实发展自我的途径与方法，自主接受最合适的教育。遵循《深化新时代教育评价改革总体方案》指导，从创造适合学习者的教育出发，以终身学习使学习者产生的发展变化为立足点，合理设计各级各类正规教育、非正规教育以及非正式学习的质量评价系统。通过设定完备客观的评价指标体系，使水平和资格认定、学习者专业程度、能力高低等标准保持高度的一致性和统一性，进而从整体上科学鉴定学习者的学习成果。

（二）构建现代终身学习制度

终身学习制度是指调整和规范终身学习服务机构及其成员，以及与终身学习服务机构相关的组织机构及人员行为的权威规则。① "现代"一词的理解需要从时间和价值两个层面展开。从时间层面来看，"现代"不仅指现实存在的特定历史阶段，更是一个有起点、没终点的动态历史发展过程，"现代"意味着与更新的社会形态相适应。从价值层面来看，"现代"指事物满足社会发展的良好属性，具有好的、先进的、适应时代需要的等类似的含义。判断学习制度好坏的标准是"效能"，即效果、效率及效应的综合体，对应着学习质量、学习活动效率和适应未来学习的良好效用。现代终身学习制度的本质特征是灵活、弹性与开放。这一本质特征是与多元学习者灵活、多样、开放、优质、终身、个性化的学习需求相适应的。

　　自然生成方法论虽然能够尽可能全面地展示研究对象的实然非人为状态，但是无法证实观察到的各个范畴是否准确，也无法避免范畴之间逻辑交叉与重叠的情况。因此，在自然生成方法论的基础上，对实然状态中能够观察到的正规学习机构实施规范、非正规学习机构实施规范和非正式学习机构实施规范的整体出发，进行人为抽象，能够概括出四类实施规范：机构章程、组织制度、工作制度和人事制度。

　　机构章程是服务全民终身学习实施机构内部的宪制性文件。章程是由实施机构的权力部门为保证实施机构的法人地位和办学权益，根据国家或地方政府的教育法律法规，按照一定程序制定的有关机构组织性质和基本权利的具有一定法律效力的总纲领。机构章程通常需要依法制定，其制定需要经过严格的民主程序，正规学习机构的章程制定后还需要报上级行政主管部门审批或备案后才能生效。服务全民终身学习的实施机构的章程应以建立现代教育制度、提高办学效益和提高办学法治化程度为根本目标。机构章程设定一系列明确、详尽的规则和说明，强化实施机构内各种工作与活动的一致性，为实施机构的行动提供模板。实施机构章程应规定实施机构的性质、宗旨、任务、组织成员、活动规则以及机构的权利、义务、业务范围和规模等内容。实施机构章程是组织特定精神、传统、气质的结晶。

　　组织制度是服务全民终身学习实施机构的组织原则、组织机构和组织纪律等规范的总称，是实施机构为规范组织结构的设置与调整，建立高效、职责明确

---

① 孙绵涛，王刚.我国现代学校制度建设的成就、问题与对策[J].教育研究，2013(11)：27-34.

的组织机构而制定的相关制度。组织制度是实施机构组织优势得以发挥、机构目标和任务得以实现和完成的重要保障。制定组织制度旨在确保机构职能清晰、精简、责任明确，进而有利于机构自身结构的完善与整体发展，有利于内外部机构之间的高效沟通与合作。组织制度规范了实施机构内部各级各类组织的产生、职责和运行，为组织成员提供较为具体的行为规范与准则。实施机构组织制度的内容包括：合理的组织体系架构，保证机构决策的制定和执行；清晰的职能体系，科学的专业化分工，推进组织内协同协作；有效的权力系统，使领导层的决策与指示能够得到坚决的贯彻落实。

工作制度是服务全民终身学习的实施机构根据实际存在的各类岗位的特点与任务，针对具体工作制定的内容与标准规范。工作制度是实施机构开展各项教育教学工作的重要依据，对于加强实施机构教育教学实践，建立培训、考核、使用和待遇相结合的激励机制具有重要作用。工作制度的核心内容是岗位的工作质量和数量要求，专业知识和劳动技能要求，以及岗位主体的文化程度和应承担的责任等。工作制度的制定应集中体现客观性、实用性、科学性、民主性和层次性的原则。服务全民终身学习的实施机构各方面工作都需制定相应制度，如财务制度、教育教学制度、教研制度、德育制度、后勤制度等。作为日常工作行为规范，实施机构教职工必须根据岗位任职情况，严格遵守和执行相关工作制度，这使工作制度体现出突出的约束性和程序性的特点。工作制度的价值突出体现在保证工作程序规范化、工作职责制度化、工作质量最优化三个方面。

人事制度是服务全民终身学习实施机构内部关于用人以治事的行动准则与办事规程的总和。实施机构核心工作的各项目标都是通过人的活动加以实现的，因此人事制度是实施机构内部管理制度的重要组成部分。人事制度涵盖了人力资源管理的全流程，包括招聘制度、培训制度、绩效考核制度、薪酬福利制度、员工关系管理制度、退出制度等。实施机构人事制度的根本指向为合理配置人力资源、持续优化队伍结构，强化竞争激励机制，为实施机构的有序高效运行与变革发展提供人力支撑。

结合我国当前服务全民终身学习规范建设的实际情况与需求，构建现代终身学习制度的主要思路是以国家终身学习资历框架为标准、以学习成果认证制度为核心和以学分银行制度为平台的"三位一体"的制度。以国家终身学习资历框架为基础确定各个行业的资历等级标准,以学习成果认证制度为基础,准确识别、验证和认可学习者在不同场所通过多种方式获得的知识、技能和能力等学习成果;以学分银行制度为基础,实现学习成果的无障碍积累、转化和兑付。[1] 同时,积极完善终身学习质量保证制度,建立健全国家权威质量标准、公开透明的外部质量评估制度以及相关终身教育实施机构的准入与退出制度。[2]

(三)构建终身学习治理体系

终身学习治理体系具有系统性、关联性、协同性、时效性与自优性的鲜明特征。终身学习治理体系的构建必须坚持"以人民为中心"的理念,致力于关注并满足人的全面发展需要和经济社会发展需求,依托科学化的顶层设计与多元主体协同共治机制,发挥引领全民终身学习实践的关键支柱作用。

在纵向治理方面,从中央到地方各级政府及教育行政部门对服务全民终身学习教育事务管理权限进行合理划分。一方面,中央向地方赋权,将举办与管理全民终身学习教育事业的具体事务权依制度转移给省级以下各级政府及其教育行政部门;另一方面,各级政府在进行有关服务全民终身学习教育事业的重大决策时,应向社会合理让渡决策参与权,改变多元利益相关方缺位教育决策的状态。同时,各级政府应保障各类终身学习实施机构的自主权,如办学自主权、招生自主权、经费自主使用权等。在横向治理方面,厘清理顺政府、终身学习实施机构、家庭、社会组织之间的关系,实现政、校、家、社协同共治。明确教育行政权力的归属,划定教育行政权力边界,建立权力清晰、权责明确、分权与制衡相统一的管理体制,制定权力清单、负面清单与责任清单,形成能力运行和制衡机制,促进政府向服务型政府转型,实现全社会的参与和协同治理的新格局。

从治理工具来看,应走出传统的经验管理和行政管理思维,强化教育法治意识,做到依法用人、依法决策、依法规范、依法管理、依法考核和依法问责;大力提高管理者专业化和管理活动专业化,用专业管理专业;推动循数治理转型,提高治理信息化与智能化程度;加快推进第三方治理,积极引入社会治理与市场;积极推进教育事务、人事、财务公开化治理,助力于实现终身学习治理体系

[1]　张伟远.构建服务全民终身学习体系的战略与政策[M].北京:人民教育出版社,2022.
[2]　陈丽,谢浩,郑勤华.我国教育现代化视域下终身学习的内涵与价值体系[J].现代远程教育研究,2022(4):3-11.

的制度化、规范化和程序化。

落实到实践之中，构建终身学习治理体系的重要任务是积极健全服务全民终身学习的教育领导体系。建议在中央教育工作领导小组下设立终身学习促进发展委员会作为国家层面服务全民终身学习的领导机构。终身学习促进发展委员会嵌套在中央教育工作领导小组下，不单独地"游离于"现有的教育系统外，遵循指导服务原则，对终身学习事业发展起到宏观指导职能。[①] 依照计划组织和控制职能设立相应的归口部门，督促落实相关工作建议。在教育部设立终身学习司，作为承担计划职能的服务全民终身学习的教育行政机构。作为教育部下设机构服从教育部的领导，依据终身学习建设任务的推进程度，了解全社会终身学习需求，创新发展理念，明确事业发展的指导思想，突出主要目标和任务，制定终身学习事业发展战略规划和阶段工作计划，并指导规划与计划的落实。由教育部牵头联合深改委、科学技术部门、公安部门、司法部门、文化和旅游部门、组织部门、宣传部门、精神文明建指委、统计局、财政部门、人事部门协同工作，作为服务全民终身学习的教育行政机构网络。充分利用多部门协同将繁复无序的工作要素组织发动起来，通过具有一定强制性的高强度指挥，推进具体任务的执行。各个部门在权限范围内对有关机构和个人的实践进行指导和引领，加快事业推进与发展。在终身学习促进发展委员会下设信息统计小组、监督小组、评估小组和保障小组作为控制部门。同时，建议加强服务全民终身学习的国家教育行政领导机构和教育实施机构的联系，共同实现学习型社会的发展蓝图。

积极推进终身教育共同体建设。致力于打造开放、全纳的教育系统。需要打破教育类型、教育层次与教育要素的壁垒，加强不同教育类型、层次和要素教育的互相贯通和彼此衔接，通过不断拓展学习者的覆盖面补齐教育短板、抬高教育底部；搭建终身学习一站式云服务平台与无缝学习空间，优化智慧学习环境，提升学习支持服务能力，线上线下融合互动和在线教学与学习行为数据分析，为全体终身学习者提供更加精准的学习支持服务；以政府为主导建立跨部门、跨行业和跨领域协同机制，构建终身学习服务协同供给体系。

（四）完善终身学习法治体系

从终身学习法治体系建设的价值取向来看，立法目的应以满足学习者的终

---

① 房耿聿.美国终身学习法研究及启示[D].太原：山西大学，2014.

身学习需求为宗旨,立法核心在于保障公民终身学习权,立法指向为运用法治工具协调终身学习与教育系统其他部门之间相互依存、相互融合的关系,强调终身学习的需求侧导向,明确规定公权力为终身学习者提供足够完备的外部教育条件的责任与使命,满足学习者的多元学习需求与期待,保障充足的优质学习资源。

加强终身学习法治建设,应进一步完善以终身学习法为核心的终身学习法律法规体系。从法律上明确相关终身学习事业发展的内涵与外延,对终身学习以及终身学习权进行明确的法律界定,破除对终身教育、终身学习的相关概念、制度等存在的一些模糊认识,乃至错误的理解。明确规定终身学习主体的资格,清晰界定学习主体的教育权利与教育义务,以更好地协调学习主体之间的教育法律关系。从法律上明确政府责任,积极推进建设学习型政府建设,确定政府作为终身学习事业的总设计师、复杂教育关系的协调者的职能定位,依法规范实施终身学习事业指导与管理,同时建立多元参与治理模式,形成政府主导下的多元主体之间协调对话机制。从法律上明确各类终身学习活动的性质与内容以及相关学习成果的标准体系。从法律上规范服务全民终身学习的教育实施机构权利义务及其服务,完善配套的监管监督制度。从法律上保障充足的终身学习事业建设经费投入,明确合理规定教育经费的来源,既规范政府的财政支持,也规范社会资助,确保经费充足。从法律上明确教育信息数据的获取、利用、分享规则,以及监控、审核和保护机制。依法建立终身学习评估和认证体系,制定科学的评估标准和模式,划定引入独立的第三方评估机构的渠道与条件。

加强终身学习法治体系建设应重视贯彻与落实,完善法律法规及教育政策的实施体系。建设针对法律法规执行障碍与问题的监测反馈机制,及时发现并解决执行过程中出现的问题。提高教育行政干部的政策法律执行能力,开展有针对性的专项培训,引导执行者树立尊重规律、实事求是的工作态度,建立高素质的行政人员队伍。加强法规政策执行机制的创新与工作方法的创新,提高执行效率。建立畅通的执行信息反馈机制,鼓励利益相关者参与政策法规的执行过程,形成坚强合力。建立依法追责机制,加大纠正查处违法违规行为的力度,严肃追究责任人的违法责任。

全面推进终身学习法治体系建设,需要提高教育法律意识。增强运用法治思维和法治方式深化改革、推动发展、化解矛盾、维护稳定、应对风险的能力。①推进政府、学校和社会各界共同努力,将法律教育纳入学校课程体系,支持课外活动中融合法律意识教育,鼓励社会各界举办丰富多彩的普法宣传、知识竞赛、实地参访等活动激发公民对法律的认识和兴趣,提高广大干部师生尊法学法守法用法的意识,提高全社会对教育相关法律的认识和理解。

本章小结

终身学习是一种自主性全域学习,集中体现为主体的全域性、空间的全域性、时间的全域性、内容的全域性、途径的全域性以及目标的全域性。服务全民终身学习的教育体制由服务全民终身学习的教育实施体制和教育管理体制构成。服务全民终身学习的教育实施体制由教育实施机构和教育实施规范构成,教育实施机构由正规学习机构、非正规学习机构和非正式学习机构构成,教育实施规范由机构章程、组织制度、工作制度和人员制度构成。服务全民终身学习的教育管理体制由教育管理机构和教育管理规范构成,教育管理机构包括领导机构、计划机构、组织机构和控制机构,教育管理规范包括宪法、法律法规、教育方针政策三个层次。服务全民终身学习的教育体制与教育观念、教育机制和教育活动共同构成了服务全民终身学习的教育体系。构建服务全民终身学习的教育体制的关键抓手包括:构建纵向衔接、横向沟通的终身学习立交桥,构建现代终身学习制度,完善终身学习法治体系和构建终身学习治理体系。

推荐书目

1.孙绵涛著《中国教育体制论》,辽宁人民出版社,2004。

这部著作系统地阐述了教育体制的范畴以及教育体制与教育观念、教育机制和教育活动等范畴之间的辩证关系,使教育体制这一被广泛使用的概念得以在理论层面被明确清晰地加以界定,这使本书在教育学界具有开创性的意义。这部著作不局限于构建理论体系,还将理论体系应用到教育改革实践之中,为教育体制改革提供了一个清晰系统的思路。

2.张伟远等著《构建服务全民终身学习体系的战略与政策》,人民教育出版

---

① 李权时.对岭南价值哲学若干问题的思考[J].探求,2022(6):85-94.

社,2022。

　　该著作从构建更加开放畅通的人才成长通道、拓宽学历教育渠道、建立全民终身学习的制度环境、强化职业学校和高等学校的继续教育与社会培训、扩大群众公共学习资源、鼓励行业企业积极发展基于工作场所的学习、扩大社区教育资源供给、大力发展城乡社区老年教育、推动各类学习型组织建设几个方面系统阐述了服务全民终身学习的教育建设任务,能够帮助读者全面了解我国相关领域的实践探索及发展趋势。

第三章　服务全民终身学习的
教育体制价值论

　　"价值"一词最早可以追溯至古希腊哲学家苏格拉底,他提出与论述了什么是价值,并讨论了与价值相关的公道、平等、自由等论题。此后,古今中外的哲学家们都憧憬或坚持着自己心中关于价值的追求与选择,也期望自己的学说能够最大限度地为人所接受。到了近代,休谟将由经验观察得到并加以验证的知识称为事实知识,而将价值看作不由经验得来、不可能由经验来证明和反证的知识,进而明确区分了事实与价值。这在哲学史上第一次确立了价值论的地位。历经康德、黑格尔、洛兹、尼采、文德尔班、李凯尔特等人的研究,价值论演化出主观唯心价值论与客观唯心价值论两个基本流派。

　　探讨价值论首先应分析什么是价值? 这是价值论大厦建构的逻辑根基。学者们对价值本质讨论的热烈程度不亚于历史上任何一个其他的哲学论题。有的学者认为,价值是指客观事物的一种有用属性。有的学者认为,价值绝不是实在,既不是物理的实在,也不是心理的实在。价值的实质在于它的有效性,而不在于它的实际的事实性。有的学者认为价值是指导人的思想、支配人的行动的抽象的信念、理想、规范、标准、关系、倾向、爱好和选择等。还有学者认为,价值是诸事物之间的联系和关系,即任何有联系的事物之间都可能存在价值。[①]马克思在《以李嘉图理论为依据反对政治经济学家的无产阶级反对派》一文中提出价值"表示物的对人有用或使人愉快等属性",将价值定义为一种体现在主体与客体之间需要满足的关系。[②] 遵循马克思主义价值论的观点,价值可以被理解为作为主体的人的需要与作为需要对象的客体属性之间的一种特定的关

①　李权时.对岭南价值哲学若干问题的思考[J].探求,2022(6):85-94.
②　李冬梅.大学之教育价值略析[J].连云港职业技术学院学报,2015(2):1-6.

系,是客体属性和功能与主体需要间的一种效用、效益或者效应关系。① 这一理解的特点在于,一方面它强调了价值是以人和人的生活实践为中心的,是以"人的内在尺度"为根据的;另一方面,它也表明了价值表征的是世界对于人的意义。

关于价值的性质、构成、标准以及评价的哲学学说就是哲学价值论。价值论同本体论和方法论同样重要,是一切哲学所具有的基本内容之一。本体论、认识论和价值论不是三种哲学,而是一种哲学的三个方面。价值论通常关注三个问题:价值存在、价值意识和价值实践。价值存在主要关注人活动的真理尺度和价值尺度。真理尺度是将客体或客观存在的本质属性和规律作为尺度,要求人的实践必须遵循客体或客观存在的真实性内容。价值尺度是将主体的需要和利益作为尺度,要求人在实践中遵循人性的合理性内容。价值意识关注价值现象和价值关系在人的意识或精神世界中的存在和演化方式。客体满足主体需要的属性是客观存在的,是能够被人意识到的,价值会在人的意识或精神世界中得到反映并会随着人的经验认知逐渐理性化与系统化,经历由价值心理向价值观念,再由价值观念向价值意识形态深化发展的渐进过程。价值实践关注主体在实践中创造和实现价值的活动。主体创造和实现价值的活动同时受到主体需求内容、程度和客体所具有的属性类型、程度的制约,因此要根据主客体双方特征综合确定实践活动方式,进而确认实践活动现实可行。② 可以说,价值论就是由价值存在论、价值意识论和价值实践论构成的系统的哲学体系。

主观唯心主义价值论和客观唯心主义价值论曾经是价值论发展史的两大对立派别。主观唯心主义价值论主张价值是一种有效、有用的观念,抽开意志与情感,就不会有价值。客观唯心主义价值论则认为,价值是一种超越现实的规范或理想,是上帝的创造物,上帝是一切价值的前提、中心和归宿。两种观点均受到批判,前者夸大主观意向,忽视价值存在的客观基础;后者否定物质价值,极力抬高精神和伦理价值。③ 马克思主义价值论主要从主体的需要和客体属性能否满足主体的需要,以及如何满足主体需要的角度,考察和评价各种物

---

① 王坤庆.论价值、教育价值与价值教育[J].华中师范大学学报(人文社会科学版),2003(4):128-133.

② 卢国维.浅析"价值"的哲学内涵[J].改革与开放,2011(8):192.

③ 王坤庆.论价值、教育价值与价值教育[J].华中师范大学学报(人文社会科学版),2003(4):128-133.

质的、精神的现象及主体的行为对个人、阶级、社会的意义。① 这一价值论的先进之处在于：首先，将价值分析置于实践基础之上，将实践作为衡量和检验价值的唯一客观标准，这说明价值是有客观基础的，脱离了客观基础空谈价值，甚至到上帝处寻找价值都是不完全正确的。其次，这一理解强调了价值以"人的内在尺度"为根据，以人和人的生活实践为中心，因而具有较强的主体性，同时尊重主体的独立性。再次，价值表征的是世界对于人的意义，"人"的不同形态、不同层次与一定的客体发生价值关系都会产生不同的价值判断，因而价值具有较强的异质性。最后，主体价值的创造与实现依赖于主体自身的内在尺度，使客体的存在、属性及其变化合乎主体的发展需求并同主体的生存状态相一致，价值表现为一种客体的存在同主体的发展相一致的效用关系。②

系统哲学价值观继承了马克思主义价值观的精髓，并注入发展性的理解，形成完整的体系。系统哲学价值观认为，价值本质上是客体属性对主体需要的积极意义，即客体属性能够满足主体的某种需要的效用关系。客体属性是系统的，可以划分为物质、经济、科学、道德、美学、法律、政治、文化、历史等多种维度和层次；主体需要也是系统的，按照不同阶段、不同情境、不同心理、不同条件分为不同类型与程度。客体属性与主体需求之间的满足与被满足关系就形成了价值关系。基于系统哲学的价值观更加突出价值的社会性、实践性和客观性。社会性是指系统价值与人们受一定社会历史条件所制约的需要、利益、兴趣、愿望密切相关。③ 客观性是指价值的构成因素，如主体及其社会需要和客体及其属性都是客观的，系统事物对人和社会的意义也因此是客观的。实践性则是指只有通过实践活动，人类才能发现和掌握客体属性的使用方式，并与人的需要相结合，使价值得以创造或被充分实现。④

价值体现出鲜明的主体性，对事物价值的判断与主体的个性紧密相连。分析系统价值时必须回答一个关键的问题："它是对谁的价值?"事物属性具有对"谁"的价值，就反映"谁"的个性，对个人的价值具有个人的独特性，对阶级的价值具有阶级性，对社会的价值具有社会性，对全人类的价值具有人类性等。

---

① 田利军,叶陈毅.关于审计哲学的若干问题[J].中国审计,2009(12):32-34.

② 卢国维.浅析"价值"的哲学内涵[J].改革与开放,2011(8):192.

③ 乌杰.系统哲学[M].北京:人民出版社,2008:273-282.

④ 乌杰.系统哲学[M].北京:人民出版社,2008:273-282.

分析服务全民终身学习教育体制的价值也必须回答好它对"谁"的价值的问题。马克思主义划分了三类主体类型:一是个人主体,是从事实践活动的有生命的自然人,个人主体是自然属性、社会属性和实践属性的统一。二是群体主体,是以某种共同利益或共同价值作为联系纽带而形成的若干个人主体结成的共同体。例如一个国家或者一个阶级。三是类主体,以共在形式存在的所有个人主体。这里的"类"包含三层意思:首先指人的类本性,即规定人类之所以为人类而区别于动物的本质特性;其次指每一个主体,每一个人都是作为主体而存在;最后指社会的整体,人与人借助于交往结成社会共同体。正如马克思所讲,"正是在改造对象世界中,人才真正地证明自己是类存在物。"类主体是马克思划分的三类主体中最大的一个主体,可以指整个人类社会中的所有人。

马克思主义主体类型学说表明,社会的发展与历史的创造离不开各类主体具有自觉能动性的实践活动。中国式现代化不会凭空实现,必然依赖于一定主体:个人、国家与社会的担当。因此,分析与阐述服务全民终身学习的教育体制的价值重在分析其客体属性满足个人、社会、国家三类主体的需求的相互关系,这样才能更加系统地回答它"对谁"的价值的问题。对个人主体来讲,个人能力和才能的充分发展,个人价值的全面实现以及自由个性的充分发展是其主要需求。对国家主体来讲,发展经济、增强国力、保障社会成员的民主权利、建设清明政治、协调社会利益关系、实现国强民富、有序民主、政治文明、社会和谐是其主要需求。对于社会主体来讲,创设一种适宜人自由全面发展的社会环境,社会成员具有个人自主性的责任自由,具有财富获取、各种权益保障的均等机会,真正实现权利与义务的对应、贡献与索取的对应、作用与地位的对应,实现对公权力的有效制约以及对正当公民权利的合理保护,排除社会组织和个人意志的任意性和专横性等是其主要需求。① 服务全民终身学习的教育体制作为客体,其属性也具有多样性,如自然客体(如终身学习服务机构及其场馆、设施、设备等)、社会客体(如现实的社会关系结构、规章制度、社会规范等)和精神客体(如人类精神成果,如理论、学说、观念等),这些属性都在不同层次、不同方式、不同程度上满足三类主体的需求。需要强调一点,服务全民终身学习的教育体制的价值与终身学习的价值既有联系,也有区别,本编重点分析服务全民终身

---

① 王召收,孙冉."中国梦"与社会主义核心价值观的内在逻辑[J].山东行政学院学报,2013(4):9-12.

学习的教育体制的价值。但由于实践中服务全民终身学习的教育体制与终身学习活动紧密结合在一起，服务全民终身学习的教育体制的价值表现为将终身学习活动作为媒介的对于三类主体的间接价值，这种间接价值与直接价值融合在一起，因此一并进行分析。① 此外，基于系统哲学的自组织涌现、层次转化、结构功能、整体优化和协同差异等基本规律，本研究对服务全民终身学习的教育体制价值的审视，更重视系统整体的价值、系统优化的价值、系统涌现的价值和系统演化的价值。②

一、服务全民终身学习的教育体制促进高质量教育体系建设

党的二十大报告明确指出，加快建设高质量教育体系，发展素质教育，促进教育公平。系统哲学认为，每一个系统都包含若干子系统，子系统可以继续分解为更多更小的子系统。③ 也就是说，每个子系统可以是完全独立的系统，也可以是其他更大系统的组成部分。系统各自具有功能独立性和自身的运行能力，也具有在整个系统中的关联作用。子系统或某一局部的优化对系统整体优化起到重要的作用。对于服务全民终身学习的教育体制本体论分析可知，服务全民终身学习的教育体制是服务全民终身学习的教育体系的重要组成部分，与教育活动、教育机制和教育观念一起作为服务全民终身学习的教育体系的四个基本子系统之一；而服务全民终身学习的教育体系又是高质量教育体系的子系统之一，因而服务全民终身学习的教育体制也是高质量教育体系的重要组成部分。④ 服务全民终身学习的教育体制的完善与发展对建设高质量教育体系具有重要的价值。

（一）树立科学理念，培育教育高质量发展意识

教育高质量发展意识是指主体面对教育高质量发展问题时持有的基本认知、价值追求、情感感受与精神状态。将高质量发展作为教育的生命线、加快建设高质量教育体系，必须牢固树立教育高质量发展意识。理念是行动的先导。

---

① 何佳航.服务全民终身学习的基础教育管理体制研究[D].沈阳:沈阳师范大学,2022.

② 乌杰.系统哲学[M].北京:人民出版社,2008:273-282.

③ 高书国.高质量教育体系的时代内涵与实践策略:基于系统理论的战略分析[J].中国教育学刊,2022(1):48-53.

④ 薛春燕.服务全民终身学习的基础教育实施体制研究[D].沈阳:沈阳师范大学,2022.

终身学习思想是指导服务全民终身学习的教育体制构建的理念基础,也是这一体制努力实现的目标。终身学习理念是人们应对社会、职业、日常生活的急剧变化的必然选择,源于人们对自我实现要求的不断升级,对变革传统教育体系的期待,以及践行全新教育理念的盼望。从诞生之日起,终身学习理念就蕴含着对人性价值的尊重、对教育模式进行系统化创新的设想以及对个性化优质学习的强烈追求。这将为教育高质量发展意识的形成提供重要的方向导引。

一是人本意识。人是生产力的首要因素,是社会和历史的创造者,是一切社会财富的生产者,人的自由和全面发展是社会发展的最高追求目标。人本意识即在推进事业发展的进程中,应坚持一切从人出发,尊重人的主体性,以调动和激发人的积极性和创造性为根本手段,以实现人的自由和持续性全面发展为目的的意识。[①] 服务全民终身学习的教育体制旨在构建政府主导、覆盖城乡、可持续的基本公共教育服务体系,在更高水平上优化教育资源配置,突出教育的公益性;助力建设全民终身学习的学习型社会、学习型大国,旨在满足人民群众日益增长的对优质教育的需求和多元化的发展诉求,这些均是坚持以人民为中心发展教育,注重解决群众急难愁盼问题的人本意识的集中体现。坚持以人民为中心的发展思想是人本意识的体现,也是建设高质量教育体系必须牢牢把握的重大原则。

二是系统意识。客观事物是多方面相互联系、互相制约的有机整体。将客观事物相互联系的各方面要素及其结构、功能和相互作用方式统筹起来进行系统认识和整体思考的意识就是系统意识。系统意识将原则性与灵活性有机结合,是马克思主义唯物辩证法的基本要求,是科学的思想方法和工作方法。服务全民终身学习的教育体制建设将重点置于构建纵向衔接、横向沟通、各种学习成果都能得到公认的终身学习的立交桥,完善以终身学习法为核心的现代终身学习制度体系,创设多元主体协同共治的终身学习治理体系,这些有针对性的举措是从我国终身学习事业发展的实际与整体出发,准确把握系统内部各项工作的特征、联系和规律,立足整体与部分、整体与环境的相互作用所作出的服务整体、全局利益的战略选择。建设高质量教育体系也要秉持系统意识,加强整体谋划,注重整体效益和整体结果,将助推高质量发展的各项工作密切联系

---

① 　王肃元,马虎银.浅谈高校人才资源的合理配置与利用[J].陕西师范大学学报(哲学社会科学版),2002(S2):85-92.

在一起，协同推进，一体进步，体系化扩大高质量发展的辐射面，实现各项工作的全流程、全生命周期式优化。

三是创新意识。创新意识是创造前所未有的事物或思想的动机，并在创造活动中表现出的意向和设想。[①] 创新意识是人们进行创新活动的出发点和内在动力。服务全民终身学习的教育体制强调数字化改革引领，系统推进流程再造、模式重构、制度重塑、理论创新，实现终身学习服务质量、效率、动力的历史性变革，这是创新意识的集中体现和实践。推动教育高质量发展必须坚持创新意识，将各项工作与创新实践紧密挂钩，尤其是推动以数字化技术发展为依托的教育变革和创新，如数据驱动的"循数教育治理模式"创新，坚持数字赋能，深化线上智能化学习平台建设，融合大数据优质教育资源利用与共享，不断提升教育服务人性化、教育评价可视化、教育监督即时化，充分实现学习者的合法教育权益，使教育事业发展与社会需求更加贴合。

四是效能意识。效能是效果、效率和效应的统一体。效能意识是指在推进事业发展过程中，同时注重工作完成度和质量、工作进程协调性与效率，以及产生对未来事业发展具有良好效用的思维方式和工作态度。服务全民终身学习的教育体制重视并积极创设条件，鼓励学习者利用非正式学习途径从日常活动与生活环境中获取并且积累知识、技能、态度与观点，补充并强化自身的学习积累，提高终身学习质量；在学习方式上，以在线教育为保障，搭建开放灵活、优质高效的学习平台，并积极建立健全完全学分制、课程互认、学分累积转换、弹性学制等学习制度，满足学习者不断变化的学习需求和多样化发展需要，显著提高学习者终身学习效率；[②]积极回应多元主体利益诉求，完善终身学习体制机制，大力推进政校、家校、校社协同，营造全社会共同参与支持终身学习事业发展的良好环境，创设良好的终身学习的场域效应，实现终身学习事业整体效能提升。教育高质量发展需要坚持效能意识以回应社会对优质教育的美好期盼，致力于提供全方位、高质量学习与教育服务，最终创设一个公平优质、灵活开放、协调有序、自由多样的高质量教育体系。

（二）合理配置权力，建设更现代的教育治理体系

现代化的教育治理体系兼具系统性、整体性、协同性，包含治理手段的法治

---

① 韩明珍.课程思政理念下《建筑工程计量与计价》的教学设计[J].砖瓦,2022(11):174-177.

② 朱瑜.开放教育视域下新型职业农民教育路径分析[J].陕西开放大学学报,2023(4):5-8,14.

化、治理主体的多元化、治理结构的稳定化等丰富内涵,其根本宗旨是实现更加科学、民主、法治和有效的教育治理过程。科学意味着遵循治国规律,民主强调权力源自人民,法治要求将国家权力运行纳入法治化轨道,有效则表明追求有利于人民的结果。

现代化教育治理体系建设的核心在于教育权力配置与教育责任承担。从权力配置来看,集权模式与分权模式是教育权力配置的两种基本形式。前者是指把权力主要分配给上层决策机构,后者则强调把权力在不同组织层次间进行有效配置。集权与分权并不是一个抽象的、静态的概念,而是一个具体的、动态的行为过程。我国教育事业发展的历史经验表明,教育权力的配置必须考虑到任务、对象及其赖以依存的环境的性质与特点。抽象谈论教育集权与教育分权是否合理是缺少实际意义的。[①] 我国在服务全民终身学习的教育体制构建过程中,主要根据机构设置为教育权力配置提供现实结构,根据制度设计明确的教育权力合理配置的标准和目标,进而依据终身学习事业发展的性质、责任大小及其达成路径对教育权力进行配置和运用。这种权力配置方式不囿于组织的层级限制,而是以发挥教育权力的最大效用为导向。一方面,充分结合实际,不局限于单一集权或者单一分权的窠臼,秉持着有利于中央政府的宏观调控与管理,更好地保障与促进教育事业顺利发展的原则进行权力配置;另一方面,注重充分调动地方政府创办教育的积极性,为教育事业的发展提供更加充分的、多元的保障,进一步落实与扩大学校的办学自主权,促进教育的自主发展与创新发展。

从教育责任分担来看,通常也有两种基本方式:一种是依据任务、目标而生成的基础性责任,它是权力配给的重要依据;另一种是以权力为基础而生成的非基础性责任,它是更好地完成任务与目标的重要保障。前者在体制运行中是相对稳定的,后者则可能会随着权力的性质、运行方式的变化而发生调整与改变。[②] 服务全民终身学习的教育体制的总体框架与我国整体教育体制基本保持一致,中央政府统一领导和管理国家教育事业,负责颁布制定教育方针政策,制

① 苏君阳,曹大宏.试析健全统筹有力、权责明确的教育管理体制:基于《国家中长期教育改革和发展规划纲要(2010—2020年)》的思考[J].中国教育学刊,2010(10):9-11.

② 苏君阳,曹大宏.试析健全统筹有力、权责明确的教育管理体制:基于《国家中长期教育改革和发展规划纲要(2010—2020年)》的思考[J].中国教育学刊,2010(10):9-11.

定事业发展规划,优化教育类型、层次结构与整体布局,部署教育改革,统筹区域协调发展;地方政府负责贯彻落实国家方针政策,推进本区域内教育改革事业的发展。[①] 这一模式被证明兼具基础性、稳定性和有效性,能够将各级政府、学校、社会在终身学习事业发展中应扮演的角色、承担的责任和发挥的功能明确化并稳固下来,使其专注地贡献力量、发挥作用,进而使教育事业整体发展获得稳定、持续的推动力。

服务全民终身学习的教育体制的权力配置与责任分担方式体现了较强的权能均衡原则。这是一种根据职能对权力进行合理划分与配置,确保各主体之间保持一定的权责均衡关系的权责配置方式。权能均衡原则旨在实现权能平衡适度,各权力主体拥有的权力呈现出适宜的比例状态,相互衔接匹配;实现各机构之间职能明确、界限清晰,保证各主体之间各司其职、各负其责,机构不重叠、职责不交叉;实现权力之间的平衡与制约,不出现居高临下的特权。[②] 可见,将权力合理划分与配置机构职能,适度分解过于集中的权责,合理分解到多个岗位、多个部门或多个层级,实现权力之间大小相维、轻重相制,避免权力不受节制而被滥用,是实现权能均衡原则的核心要义。

(三)有效激发主体积极性,形成更先进的制度体系

现代化的教育制度体系兼具灵活性、科学性、规范性、参与性和可持续性等特点,是能够满足教育高质量发展需求,更好引领与规范教育高质量发展实践的规则与制度体系。制度具有两项基本功能:激励与约束。根据制度经济学原理,制度具有运用自身所包含的不同的方法激发人的主观能动性与创造性,持续导引并规范人朝着激励主体期望的目标进行事实行为的功能。激励与约束定位不同、功能有异,但又相辅相成、缺一不可。[③] 我国服务全民终身学习的教育体制包含服务全民终身学习的教育实施制度与服务全民终身学习的教育管理制度。两类制度的设计秉持以激励功能为主、约束功能为辅的定位,激励各类主体参与终身学习和参与终身学习治理的积极性。

首先,重视强化服务导向,增强学习者的获得感,保障学习者有效参与终身学习治理。服务性是服务全民终身学习的教育体制的重要取向和立足点。终

① 佚名.加强省级政府统筹推进教育综合改革[N].中国教育报,2010-12-27.

② 科学配置权力是有效制约权力的重要前提[N].检察日报,2019-12-31.

③ 刘增学.中国证券公司激励约束机制研究[D].武汉:华中农业大学,2005.

身学习是以人为本的学习方式,突出学习者的主体性,为满足学习者自主多元的学习需求,终身学习服务的内容与形式应丰富多样且处于流变状态之中。依托政府、终身学习实施机构和社会组织构建完善的终身学习服务网络,为学习者提供更加便捷、舒适与安全的学习环境,更加优质、个性化的学习内容与资源,不断增强学习者实施终身学习活动的满足感与获得感。健全相关法律,完善相应制度,厘清学习者作为治理主体参与终身学习治理的权责关系、职责范围与权力边界,明晰学习者参与终身学习治理的事项范围、形式渠道与实践流程等,加强相关宣传教育,为学习者参与教育治理提供必要保障。

其次,重视提高政府的效率和责任感。把制度建设重点置于理顺职能关系、优化组织结构和健全监督模式上。以健全的机构制度、工作制度和人员制度为载体,落实简政放权的理念,加强政府在终身学习事业发展战略、规划、政策、标准制定,以及工作指导与监管等方面的功能发挥,使政府专注于其擅长和有能力做的工作上,管好该管的事,增强工作生机与活力,彰显效率意识,提高工作效率。在科学化、规范化、法治化的基础上,深化机构改革,优化政府组织结构,进一步明确工作标准和流程,合理转变职能实现方式,为提高工作效率注入活性因素。健全制约和监督体系,坚持用制度管权管事管人,强化多种监督渠道和方式并举,形成严密的监督网络,坚持与民监督,为民监督,靠民监督,真正把权力关进制度的笼子,让权力在阳光下运行。

最后,重视激发教育实施机构和社会力量的积极性与参与感。一个科学、合理的教育体制不仅能够解决权力的配置和利用问题,也能够较好地协调政府与教育实施机构、参与教育事业发展的社会组织之间的相互关系。与传统的办学权、管理权与评价权皆归属于政府不同,服务全民终身学习教育体制通过机构制度与工作制度坚持管理权与举办权分离,提高教育事业发展的分工程度。在转变政府职能的同时,在规范办学行为的基础上,赋予教育实施机构自主权,合理让渡评价权给社会组织,释放教育实施机构与社会组织的积极性与工作活力,更好地促进教育事业的发展。

（四)满足多元需求,架设更完备的结构体系

近年来,我国终身学习体系建设实践经验表明,完备的全民终身学习体系不仅需要各构成要素齐备,供给日益丰富的各级各类教育机会;而且能够最大程度释放系统效能,架设终身学习的"立交桥",满足人生各阶段的多样化学习

需求；同时能够有效激发各级各类教育的活力，为保障"人人皆学、处处能学、时时可学"提供坚实保障。

随着服务全民终身学习的教育体制不断完善，由正规学习机构、非正规学习机构和非正式学习机构构成的服务全民终身学习的教育实施机构体系愈发完善。首先，推进制度创新，扫除体制性障碍，不断增加优质教育机会。正规学习规模稳步扩大，高中阶段教育与高等教育发展迅速，正规学习机构依托内涵建设实现学习质量的稳步提升。非正规学习需求上升明显，学历进修与在职培训规模扩展明显，信息技术与非正规学习融合趋势显著加强，快捷的线上学习方式已逐渐取代线下学习成为非正规学习的主要形式。数字化学习市场呈现井喷式发展态势，完备的线上学习空间已然形成，学习模式在不经意间发生了划时代的深刻变革。非正式学习逐步融入学习者生活，使学习成为一种态度和一种生活方式。文化气息逐渐浓厚的社会公共空间，节假日日益火爆的文化、科技、历史场馆，一票难求的艺术展演等都让学习具有了更多载体和形式，也让学习者在沉浸中实现了学习的多种可能性。

其次，统筹推进各级各类教育协调发展，实现各级各类教育衔接与融通。通过政策支持、教育资源整合、课程体系和认证体系的整合，有助于推进学历教育与非学历教育协调发展。一方面，非学历教育的规模有序扩大，高等非学历教育规模快速增长；另一方面，以开放大学、社区教育体系和老年大学为核心的非正规学习形式走向多元。通过探索"宽基础、活模块"的课程模式，面向中小学开展职业启蒙教育、劳动实践教育，推动职业学校和普通高中课程互选、学分互认，支持高职专科和普通本科联合办学等方式推进职业教育与各学段普通教育渗透融合，推动两类教育在各自体系的基础上实现沟通衔接、融通发展。中等职业学校在校生占高中阶段教育的39.67%，高等职业院校招生人数连续4年超过普通本科招生规模，打破职业教育的内循环和职教学生的固化身份，推动形成职普深度融通、制度供给充分、条件保障有力的良好生态。通过促进产教融合、推动校企合作，设立人才实践基地，加强培训体系建设等方式促进职前教育与职后教育紧密衔接，搭建更高端、共享、灵活的产教融合平台，形成"产中有教，教中有产"二者相融合的新格局。

最后，充分运用数字化技术，加强终身学习体系数字化、学习支持体系数字化以及学习监测评估系统数字化转型，进一步推动教育体系改革，拓展丰富的互联网学习社区和多样的网络化学习平台,实现终身学习由科层式体系迈向扁平化平台的数字化转型,逐步形成无边界的学习型社会。

教育体制是一个国家举办与管理教育的基本方式与制度,是制约教育改革与发展成败的重要因素。不同时期教育改革与发展所面临的任务不同,要求教育体制为其提供的保障亦不相同。换言之,若想保证教育改革能够成功,实现预期的任务与目标,就必须建立一个与之相适应的教育管理体制。推进服务全民终身学习的教育体制改革不仅是解决我国终身学习实践中所面临问题的需要,也是推进教育高质量发展、建设高质量教育体系的需要。① 如果说服务全民终身学习的教育体制贡献高质量教育体系建设的功能是其直接价值体现的话,服务全民终身学习的教育体制促进终身学习质量的提升,培养适应国家发展建设需要的各类人才,提高全民文化素养,进而为国家与社会的进步贡献力量,就充分体现出其所具有的重要间接价值。

二、服务全民终身学习的教育体制实现人的现代化

习近平总书记指出,“现代化道路最终能否走得通、行得稳,关键要看是否坚持以人民为中心”“现代化的最终目标是实现人自由而全面的发展”。② 习近平总书记的重要论述基于历史经验和历史规律指明了中国式现代化的本质——人的现代化。中国式现代化是以人民为中心的现代化,需要作为改造世界的主体——“人”来实现。

“人的现代化”思潮肇始于第二次世界大战结束后,在世界极度渴望世界和平、追求人性回归的背景下,“以人为本、以人为中心”的思想在世界范围掀起热潮。人的现代化理论研究经历了三个阶段的历史演进:德国哲学家马克斯·韦伯为第一阶段的代表人物。他认为,资本主义精神是推动资本主义发展的潜在的精神驱动力量,因而具有资本主义精神的人就是具有现代性的人。这为人的现代化研究奠定了基础。第二阶段的代表人物是美国心理行为学家阿列克斯·英克尔斯。他认为,人的现代化就是从传统人向现代人转变的过程。人

---

① 苏君阳,曹大宏.试析健全统筹有力、权责明确的教育管理体制:基于《国家中长期教育改革和发展规划纲要(2010—2020 年)》的思考[J].中国教育学刊,2010(10):9-11.

② 习近平.携手同行现代化之路:在中国共产党与世界政党高层对话会上的主旨讲话[J].中国新闻发布(实务版),2023(4):3-6.

的现代化集中体现在人的现代性上。现代性是人的态度、价值和行为的一系列素质的综合体。英克尔斯列出了包括乐于接受新事物、尊重不同看法、注重规划、重视专门技术、不惟传统是从、尊重与追求知识等在内的十二项现代性特质。① 英克尔斯详细讨论了人类现代化的发展趋势、特点和各种理论与实践问题，使对人的现代化的研究热潮持续升温。当前，人的现代化的研究处于第三阶段。实践中人的现代化明显滞后于经济、科技现代化发展的速度，人与现代社会不相容的问题逐渐暴露，并且制约着社会的发展与进步，人的现代化问题愈发重要。人的现代化的研究已经逐渐成为一个多领域相互结合渗透的综合学科。②

马克思主义人学认为，人的现代化是现代化的实质与核心，人的现代化本质是实现"人的自由全面发展"。人的现代化体现在三个层面：一是在人与自然关系层面，充分认识自然的本质、状态、过程和规律，提高自身对自然规律的掌握以及利用、改造自然的能力；二是在人与社会关系层面，通过对社会本质规律的认识，突破社会条件制约，提高普遍化交往，获得更丰富的社会关系，并形成世界历史性个体；三是在人与自身关系层面，从束缚自己素质发展的自身条件中获得解放，形成具有相对独立性与自主性的个体。因而，人的现代化具有独立性、平等性、开放性、具体性和历史性等显著特点。实现人的自由而全面的发展，凸显了从"人的依赖关系"到"物的依赖关系"再到人的"自由个性"确立的转变过程，实际上就是人从传统不断走向现代的过程，也就是人的现代化过程。③

党的二十大报告中提出的中国式现代化充分体现了"以人民为中心"的思想，中国式现代化是所有中国人的现代化，是全体中国人的物质生活现代化，是人全面发展的现代化，是人与自然关系的现代化，是推进自身现代化的同时推进全世界人民的现代化。④ 可见，中国式现代化本身不是最终目的，在推进现代化过程中，不断增进和实现全体人民的获得感、幸福感、安全感和认同感，最终

---

① 李洋.论人的现代化与人的心理适应的关系[J].高教学刊，2015(4)：101-102.
② 孙来勇.关于人的现代化的基本理论[J].现代交际，2017(5)：47.
③ 王凤珍."类时代"与科技发展观的构建[J].中国青年政治学院学报，2011(6)：138-142.
④ 左清峰.习近平关于中国式现代化重要论述研究[D].南昌：江西财经大学，2023.

实现人的自由全面发展,才是现代化建设的最终目标。[①]

(一)树立人的现代发展观

人的发展观是关于主体身心发展实质的系统理解和认知,是包括学习知识、掌握行为规范和发展社会属性的目标、内容与路径在内的全方位观念。随着人类社会和科学技术的发展,人的发展观也处于不断演进与发展进程之中,形成了一些有代表性的观点。如内发论认为,人的发展完全是由个体内部所固有的自然因素预先决定,发展的实质是这种自然因素按其内在的目的或方向来展现;外铄论认为,发展的实质是环境影响的结果,环境影响决定了个体发展的水平与形式。[②] 建构论认为,人的发展是在主客体及内外因相互作用的基础上,通过主体不断建构产生的量变和质变而实现的;社会文化历史论认为,人的发展是在与周围人的交往过程中产生和发展起来的,受人类的社会文化历史的制约;认知发展论认为,人的发展是由其认知能力的发展决定的;等等。

服务全民终身学习教育体制的建构是破除传统体制障碍的过程,也是转变包括人的发展观在内的教育思想观念及思维方式的过程。这一过程突破了坚持单一范式的人的发展观的思想桎梏,培育了具有现代性和综合性的人的发展观体系。

一是树立人的持续发展观。人的发展是一个贯穿生命始终的完整过程,人从一出生就需要努力发展以求得生存;人一生的各个阶段都面临不同的发展任务,以求实现自身的完整。终身学习理念告诫我们,人的发展并非接受一次或几次教育,或是从事一次或几次学习就能完成。人的持续发展不是外在的、偶然的,而是内在的、必然的。[③] 服务全民终身学习的教育体制,纵向上为学习者提供了幼儿教育、初等教育、中等教育和高等教育等不同层次的教育;在横向上,为学习者创造了接受家庭教育、学校教育、自我教育和社会教育的机会,并力争使横向教育与纵向教育实现有效连接与协调发展,从器物和制度层面引导人们树立持续发展观。

二是树立人的个性发展观。爱因斯坦曾经提醒我们,"一个由没有个人独

---

① 邹霞,刘丽伟,张晓洪.中国式现代化视域下的"人的现代化"特质探究[J].重庆社会科学,2023(10): 54-66.

② 谭顶良.基于发展取向的心理教育文化追寻[J].江苏教育,2019(24):28,53.

③ 黎蓉.人的发展:终身教育的理解[J].开放教育研究,2007(3):14-17.

创性和个人志愿的、规格统一的个人所组成的社会，将是一个没有发展可能的不幸的社会……教育的目标应当是有独立目标和独立思考的人"。① 人的个性发展与全面发展并不矛盾，个性发展和全面发展互为目的和基础，具有高度的辩证统一性，相辅相成。脱离全面发展谈个性发展，和脱离个性发展谈全面发展，将二者人为对立起来，是不可取的。同时，人的个性发展需要基于其所处的历史与现实条件，如政治、经济、文化以及生产力发展水平等，因而人只能在特定的历史与现实所制约的范围内发展个性特征。人的个性发展涉及主体性发展、素质完善、需要满足、实践能力发挥等方面，只有在现代化实践中，才能实现具有现代性的个性培养与发展。服务全民终身学习的教育体制打破学校的空间、时间、不同层次、类型教育的限制，尽可能地为个人发展提供便捷、充足和灵活的教育服务与资源保障，正是承认个人利益和需求的独特性、尊重学习者主体地位、遵循人的个性发展观指引的集中体现。

三是树立人的多向发展观。加德纳提出的多元智能理论将人类智能划分为七大领域，打破了传统上对人的智力的狭隘理解，也推动了人的发展观的进步。人类是多极的，个体是多面的，这是人类世界丰富多彩的根本原因，社会的良性发展依赖于社会由多样化的人组成，人不仅具有不同的优势与特长，而且也应该走适合自身的差异化的发展道路。可见，人的多向发展兼具应然的合规律性和实然的可实现性。服务全民终身学习的教育体制将尊重人及其发展路径的差异性作为重要理念，提供多元化的课程，创设多样化的课堂，开展多形式的学习活动，建立各类职业发展通道，设立任职资格标准，构建多维度的评价体系，也更加重视学习者在学习过程中的独特的感受与体验，以及潜能的发掘和多元需求的满足，为人趋向多向发展指明了方向。

四是树立人的自主发展观。自主性是人的生命活动和存在的方式。人只能自己"活"不能由他人代"活"，因为人的自然生理生命必须自主完成，人的精神发展也必须自主完成。② 主体性是人的根本属性，集中体现为：自为的自律性，具有自由的意志，能够以自身为根据自我决定，并必须为自我决定负责；自觉的能动性，积极地对所处的世界产生能动作用，主动地认识并在意识指导下

---

① 陈凤琴,唐余俊.新世纪我国高校素质教育的机遇、挑战与对策[J].思茅师范高等专科学校学报,2002(4):44-47.

② 黎蓉.人的发展:终身教育的理解[J].开放教育研究,2007(3):14-17.

主动地改造;自由的超越性,自由是对人本质的终极界定,对自由的追求必然要求超越感性的束缚,可见人的发展有终极目标,但过程永远无上限。服务全民终身学习的教育体制通过设立国家资历框架,对不同职业或行业中具备的基本资质和技能进行规定,构建方式灵活、资源丰富、学习便捷、机会多样的终身学习"立交桥",为学习者提供各类学习成果的认证、积累与转换服务的"学分银行"等措施,引导学习者形成正确的自我认知,进而形成发展需求、自主选择发展目标、学习方式与学习内容,赋予每名学习者自我发展的主动权,也将自主发展观根植于每名学习者的脑海与心田。

五是树立人的交互发展观。人的发展除了不能脱离其所处的历史和社会环境与条件,也不能脱离社会关系。因为人总是要和他人相处,不可能脱离社会而存在,人与人需要彼此依赖、相互依存,与他人建立起来的各种社会关系能在极大程度上影响人的发展。随着数字技术的迅猛发展以及与教育教学实践的深度融合,人的生活已经离不开数字化,甚至可以说,人的生活已经转变为数字化生活了。人机交互是数字化的基本样态,也是未来学习的根本方式,有学者直接呼吁,未来学校教育必须教会学生如何与人工智能技术协同合作,培育学习者"能学",高度重视学生辨析知识能力的培养,激励学习者"会学",促进学习者在人机交互中实现知识更新与创造。服务全民终身学习的教育体制为学习者创设了与人交流和与机器交互两条相伴而行的发展轨道,通过倡导教学模式改革以及建设充满活力的教育体系,鼓励学习者与他人建立良好的伙伴关系,在交往合作中成为彼此发展的推动力量。同时,通过鼓励倡导数字化非正式学习的方式,引导学习者灵活应用数字化学习平台与设施,采用高沉浸、频互动的学习方式,实现自身发展。

服务全民终身学习的教育体制改革对现有的教育体系进行了根本改造,打破了原有的教育制度及其实践模式,更突破了传统的人的发展观局限,使终身学习理论真正上升为人的科学,是一种主张通过学习改变自我的认识和行为、创造新的自我和新的社会的科学。

(二)持续提高育人质量

首先,唤醒学习者主体意识。哈贝马斯认为,现代性的首要特征是主体自由。主体自由在社会层面表现为合理地追逐自身的利益,在国家层面表现为人权能够平等地受到保护,而在个人层面则表现为道德自主和自我实现。自我实现的前提是唤醒人的主体意识，人的现代化必须将人从自然必然性、社会必然性中解脱出来，成为自由自觉的主体性存在。终身学习是以学习者为中心的学习形态，倡导学习个性化，实施办学资源开放化，基于互联网组构全新的学习时空，强势引入社会组织提供学习服务，使学习者能够根据自身需求和实际学习条件，自由地选择与拼组课程或学习项目，自主规划学习与发展进程。这种全新的学习形态对传统学校的角色与定位发起根本性的挑战，颠覆同龄教育、专业分科、学制固定、教师主导等传统教育体系和教育组织形式，引发师生关系、教育机构与学习者的关系发生根本变化。处于终身学习场域中的学习者能够通过自主选择和自我完善，不断增强人的主体意识和能力，追求自我价值的实现，成为具有社会责任感、历史使命感及独立人格的现代人。①

其次，激励学习者个性成长。个性充分发展是人的现代化的基本内容。马克思指出："任何人类历史的第一个前提，无疑是有生命的个人的存在。"②屠格涅夫也曾形象地描述："一个人的个性应该像岩石一样坚固，因为所有的东西都建筑在它上面。"③个性心理特征与个性倾向性的发展与健全是人个性成长的两个维度。气质、能力、性格这一类个体经常、稳定地表现出来的心理特点就是个性心理特征；需要、动机、兴趣、理想、信念和价值观等个体活动的基本动力则是个性倾向性，它起到决定人对现实的态度以及对活动对象的认识趋向与选择的功能。终身学习帮助所有学习者根据自身需要在人生的各个阶段得到学习机会，尊重了学习者的主体意愿；终身学习提供充足的资源与条件，使每名学习者根据自身需求规划并选择学习内容和进程；终身学习设计制度规范，引导学习者反省学习水平与成果，持续优化发展路径，通过自我完善实现自我成长，提升了学习者的反思与批判性。借由主体性到自主性再到反思批判性的深化，激励学习者个性的成长。

再次，充分开发学习者潜能。潜能是学习者本身具有但是尚未被开发的特长或能力。激发潜能的意义在于：一方面，能够帮助学习者认识自己。正如马斯洛所讲，"所谓变成自己，就是要去发现存在于不断变幻的经验中的模式，或内在秩序，而不是把经验纳入某种轨道，变成某种伪装或面目全非的结构"。另

① 张献.终身教育与人的现代化[J].经济研究导刊,2012(34):253-254.
② 王慧.马克思民生思想的逻辑意蕴及其当代价值[J].理论导刊,2011(6):32-34,40.
③ 彭宏彬.做个有个性的班主任[J].湖南教育(上),2010(8):45.

一方面,保证学习者具有一定的教育可塑性,激励学习者学习某种知识、技能,提高自身能力,使创造性社会实践成为可能。因此有学者说,人生的意义在于发现和实现个人的潜能。潜能是丰富多样的范畴,包括创造潜能、精神潜能、运动潜能、感觉潜能、计算潜能、空间潜能、文字表达潜能、艺术潜能等类型,每个人都具有异于其他人的独特潜能。[①] 健全的终身学习体制有助于学习者潜能的开发:一是提供异常丰富充实的学习内容,让学习者找到属于自身发展的潜能领域;二是提供形式多样的教育与学习方式,维持学习专注度、提高学习效率;三是注重学习过程中发挥学习者的主观能动性,使学习者在学习过程中充满自信;四是持续时间较长,贯穿人的一生,使潜能有足够的周期得到激发;五是终身学习成果类型多元,使学习者始终饱有成就感,为可持续学习注入持久动力。

从次,促进学习者全面发展。随着科学技术的迅猛发展,知识更新不断加快,那种传统的一次性学习获得科学文化知识可以终身享用的观念已经完全行不通了,指望一定阶段的一种教育能作为终身谋生的资本的想法已经彻底失去了现实意义。[②] 终身学习是实现人的现代化的根本性教育,是人应对全新和不断发展变化的社会生活的立身之本。从纵向维度来看,终身学习突破了学习者接受教育或开展学习实践的时间限制,提供多次、多样的选择机会,让学习者在人生的各个阶段都能通过学习得到提升与发展。从横向维度来看,终身学习在贯穿人的一生的学习过程中,将体力、智力、心理、品德、能力、认知、动机、情感等各方面整合于一体,通过不断接受新观念和新思想,获取新知识和新技术,提高综合素养和专项能力,促进人的全面发展。[③]

最后,实现学习者个人价值。终身学习有助于学习者拓宽知识面并不断更新自身知识储备,使学习者拥有更宽阔的视野和更全面的认知能力。终身学习有助于学习者掌握职业技能,增加职业竞争力,更好地迎接工作环境和要求的改变带来的挑战,保持职业稳定和进步。终身学习有助于学习者更好地融入社会,通过参与丰富多彩的学习活动和知识经验分享活动,学习者获得更多参与社会、融入社会的机会,增加人际关系的纽带,培养社会责任感和公民意识,提

① 李庆明.家长第一:家庭与子女成长断想[J].教育研究与评论,2017(3):121-128.
② 张献.图书馆在学习化社会中的作用[J].内蒙古科技与经济,2011(16):153-154.
③ 张献.终身教育与人的现代化[J].经济研究导刊,2012(34):253-254.

高社会认同感和幸福感。终身学习有助于学习者个人成长与自我实现，积累知识、提高技能，不断挖掘和发展自身的潜能，提升自我认知和领悟力，为人生目标和价值实现奠定坚实基础。

（三）促进人的全面发展与社会全面进步相适应

人的全面发展与社会全面进步是现代化的一体两面，二者既是不可分割、相互联系的整体，又是相互制约、互相影响的对立因素。

社会全面进步是人的全面发展的必要基础。马克思主义认为，"人是最名副其实的社会动物，不仅是一种合群的动物，而且是只有在社会中才能独立的动物"。[①] 这段话清晰地表明，社会性是人的本质属性，是区别于动物的最根本属性之一，人只有在社会中才成其为人。人的社会性决定了人及其发展是一定社会历史发展的产物。一方面，高度发展的社会生产力及其物质生活条件是人的全面发展的现实基础，人的全面发展是历史的产物，归根结底是社会生产力发展的产物；[②]另一方面，一定的社会发展战略也能通过影响社会的发展方式和发展目标，间接地规定人的发展倾向与目标。可见，人的全面发展既离不开社会进步提供的必要的物质文化基础，也离不开基于人的社会关系而产生的生活方式和价值观念的引导。[③]

人的全面发展是社会全面进步的目的和落脚点，是社会全面进步的必要条件和决定因素。马克思主义认为，社会是人与人相互交往的产物，人是组成社会的基本单位。社会全面进步需要依靠人的劳动实践来推动，人是实现社会全面进步的根本力量。社会全面进步的决定性是通过人的选择性活动实现的。人所具有的思考新问题、提出新观点、创造新事物、发明新产品、开发新技术、提供新服务的能力为社会全面进步提供不竭动力；为社会生产提供高素质的人力资本，从事高质量的劳动实践，创造社会财富，促进社会经济繁荣；构建稳定紧密的社会关系网络，促进社会和谐、提高社会凝聚力；参与政治和公民行动，推动社会的公正和民主；传承和创造文化，维护和弘扬社会的身份认同和价值观；保护资源，积极应对环境变化，促进生态健康与可持续发展。可见，人的全面发

---

① 刘志强.论人权本原的双重属性[J].江苏警官学院学报,2008(5):79-83.

② 谢华,张克蒂.科学发展观本质的哲学思考[J].理论月刊,2007(8):20-22.

③ 金鑫."社会全面进步"与"人的全面发展"必须相辅相成:江泽民关于现代化理论的新贡献[J].宁夏党校学报,2002(3):9-12.

展并不是作为副产品依附于社会全面进步,而是作为社会全面进步不可或缺的决定性因素和先决条件。

上述分析表明,社会全面进步与人的全面发展是相辅相成、不断提升的互动过程,必须把实现社会全面进步与推进人的全面发展统一于现代化建设的实践之中。一方面,大力建设物质文明与精神文明,不断改善人赖以生存和发展的社会环境,积极促进人的全面发展;另一方面,努力提高人的综合素质,促进思想道德素质和科学文化素质提升,推动社会全面进步。① 只有二者同步推进、互为因果,才能全面实现中国式现代化。

服务全民终身学习的教育体制是衔接人的全面发展和社会全面进步的关键中介要素。从促进人的全面发展来看,高质量的终身学习服务能够培育学习者的正确发展观、唤醒学习者的主动自觉性、开发学习者的发展潜能、激励学习者的个性成长,最终实现学习者的全面发展。从促进社会全面进步来看,服务全民终身学习的教育体制的完善有助于培育教育高质量发展意识、提升教育治理体系和能力现代化水平、健全现代教育制度体系,以教育为载体和平台,依托教育与社会其他子系统的关系与相互作用,服务于整个社会全面进步。可以说,服务全民终身学习的教育体制为人的全面发展和社会的全面进步的协调一致提供了坚实的现实连接点。

(四)提供坚实的制度规约与资源保障

一方面,保障终身学习的先进性。教育是培养人的活动,立德树人成效是衡量教育工作的根本标准。服务全民终身学习的教育体制通过建立教育质量标准体系和教育质量评价体系、强化教育质量监控、保障教育资源充分投入与合理分配等方式保证终身学习与终身教育的育人质量,使终身学习体系呈现出高效能的特点。一是实现个性化的教育。树立尊重与发展个性、培养自我责任意识的理念,给受教育者充分展示的机会,使每个个体的潜在能力得到最大限度的开发与实现,使人成为他自己,变成更好的自己。二是实现民主化教育。民主性是终身学习的制度与行动保证,否定教育的特权化、充分保障学习者的受教育权利,提供满足学习者多样需求的学习内容与学习方式。三是实现开放

---

① 金鑫.“社会全面进步”与“人的全面发展”必须相辅相成:江泽民关于现代化理论的新贡献[J].宁夏党校学报,2002(3):9-12.

化教育。将学习者与社会和其他学习者紧密相连，使终身学习具有超前的趋势和创新的动力。

另一方面，破除传统终身学习体系的体制与机制障碍。一是积极推进办学体制改革。打破传统的以公立教育为主的办学体制，政府不再是教育的唯一举办者，各种社会力量和个人都可以作为主体参与到教育事业发展进程之中，办学体制呈现多样化趋势，公办学校、民办学校、私立学校、股份制学校等各种办学形式都能获得蓬勃发展的良好环境与土壤。① 二是打破传统教育的封闭性和教育管理的僵化性，教育、学习将与社会发生广泛、深入、实质性的联系与融合，极大地拓展教育资源的获取渠道，增容教育资源的规模和数量，将各级各类教育实施机构、教育管理机构和整个社会联系在一起，使课程等教育内容时刻与社会的发展进步保持同步和共振。三是打破学校类别的阻断，制定终身学习机构之间灵活的学分累积、沟通和转换制度，加强各级各类和各种形式的教育的有机衔接与有效沟通，使学校教育、社会教育与家庭教育连为一体。四是打破技术和时空的限制与束缚，建成以学习者为中心的学习场域，广泛应用现代化的人工智能和网络技术，以更多快捷、便利、高效能的方法或手段，实现教学模式质的改变和提升。

从现代化与人的关系来看，现代化是传统社会向现代社会转型发展的过程，涉及人类生活全方位的变革，而人又是全方位变革的中坚力量，扮演着核心角色。人既是终身学习的受教育者，也是社会活动的主体，是现代化的建设者，终身学习为学习者在社会中接受教育，进而又投身于社会现代化发展进程提供了切实的平台。终身学习是促进人的全面与可持续发展的唯一途径，是推进人的现代化的必要手段。

三、服务全民终身学习的教育体制推进国家现代化

（一）服务全民终身学习的教育体制是国家核心竞争力的关键影响因素

国家与国家之间的竞争是人类社会发展的历史必然。当前，国家竞争主要体现为综合国力与核心竞争力的比拼。综合国力表现为包括政治地位、市场经济、军事国防、国民教育、社会民生和现代科学技术在内的多领域综合实力。近

---

① 贺宏志.终身教育体系价值分析[J].民族教育研究,2003(6):16-20.

年来,我国综合国力显著增强,国际影响力稳步提升,主要表现在:一是经济持续健康发展,我国已经成为全球经济发展引擎,一直名列 GDP 年均增长率最高的国家前列,经济规模位居全球第二。二是科学技术创新不断突破,在一些技术领域我国已成为全球领先的国家之一。目前我国国际专利申请量已经超过美国与欧盟,排名全球第一,在人工智能、5G 通信、量子技术、高铁技术、太阳能技术、电动汽车技术等方面成为国际标杆。三是文化影响力迅速扩大,儒家文化、电影、戏剧、文学作品、传统美食吸引了全世界的兴趣与瞩目。文化产业迅猛发展,已经成为经济增长与社会发展的新动能。四是在全球治理中扮演关键角色,是核心的参与者、改革者、建设者与协调者。作为联合国安理会常任理事国之一,在全球治理体系的建设和改革以及一系列战略决策和实施方面拥有重要的话语权和影响力。

国家核心竞争力是一个随着时代发展不断变化与丰富的概念。最初,国家核心竞争力是指国家通过贸易实现的经济竞争力。以经济为焦点,以金银、农产品作为财富,形成了要素禀赋、新生产要素、动态贸易、产业内贸易等一系列关于国家核心竞争力的理论。外贸竞争力的强弱是衡量一国竞争力强弱的根本标准。此后,约瑟夫·熊彼特将创新上升到国家战略层面,突破了传统经济学的局限,从微观创新动力到宏观经济周期两个层面,将创新、国家经济与国家发展紧密联系在一起。各国学者持续拓展与深化该理论,将创新纳入国家竞争力内涵,作为衡量国家竞争力的重要标准。随着经济学理论研究的深化,人们在解释财富增长的过程中,发现了更多重要的影响因素,如与外生经济增长密切相关的物质资本与技术进步,与内生经济增长密切相关的人力资本、知识外溢、政府作用等。这些概念的引入进一步丰富了国家核心竞争力的内涵。迈克尔·波特在著作《国家竞争优势》中依照"企业竞争优势—产业竞争优势—国家竞争优势"的层次逻辑提出了构建国家核心竞争力的"钻石模型"。该模型总结了国家竞争优势的四个阶段,确定基本要素、资本要素、自主创新和财富要素是彰显国家核心竞争力的关键特征。当前,关于国家核心竞争力的指标是以经济指标为基础强调国家财富积累,兼顾国家创造财富和通过贸易获取财富的能力,其中人才、科技、创新、治理、社会凝聚力等与之密切相关的因素都被纳入国家核心竞争力的内涵与指标之中。

国家是由领土、人民、文化和政府四个要素构成的统一体,人是国家的基本组成单位。从人的角度分析，国家的综合国力和核心竞争力与文化价值因素、心理与精神因素、态度因素及民族性格因素密切相关。美国社会学家卡恩认为，文化价值因素因其抽象化、概括化、根本化的特点在促进国家发展的诸多因素中占据核心地位，"文化政治、道德和精神如责任感、爱国主义、荣誉感、英雄主义、勇敢精神、忠诚和自尊等文化价值因素在促进国家经济增长的进程中起到了杠杆式的作用"；进取精神有效激发人的主动性与能动性，能够大幅度提高工作与生产效率；批判精神与科学精神有利于技术和工具创新，对经济发展的作用则更为直接与具体，是促进经济增长的持久内在动力。① 马克斯·韦伯认为，"资本主义的产生必然有物质与精神两个方面的条件，但精神条件才是主要原因。"他进一步指出，理性的资本主义精神必然有明确的道德标准，在资本主义市场经济发展中发挥着基础性作用。美国心理学家海根将经济增长的动因归结为"创造性个性"，并深刻分析了各种精神与心理因素如何影响个体行为进而促进经济增长的因果关系。② 麦克利兰认为，国家经济增长取决于具有成就动机人数的多寡。缪尔达尔认为，道德态度决定人行为的一切精神倾向。态度与生活水平、劳动生产率相关，与支撑经济发展的制度条件也密切相关。勤勉、守纪、忠诚等态度有助于提升行为决策理性，进取心、自力更生等态度有助于抓住瞬息万变世界中稍纵即逝的良机，不应将这些因素孤立在国家发展进程之外。③ 上述分析表明，与民族性格相关的因素是国家各个成员共同具有的群体性格特征，作为共有的性格基因，关涉个人与国家关系的协调与处理，影响国家或社会发展的历史走向，对国家竞争力的提升具有重要影响。

服务全民终身学习的教育体制是决定国家终身学习质量的关键因素，以人才为载体能够从根本上影响一个国家的文化价值因素、心理与精神因素、态度因素和性格因素，具有显著的提高劳动效率、影响经济行为方式与功能、凝聚民众力量、促进社会团结的功能。因此，构建完善的服务全民终身学习的教育体制是我国提升国际竞争力的必然战略抉择，使我国站在科技创新的制高点，统筹推进教育、科技、人才构成的完整体系，在国际政治经济文化科技竞争日趋激烈的今天，牢牢掌握国家竞争的主动权。

---

① 王江波.高等教育立德树人对国家核心竞争力的作用研究[D].成都：电子科技大学,2020.
② 马克斯·韦伯.新教伦理与资本主义精神[M].龙婧,译.北京：群言出版社,2007.
③ 王江波.高等教育立德树人对国家核心竞争力的作用研究[D].成都：电子科技大学,2020.

（二）服务全民终身学习的教育体制是国家现代化的重要支撑力量

1.服务全民终身学习的教育体制是国家现代化的重要组成部分

党的二十大报告要求，"坚持教育优先发展""建设教育强国""建设高质量教育体系""办好人民满意的教育"。习近平总书记强调，"教育兴则国家兴，教育强则国家强""建设教育强国，是全面建成社会主义现代化强国的战略先导，是实现高水平科技自立自强的重要支撑，是促进全体人民共同富裕的有效途径，是以中国式现代化全面推进中华民族伟大复兴的基础工程"。上述论述清楚地表明了建设教育强国在全面建成社会主义现代化强国、实现高水平科技自立自强、促进全体人民共同富裕以及实现中华民族伟大复兴历史进程中的重要作用与功能。教育现代化具有基础性、先导性、全局性的战略地位，关乎国家发展和民族未来，是国家现代化不可或缺的重要内容，也是国家现代化的基础支撑和引擎。① 教育现代化必然要求推进教育高质量发展，构建高质量教育体系，大力建设教育强国。《中国教育现代化2035》将终身学习作为推进教育现代化的基本理念，将"构建服务全民的终身学习体系"作为推进教育现代化的战略任务之一；党的第十九届四中全会决议也将"构建服务全民终身学习的教育体系"作为教育的战略发展目标之一，使其肩负起推进教育现代化的重任。由于教育体制是构建教育体系的核心，因此健全服务全民终身学习的教育体制成为教育现代化事业的重要一环，承载着关键的历史使命和战略任务。实践中，应清晰地定位服务全民终身学习的教育体制与高质量教育体系之间"整体与局部"密切连接、相互依赖、互为存在和发展的关系，既充分发挥整体统帅、支配、协调局部向着统一的方向发展的功能，又注重局部变化与发展对整体目标实现的关键作用，把握改革进程的关键点和突破点，高效推进服务全民终身学习的教育体制构建。

2.保障普惠性人力资本提升

习近平总书记提出以人口高质量发展支撑中国式现代化的重要论断和工作要求。人力资本是国家现代化建设最根本的资源与驱动力。全面建设社会主义现代化国家需要围绕"人的现代化"进行系统谋划，加大人力资本投资力度，着力提高人口整体素质，形成素质优良、总量充裕、结构优化、分布合理的现

---

① 冯培.牢牢把握建设教育强国核心课题的双要素[J].国家教育行政学院学报,2023(7):10-16,44.

代化人力资源格局。普惠性人力资本提升是没有歧视和例外地实现全体公民素质提升，集中体现了人民至上的价值取向，关涉人口质量、社会公平和国家核心竞争力，是中国式现代化的核心要素。构建服务全民终身学习的教育体制是积极应对中国式现代化对教育的战略需求的理性选择，是解决教育发展不均衡、特定人口群体受教育情况不理想等现实问题，实现普惠性人力资本提升的关键措施。一是为普惠性人力资本提升提供完备的政策与制度支撑。包括制定专项法规政策，确立终身学习的战略地位和复合功能；设立专项财政资金投入，确保人力资本投入普遍且无歧视；激励政府、企业、教育机构和社会组织等多元主体共同参与普惠性人力资本提升协同实践。二是有效整合各类教育资源，供给多样态的学习服务，最大限度满足全民终身学习的多样化需求。如创新"学校后"教育形式，扩展职业技术教育的辐射面，持续拓展开放教育、社区教育、成人教育和老年教育学习渠道，为中低收入群体、农村剩余劳动力等特定群体提供创业谋生培训，加强优质终身学习资源的有效、精准供给。三是充分利用互联网与大数据技术，打造优质在线学习平台，将办学触角延伸至全新领域，强化终身学习形式的便捷性与灵活性。如构建学习型城市网络、建设智慧教育公共服务平台、学习成果认证管理平台、在线精品课与专业教学资源共享平台、开辟专项活动线上专区等。① 四是架设终身学习的"立交桥"，积极推动学历教育、职业教育和终身教育的融合发展，实现学习成果的互认和转换。只有在服务全民终身学习的教育体制保障下，终身学习领域才能呈现出政策扶持有力、渠道畅通优质、机构规范有序、资源充足便捷的良好格局，极大地促进普惠性人力资本提升。

3.支持科学技术创新

习近平总书记强调，"要把服务高质量发展作为建设教育强国的重要任务。建设教育强国、科技强国、人才强国具有内在一致性和相互支撑性，要把三者有机结合起来、一体统筹推进，形成推动高质量发展的倍增效应。"②教育、科技与人才各自具有独特的功能，三者协同一体推进实现了对国家高质量发展系统诸要素的创造性综合，达到要素或系统之间的相互协调，使各要素所分别具有的

---

① 陈乃林.中国式教育现代化与全民终身学习探索[J].当代职业教育,2022(6):4-12.

② 管培俊,刘伟,王希勤,等.学习贯彻习近平总书记在中共中央政治局第五次集体学习时的重要讲话精神(笔谈)[J].中国高教研究,2023(7):1-8.

能量合理地结合与分布,形成最佳结构,减少相互抑制、增强相互增益,也就实现了高质量发展的倍增效应,达到系统整体的最佳和满意状态。科技自立自强是国家强盛之基,而人才是创新的核心要素,人才培养归根结底要靠教育。可见,教育是科技发展的动力源泉,为科学技术创新提供强大的人才保证和源源不断的智力支撑。服务全民终身学习的教育体系对科学技术创新的支持效用体现在两个方面:一是借助政策引导、创新基地与平台建设、课程培训、协同研究等途径树立与培养全民创新意识和创新精神,提升创新实践能力,营造良好的创新环境与生态,激发全社会的创新热情,夯实创新型国家建设的根本。二是依托相同级别教育的横向沟通、不同级别教育的纵向衔接、不同类型学习成果互通互认的立体化学习平台,加速科学知识的普及、科学技术的推广、先进研究经验的分享,扩大知识、技术和经验的受众面,从而高效能地扩大科学知识的再生产。服务终身学习的教育体制在模式上的优越性和先进性使其在变革生产关系、创新生产力、适用先进技能方面更加体现出现代化特质,由此带来的技术革新与人才创新就变得愈加适合国家现代化需要。

4.催发对外开放新契机

对外开放是我国改革与发展的一项长期的基本国策。我国改革开放的伟大成就和历史经验充分证明,改革与开放一体两面,相互促进,高水平对外开放可有效促进产品、技术、资金流动,与国际接轨打造一流营商环境,构建高水平社会主义市场经济体制,为经济高质量发展提供有力的支撑。可见,对外开放是增强中国经济创新力和竞争力的必然途径,是推动经济社会发展的重要动力。教育对外开放是对外开放的重要组成部分,是建设教育强国必须坚持并不断开拓的方向。《中国教育现代化2035》要求,"开创教育对外开放新格局",并提出了十三项对外开放的重要措施。教育对外开放有助于构建完善的服务全民终身学习体制,服务全民终身学习体制也以特定的形式促进教育对外开放,二者之间的协同推进有利于教育现代化的实现。① 一是促进国内外优质教育资源共享与交流,兼容不同国家和地区的特色优势教育资源,引进先进的教育理念、模式和技术,提高我国的教育水平;二是促进文化交流和理解,碰撞与融合不同文化与背景的教育思想与理念,增进相互的理解和包容,推动社会文明进

① 中共中央　国务院.中国教育现代化2035.[N].人民日报.2019-02-24.

步;三是培养具有国际视野和跨文化交流能力的人才,向世界展示我国优秀传统文化和现代化成就,提高教育国际影响力,提升国家形象与影响力;四是促进教育产业发展,增加外汇收入,为经济增长提供新的动力;五是促进高端人才的引进与交流,扩大我国人力资本储备。服务全民终身学习的教育体制逐步完善,将为提升国际交流合作水平、提升中外合作办学质量、推进中外高级别人文交流机制建设、加快建设中国特色海外国际学校、积极参与全球教育治理、健全对外教育援助机制等工作提供制度依据与体制保障,更好地统筹国内国际两个大局,利用好国内外两个教育市场,加快建设良好的国际合作环境,有力推动中国式教育现代化的全面实现。①

四、服务全民终身学习的教育体制促进社会现代化

社会学家们通常从工业化、城市化、理性化等角度分析社会现代化。也有的学者用时间阶段限定"现代"一词,将社会现代化理解为 17 世纪以来诞生于欧洲,传播并影响了整个世界的社会生活与组织方式。随着各国采用不同的模式和途径朝着实现社会现代化目标迈进,对社会现代化的研究也逐渐兴盛起来,成为一个专门的研究领域,并在 20 世纪五六十年代形成一个研究高峰。尽管理论界对社会现代化的本质认识仍有较大分歧,但也形成了一些共识:第一,社会现代化是整体性的社会变迁过程,涉及政治法律和社会精神生活等方方面面;第二,社会现代化的目标是全面改造人类自身生存的物质条件和精神条件;第三,社会现代化以科技发展为动力,是从传统社会走向现代社会的过程;第四,社会现代化是持续性的动态发展过程,也是一个与前代社会相比独具特色的发展过程;第五,社会现代化并非工业化,也并非西方化,是一个内涵持续丰富的历史过程。可以看出,社会现代化不存在绝对的传统与现代之分,都是普遍的现代化特征与本国具体的历史与现实条件有机结合的产物,必须根据本国的实际情况进行建设,世界上不存在社会现代化的万能模式,也不存在一劳永逸的社会现代化。

从内涵来看,社会现代化包括三个方面:一是社会结构向更高程度进行分化与整合,体现在个人角色、社会组织和社会地位等方面;二是社会理性化,表

---

① 张应强.中国高等教育现代化的方法论创新[J].教育研究,2023(9):108-126.

现为形式理性和工具理性的提高,反映在个人的日常活动、社会组织形式和社会文化等领域;三是整体现代化,社会各方面呈现出的整体优化与进步,以及由此带来的人民生活水平和生活质量提高,如工业化、城市化、全球化、数字化、产业化等。

从内容上来看,我国对社会现代化维度的划分经历了逐步深化的过程。党的十二大报告将物质文明和精神文明建设作为社会主义现代化建设的战略方针;党的十六大报告第一次明确将政治文明与物质文明和精神文明并列,作为社会主义现代化建设的三大基本目标;党的十七大报告将生态文明列入全面建成小康社会奋斗目标。党的二十大报告提出中国式现代化,确立了五个文明协调发展的现代化思想,分别为:物质文明现代化、精神文明现代化、政治文明现代化、生态文明现代化和社会文明现代化。上述五个范畴相互关联、对立统一,矛盾运动,推动人类社会整体进步。任何一个范畴缺失或发展不同步,都会造成整个社会现代化进程的停滞与混乱。这是由社会基本矛盾决定的。唯物史观认为,人类社会是一个由生产力、生产关系、经济基础、上层建筑等基本要素构成的有机整体,其中各个因素相互联系、相互作用,构成社会基本矛盾,社会基本矛盾的运动推动着人类社会文明不断进步,社会形态不断从低级向高级发展。

(一)服务全民终身学习的教育体制助推物质文明现代化

物质文明代表了社会发展水平所产生的最高成果,凝聚了人类社会的所有智慧结晶的产物。科学技术发展在物质文明建设中起到了决定性的作用。同时,真正的物质文明是大家共同的物质文明,而不是少数人的物质文明。因此,中国式现代化是全体人民共同富裕的现代化,我国物质文明建设的首要目标就是消除不平衡不充分的发展和城乡、地域、行业间的收入差距,实现全体人民物质生活的共同富裕。

在推进共同富裕的进程中,终身学习显示出强大的支撑力。服务全民终身学习的教育体制通过发展各种形式的终身学习,深度挖掘我国人口红利、大幅度提升人力资源开发水平,全面提高国民科学文化素质,源源不断地培养我国经济社会发展所需的各类人才,为经济发展提供新动能、新方式,成为推动经济社会可持续发展的不竭动力和关键依托。[①] 一是拓宽教育领域不同群体的成长通道，系统集成学历教育、非学历教育供给体系，整合各级各类社区教育机构、老年教育机构，打造集聚联动优质资源、沟通衔接的终身教育惠民平台，一体化实施成人中专、成人大专、成人本科人才培养方案，扩大学历教育规模，构建更具基本性、普惠性、公平性的办学格局，提高全体人民的学习积极性，让符合条件的社会人员应上尽上，愿学尽学，为实现全社会人力资源整体性能力提升，全体人民得到全面发展提供保障。二是推进终身学习服务机制创新，形成引导机制、激励机制和保障机制，健全"省—市—县—社区"纵向运行机制，完善"政府—企业—学校—教育培训机构—社会组织"横向运行机制，加强上下联动、内外联动、社教联动、教学管联动、点面联动，构建上到顶、下到底、横到边、全覆盖的工作格局。三是全方位、立体化开发数字化学习系统，推进终身学习平台互联互通和学习资源共建共享，为各类社会群体创造多元学习空间，创新"互联网+"学习新模式，满足不同年龄、不同阶层和不同职业的学习者需求。四是为特定人群提供适切的终身学习服务。针对促进共同富裕任务最为艰巨的农村，利用开放教育办学优势面向基层开办农民夜校、驻村讲堂，大力提升农民的文化知识、技术水平和人文素养，优化村社干部队伍学历和能力结构，大力度开展面向农村的职业教育、技能培训、返乡创业培训、转岗再就业培训，提高共同富裕能力；针对提低扩中任务，对接民政、企业、慈善等部门形成协同帮扶机制，为低收入群体、残疾人群体定制专项教育学习项目，加大职业技能培训和就业指导，扩大就业机会，提高收入水平，改善收入分配格局，缩小贫富差距，走向共同富裕。

（二）服务全民终身学习的教育体制助推精神文明现代化

精神文明指社会文化的繁荣。精神生产和精神生活状态是衡量社会进步与文明程度的重要指标，也是综合国力的重要组成部分。物质文明和精神文明相互促进、相互成就，物质文明为精神文明建设提供充足的物质基础和物质载体，精神文明为物质文明建设提供相应的价值指引和精神动力，二者的共同进步是社会现代化追求的主要目标。正如习近平总书记强调："只有物质文明建设和精神文明建设都搞好，国家物质力量和精神力量都增强，全国各族人民物

---

① 郑成功,胡湛,曹信邦,等.以人口高质量发展支撑中国式现代化[J].群言,2024(3):4.

质生活和精神生活都改善,中国特色社会主义事业才能顺利向前推进。"①精神文明现代化意味着对过去精神生产和精神生活状态的批判、继承、提高和发展,表现为新观念代替旧观念,进步思想战胜落后思想,真理驳倒谬误,以及社会文化的日益昌明。就我国来讲,精神文明的核心是民族凝聚力和向心力。

在铸牢民族凝聚力和向心力的过程中,服务全民终身学习的教育体制提供了重要的孵化力。一是促进社会主义核心价值观落地生根。积极探索终身德育实践,将宏观德育方法与微观德育方法相结合、隐性德育方法与显性德育方法相结合、自律德育方法与他律德育方法相结合,注重归纳总结终身德育方法论原则,并设计适用于不同阶段、群体、背景的学习者的终身德育的具体方法。如始终坚持党建引领终身学习,开展具有鲜明辨识度的特色化思政教育活动,用党的创新理论武装学习者头脑;设计实施道德教育工程,以开展主题教育、开发德育课程、树立榜样示范等途径弘扬中华传统美德,宣传社会主义核心价值观;广泛整合并充分挖掘利用各类德育资源实现弘扬中华先进文化、涵养高尚道德情操、充实人民精神生活的目的,帮助人民群众树立正确的人生观、世界观与价值观。二是繁荣发展文化事业和文化产业。服务全民终身学习的教育体制将非正式学习及其实施机构置于重要位置,注重发挥非正式学习帮助学习者从日常生活经验和生活环境中学习、积累和形成知识技能的功能。非正式学习注重学习的情境性,公共图书馆、博物馆、艺术馆、文化馆等非正式学习场所,艺术表演、作品展演、影视、音乐、绘画、电视、广播等学习内容和途径都得到了广泛的关注,形成一个又一个令人印象深刻的热点和潮流,带动了文化事业和文化产业的蓬勃发展。三是增强中华文明传播力和影响力。加大教育开放与国际化力度,搭建相互尊重、开放包容的对话平台,充分运用多种途径、手段、工具,在教育国际交流的过程中向世界阐释推介更多具有中国特色、体现中国精神、蕴藏中国智慧的优秀文化。如健全政策鼓励大学与世界名校开展高质量合作办学,向发展中国家输出、向发达国家积极宣传和交流我国优质教育资源与教育经验,举办高水平国际会议和教育赛事,宣传中国教育成就,提高中国教育和中国文化的影响力与辐射力。

---

① 张献.终身教育与人的现代化[J].经济研究导刊,2012(34):253-254.

（三）服务全民终身学习的教育体制助推政治文明现代化

政治文明是人类创造和积累的所有积极政治成果，以及与社会生产力发展需要相适应的社会政治生活的发展变化和进步状态。① 政治文明的本质属性体现为阶级性，政治文明需要实现并维护统治阶级的利益。政治文明处于不断的发展运动过程之中，会经历由低级到高级直至消亡的发展过程。政治民主化、政治公开化、政治法治化、政治科学化、政治高效化和政治清廉化是政治文明所具有的丰富内涵。政治文明为物质文明的发展提供政治保证和法律保障，是人类社会文明的重要组成部分。世界上没有完全相同的政治模式，用单一的标尺衡量世界丰富多彩的政治制度，用单调的眼光审视人类五彩缤纷的政治文明，本身就与政治文明的民主性相背离，是不文明的。习近平总书记指出"全过程人民民主是社会主义民主政治的本质属性"，开创了社会主义政治文明发展的新局面，为丰富发展人类政治文明贡献了中国智慧与方案。突出人民在民主中的主体地位，以完整的制度程序保障人民当家做主，拓展民主的制度实践，探索适合本国国情的民主发展道路是我国政治文明现代化建设的重要原则。

服务全民终身学习的教育体制对推进政治文明现代化建设具有重要的保障作用。一是深植坚持人民主体性的观念。人民主体性体现出我国社会主义政治文明的核心价值。与传统学习相比，终身学习本身是一种坚持和彰显主体性的学习形态，自主自觉是终身学习的鲜明特征。学习者依据自身的兴趣爱好，结合自身素质发展的需求，选择适切的学习内容，通过多样化学习方式，特别是自我导向学习，充分挖掘自身生命潜能，在不断变化中实现个人的终身全面发展。在贯穿一生的主体性学习进程中，人民主体性的观念被潜移默化地印刻在学习者的脑海中，转变为其行为的自觉意识。二是培养政治文明建设所需的具有求知能力和发展智慧的全面发展的人。人是社会政治文明的主体，是政治文明现代化建设的原动力。终身学习是实现人的全面发展的重要途径。一方面，终身学习持续提升人的思想道德水平和文化知识水平，使人逐步摆脱落后愚昧的政治理念束缚，树立新型的民主、平等、自由的理念；另一方面，终身学习全方位地塑造人，使人真正意识到发展政治文明对于自身、国家和社会的重要意义，进而将政治文明建设的各项要求转化为个体内在动力驱使下的自觉追

---

① 李东兴.社会主义政治文明建设的回顾与反思[J].湖北经济学院学报,2003(4):92-96.

求,依托一代代具有政治文明理念的人,构建起政治文明的社会。三是培养专门人才。政治文明现代化建设是一项系统工程,包含着观念创新、理论提炼、政策决策、规划设计、实践推进等任务,其与物质文明、精神文明、生态文明和社会文明现代化之间的协同发展也需要整体设计与安排,这需要终身学习体系培养大量适应政治文明现代化建设的专门人才,使此项事业进入规范、高效的发展轨道。四是宣传制度,保障制度落实。政治理念有时会在实践中被扭曲或异化,出现理论与实践的反差,这就需要对政治制度进行正确的宣传与执行。由多种学习机构组成的完备的教育体系,可以充分发挥导向宣传和教育功能,弥合理念与实践的分歧,帮助人们做出兼顾秩序与自由的正确的行为选择,使政治文明理念与政治文明实践在高起点上实现有机整合,最终形成政治文明现代化建设的合力。

(四)服务全民终身学习的教育体制助推生态文明现代化

党的十八大以来,党和政府高度重视生态文明建设,将其摆在全局工作的突出位置,出台了一系列卓有成效的建设举措,以生态文明建设和绿色发展为核心的中国特色可持续发展战略正朝纵深方向发展。生态文明现代化的实现有赖于建立科学发展观,摈弃"先发展后治理"的错误观念;实现生态文明道德大众化,将生态文明理念转化为群众生态科学认知和自我约束的道德自觉;健全法律制度的刚性制约,通过常态化外部压力循序渐进上升为内生动力。

党中央、国务院发布的《关于加快推进生态文明建设的意见》提出:"把生态文明教育作为素质教育的重要内容,纳入国民教育体系和干部教育培训体系。"可见,终身学习承载着培养与重塑生态文明道德的历史重任,培育和践行社会主义核心价值观,向全民普及生态文明理念、提升全民的可持续素养,引导形成绿色生活方式。在终身学习的框架内大力开展可持续教育是助力生态文明建设的关键策略。可持续教育能够让受教育者理解和接受可持续的理念,转化为自我约束的道德自觉和行为自觉,永续保留人类享受美好生活的机会。从渠道来看,应逐步完善学校、社区、企业、社会组织、家庭等多元主体共同参与生态文明道德教育的协同体制。可持续教育是以学校为主渠道进行有效推进的,在日常教育教学工作中充分融入习近平生态文明思想、观念和行动准则;家庭教育也承担着重要的引导功能,家长利用亲子互动,以发生在身边的小事、存在于日常生活中的事物为载体,在孩子心中树立起爱护与保护环境的绿色观念,并养成良好的生活习惯；积极利用社会大课堂，充分挖掘博物馆、文化馆、艺术馆、图书馆所具有的文学、艺术、绘画、影视等蕴含的社会生态文明教育资源，开展环境教育、生命教育、健康和福祉教育等生态文明道德教育，在不断增长见识和增强体验的过程中，着力培育参与生态文明建设的行动能力，实现对学校教育的有益补充。从内容上来看，积极推进生态文明课程一体化建设，构建以生态文明观培养为核心、通识通修课程为基础、专业课程与实践课程相结合、第一课堂与第二课堂相互补充的生态文明教育课程体系。将生态文明理念嵌入各类课程和教材，重在加强生态环境保护意识的教育，使民众了解生态文明的重要性，培养环保意识和行为习惯，引导形成绿色发展方式。重视教师在课程一体化建设中的功能发挥，更好扮演学生健康成长的指导者和引路人角色。从形式上来看，创新生态文明教育的载体，融合运用网络尤其是社交媒体平台，以喜闻乐见、轻松愉悦的方式，开展深入人心的生态文明教育。如搭建多样化、生动性的教育基地，建设"互联网+生态文明"为特征的网络教育平台，以情景剧、微电影、案例解读等方式开展生动鲜活的主题宣传教育活动，利用大数据和人工智能技术对用户进行个性化内容推荐等，让生态文明建设成为全社会每一个社会成员共同参与、共同建设、共同享有的事业。

（五）服务全民终身学习的教育体制助推社会文明现代化

社会文明指社会领域的进步状态和成果，标志社会的开化状态和进步程度，核心在于构建一个更公平、和谐、包容的社会。社会文明现代化是社会现代化的下位概念，是组成社会现代化的重要一环，是社会现代化的五项目标之一。社会文明的内容涵盖社会主体文明、社会客体文明、社会关系文明、社会生活文明和社会治理文明。社会文明现代化建设的关键是构建共建、共治、共享的社会治理制度以及幼有所育、学有所教、劳有所得、病有所医、老有所养、住有所居、弱有所扶的完善的社会保障体系。

构建服务全民终身学习的教育体制正是实现"幼有所育、学有所教"目标的直接措施。服务全民终身学习的教育体制包含了由不同实施机构构成的、充分沟通各级各类教育、顺畅衔接多种学习成果的全民终身学习立交桥。致力于开展形式多样的各种类型的教育与培训，设立门类齐全的终身学习机构，为全体公民提供公平、优质、无障碍、自主、自由的发展成长平台。终身学习实践充分体现出灵活弹性的特质，如学习的时间有长有短，学习场所突破校内校外壁垒，学习内容涵盖政治、经济、文化、科学、技术、人文、历史各个方面,学习对象不限青少年、成人、老年人、性别、民族、家庭背景等,使每一个有学习需求的人都可在任何时间、任何地方接受各种形式的教育。服务全民终身学习的教育体制整体设计各级各类学历教育,实现教育体系的衔接与融合。加强初中后学历教育的沟通与衔接,以及普通教育与职业教育的衔接与融合,健全非正规学习和非正式学习学习成果的认证转换,满足社会成员为适应社会和自身发展对终身学习的需求。服务全民终身学习的教育体制有助于将各个领域具有教育意义和学习价值的社会资源都转变为可以利用的优质终身学习与教育资源,促进教育系统内部以及教育系统与社会其他系统之间的资源开放共享,为社会成员终身学习提供及时、准确、个性化的资源服务和信息服务,构建覆盖全社会的终身学习网络。重点加强社区教育与学校教育、家庭教育相融合,拓展教育类型,扩大服务范围,依据居民需求,构建以家庭教育、技能教育、健康教育、科普教育、青少年教育等为主要内容的社区教育体系,提升人民群众的获得感。同时,加强老年教育资源整合,探索"总校+基层+网络"的老年教育办学模式,提供适老爱老的老年教育,提升老年群体的幸福感。

本章小结

分析与阐述服务全民终身学习的教育体制的价值重在分析其客体属性满足个人、社会、国家三类主体的需求的相互关系。服务全民终身学习的教育体制有助于树立科学理念,培育教育高质量发展意识,有效激发主体积极性,形成更先进的制度体系,满足多元需求,架设更完备的结构体系,合理配置权力,建设更现代的教育治理体系,进而促进高质量教育体系建设。从促进人的现代化方面来看,服务全民终身学习的教育体制有助于树立人的现代发展观,持续提高育人质量,促进人的全面发展与社会全面进步相适应,并为实现人的现代化提供坚实的规范与保障。从促进国家现代化方面来看,服务全民终身学习的教育体制是国家现代化的重要组成部分,发挥保障普惠性人力资本提升、支持科学技术创新、催发对外开放新契机等重要作用。服务全民终身学习的教育体制助推物质文明、精神文明、政治文明、生态文明和社会文明现代化,是实现社会现代化的关键力量。

推荐书目

1.褚宏启著《教育现代化的路径》，教育科学出版社，2000。

教育现代化是与教育形态的变迁相伴的教育现代性不断增长和实现的过程。该著作全面把握作为教育现代化的外部表现的教育形态的变迁，深度分析作为教育现代化的内在本质的教育现代性的增长，构建了纵横交错的教育现代化理论之网。该著作综合运用多种研究方法，对教育现代化问题予以严谨、全面、深入的理论分析，力求提升教育现代化研究的学术品质，为读者带来启示和借鉴。

2.世界银行报告、国家教育发展研究中心组译《全球知识经济中的终身学习：发展中国家的挑战》，高等教育出版社，2005。

该著作探讨了知识经济对教育和培训提出的挑战，概括了发展中国家和经济转型国家如何应对这些挑战，探讨可行的终身学习体系的政策选择。从知识经济中的知识学习和知识转移视角审视与分析终身学习，将终身学习置于更为广阔的空间中加以理解，是该著作的一大亮点。

第四章　服务全民终身学习的教育体制改革实践论

实践是人类能动地改造世界的社会性的物质活动，它是一种人根据主观的价值取向所进行的具有主观目的性的能动性行为。对实践行为进行一般性、抽象性的研究，回答主体如何根据目的性构造客体的哲学理论就是实践论。实践论既包括主体及其目的性的主观范畴，又包括客体及其属性的客观范畴，因此形成了"实践主体"与"实践客体"相统一，"主观范畴"与"客观范畴"相统一的辩证逻辑系统。实践论强调实践是人类社会存在和发展的基础，人类通过持续的实践活动获得知识和经验并加以充分利用，进而改变自然和社会环境，推动社会发展进步。

古希腊时期，亚里士多德率先开创了实践哲学传统，把实践界定为以善为目的和导向的行为。文艺复兴时期注重发现人的价值，追求知识理性，将实践视为与理论相对的范畴，主张实践永远应当建立在正确的理论之上。① 近代哲学形成经验论和唯理论两大流派：经验论认为，感觉经验是一切知识的来源；唯理论认为，认识主体存在着与生俱来的天赋观念和知识，两种流派对实践的看法不尽相同、针锋相对。德国古典哲学的奠基人康德调和了经验论与唯理论，提出实践高于理论、理论依赖于实践、实践是检验真理的标准的说法。此后，黑格尔提出唯心主义实践观，将实践引入认识论，把实践定义为认识主体达到真理的关键环节，主张通过实践活动认识事物的本质，从而达到深化认识的目的。费尔巴哈使实践立足于现实的感性世界，为科学实践观的确立奠定了基础。马克思在批判前人实践论的基础上形成了马克思主义实践观。马克思主义实践论主张，实践活动的基本形式是生产性的物质劳动，通过实践活动有利于人们

---

① 马小琴.马克思科学的实践观[J].华中师范大学研究生学报,2016(3):23-26.

发现问题，并在不断的实践中解决理论难题。马克思主义实践论揭示出以实践为基础发展科学活动的要义，以及实践成果如何影响认知活动，理论的发展必须紧密结合实践，只有把实践和理论对照，理论才能更进一步地完善与发展。可见，实践不仅发现真理，而且落实真理，为人类社会发展和解决社会矛盾提供了有效和可行的途径。

实践论根本性地回答该如何做的问题。实践活动是由实践主体、实践客体和实践内容构成的辩证逻辑系统。人是实践活动的主体，主体活动对象的总和是实践客体，实践内容包括各种形式的实践工具、方法以及实践活动的程序。三者之间的相互作用构成了实践活动本身。实践过程一方面包含了主体根据一定的目的，运用特定的工具或手段，能动地改造、认识、利用客体的过程；另一方面包含了客体向主体的渗透和转化的过程，二者互为前提、互为媒介，是人类实践活动两个不可分割的方面。实践中主体需要不断提高自己的能力与需求并以自觉能动的活动突破客体的限制、超越客体。这种限制中的超越是实践主体与客体相互作用的实质。因此，主体的能力与需求、客体的限制以及实现超越的自觉能动活动方式是基于实践论进行研究需要重点关注的论题。

本章将立足于服务全民终身学习的教育体制实践，首先对学习者终身学习品质现状进行调查，进而探究影响终身学习效果的教育体制与学习者个体因素及其相互之间的结构路径关系，分析服务全民终身学习的教育体制现状与需要解决的问题，最终提出服务全民终身学习的教育体制改革的政策建议。

一、终身学习品质调查

公民终身学习品质在一定程度上能够反映一个国家服务全民终身学习教育体系建设的整体水平。本书的方法论、本体论和价值论部分在理论和应然层面对公民终身学习的意义、内容、方法、途径等内容进行较为深入的分析。现实中，我国公民终身学习是何种状态呢？他们对终身学习的态度和看法如何？动机和目的是什么？经常选择什么途径和方法？更喜欢哪些学习内容？遇到了哪些问题？这些有关公民终身学习实然状态的问题很大程度上都与教育体制、机制等因素密切相关。因此，为了更好地完善服务全民终身学习的教育体制，需要准确了解公民终身学习的实然情况。

（一）研究思路

学习品质是个人在学习过程中所展现的一系列优秀的特点和能力，涵盖了学习目标、学习态度、学习能力、学习方法等方面，反映了一个人在学习中的素质和潜力。学习品质是决定学习效果的关键因素之一。基于这一理解，本研究主要运用问卷调查法对公民终身学习品质及受其影响的学习效果进行调查。调查旨在了解公民终身学习的现实样态，发现公民终身学习目的、学习态度、学习能力、学习方法等方面的共同特点，分析公民对终身学习效果的满意度，并对公民终身学习需求进行初步征询。在准确描述公民终身学习实然样态的基础上，发现存在的关键问题和困难，尤其是教育体制与教育机制方面的阻力与障碍，并为构建服务全民终身学习的教育体制和学习者个体与终身学习效果之间的结构路径关系模型的研究提供依据。

（二）问卷设计与实施

本研究在借鉴国内外同类调查研究经验的基础上，设计了"公民终身学习品质调查问卷"。问卷包含六个部分。

（1）被试基本情况。包含性别、年龄、受教育程度、职业、地区、收入水平和主要知识来源。

（2）终身学习目的、学习能力和学习态度。涉及适应社会发展、满足职业发展、自我完善、获得成就感、完成既定的学习目标、实现人生意义、获得优异学业成绩，完成学习任务的能力、克服学习困难与挫折的能力、控制自己的学习行为不受外界干扰的能力等题项。

（3）终身学习渠道与方法。涉及查阅学习资料渠道、学习反思、合理调整学习计划、独立钻研、善于思考的习惯、合理把握学习过程、阅读（读书、看报等）习惯等题项。

（4）终身学习效果。涉及发表建设性见解、以新的方式提出问题和解决问题、紧跟形势的变化进行学习、有条理地表达自己的想法、在团队合作中能主动承担责任和义务、在学习生活中能够正确获取信息、善于利用信息技术工具帮助学习、工作中善于运用自己所学到的知识、学习收获等题项。

（5）终身学习需求。涉及学习水平认证需求、终身学习内容需求、终身学习方法需求、终身学习场所空间需求、终身学习目标需求、终身学习费用需求等题项。①

---

① 石林,李文,金菊.基于 ERG 理论对脱贫地区民众终身学习的需求调查研究[J].国际公关,2023(4)：125-127.

(6)终身学习满意度。涉及自身学习态度满意度、终身学习能力满意度、终身学习习惯满意度、终身学习方法满意度、终身学习效果满意度、社区终身教育满意度、社会终身教育满意度等题项。

问卷通过问卷星进行发放，采用网上填答的形式。共回收问卷 2867 份，删除答题时间过短、重复提交以及回答率低于 75% 的问卷，回收有效问卷 2780 份。从被调查者的性别来看，男性占比 24.46%，女性被调查者比例高达 75.54%。女性被试的比例远远超过男性。

从年龄结构来看，18 岁以下被调查者为 70 人，占 2.52%；19~35 岁被调查者，共 2370 人，占比达到 85.25%；36~59 岁者为 330 人，占比为 11.87%，60 岁以上被调查者仅 10 人，占比为 0.36%。

从文化程度来看，小学毕业的被调查者为 30 人，占比为 1.1%，初中为 20 人，占 0.70%，中职中专和高中均为 60 人，占比均为 2.2%，大专为 470 人，占比为 16.9%，大学本科为 1060 人，占比达到 38.1%，研究生为 1080 人，占比最高，为 38.8%。

从职业分布来看，国家机关、党群组织、企业、事业单位管理干部为 210 人，占 7.55%，专业技术人员为 250 人，占 8.99%，商业、服务业人员为 170 人，占 6.12%，在校学生为 1620 人，占比最高为 58.27%，其他职业为 530 人，占 19.07%。

从月收入水平来看，2000~5000 元为 1160 人，占比最高，为 41.73%，5001~10000 元者为 510 人，占 18.35%，其他收入者为 1110 人，占比 39.92%。

（三）主要研究结论

1.关于公民终身学习目的、学习能力和学习态度的调查结论

从终身学习目的调查来看，超过 95.68% 的被调查者能够认识到终身学习对于人生发展具有重要价值，超过 94.60% 的被调查者认为从事终身学习是为了完善自我，超过 91.73% 的被调查者认为从事终身学习是为了满足职业发展需要，超过 95.32% 的被调查者认为从事终身学习是为了适应未来社会发展（图 4.1）。可见，当前被调查者能够比较清醒地认识到终身学习的重要意义，对于终身学习的热情较为高涨，乐于接受终身学习，尤其看重终身学习对于自身价值实现、职业发展和核心素养提升等方面的重要作用。

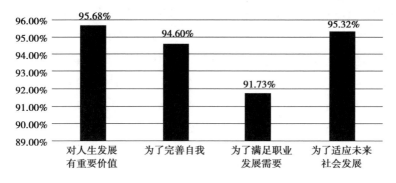

图 4.1　终身学习目的调查数据图

从终身学习能力调查来看,仅有 54.75% 的被调查者表示能够按照计划完成既定的学习目标;能够克服学习过程中遇到的困难与挫折的被调查者占总数的 53.30%;能控制自己的学习行为不受外界干扰的被调查者占比为 55.75%;75.54% 的被调查者能够紧跟形势的变化进行学习;84.53% 的被调查者在学习生活中能够正确获取信息来帮助自身学习;占比 83.81% 的被调查者善于利用信息技术工具帮助自身学习;经常反思并合理调整自身学习计划的被调查者占比为 76.26%;也有 92.09% 的被调查者表示在进行终身学习的过程中提高了自身的学习能力;仅有 21.58% 的被调查者不怀疑自己的学习能力;68.71% 的被调查者认为自己有能力解决学习中遇到的问题;63.67% 的被调查者能合理分析自己在学习中的失误;仅有 20.86% 的被调查者喜欢富有挑战性的学习任务(图 4.2)。数据表明,被调查者对自身的学习能力并不自信,但总体上能够对学习中存在的问题进行必要的反思并加以解决。处于快速发展的信息时代,被试对于信息收集并辅助自身学习比较重视,利用现代化设备收集、处理信息的能力较强,但是参与和实施终身学习的情况并不十分理想。

从终身学习态度调查来看,80% 的被调查者对终身学习有浓厚的兴趣,86.70% 的被调查者表示能够在终身学习中获得成就感,89% 的被调查者期望通过加强终身学习来改善自己的专业学习(图 4.3)。这组数据表明,被调查者乐于接受终身学习,也能够顺利地实施终身学习。尤其是年轻的被调查者,主要通过持续性的终身学习来辅助自身的专业学习。

2.关于公民终身学习效果调查的调查结论

超过 68.34% 的被调查者通过终身学习提高了对某一事物和现象发表建设

性见解的能力；超过 67.26% 的被调查者通过学习提高了以新的方式提出问题和解决问题的能力；超过 79.14% 的被调查者提高了沟通能力，在与他人沟通时能够有条理地表达自己的想法；超过 85.61% 的被调查者提高了团队协作能力，在团队合作中能主动承担责任和履行义务；超过 82.02% 的被调查者能够在工作中运用自己所学到的知识；超过 71.22% 的被调查者认为终身学习使其进一步完善了自身的知识结构；超过 52.16% 的被调查者认为终身学习提高了分析问题的能力；仅有 22.66% 的被调查者会反思所学知识和技能；占比 42.81% 的被调查者认可终身学习对其未来发展的作用和意义（图 4.4）。总体来看，被调查者的终身学习效果令人满意，在知识积累、团队协作能力、沟通能力、问题的发现与见解的表达能力等方面被调查者都有较好的收获。信息时代，由于知识更新速度较快，多数被调查者无暇反思自身终身学习。终身学习更多用于解决被调查者当下遇到的问题，对未来的作用和意义实现得尚不充分。

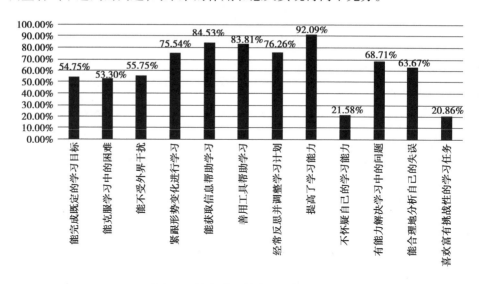

图 4.2　终身学习能力调查数据图

3.关于公民终身学习渠道与方法的调查结论

从终身学习渠道来看，主要接受学校教育的被调查者的比例为 85.61%；以成人教育为主的被调查者的比例仅为 3.6%；以社区教育为主的被调查者的比例为1.08%，以技工教育为主的被调查者的比例为 3.24%；参加过技能培训的被调查者的比例为 8.99%；重视家庭教育的被调查者的比例为 9.35%，重视自我学

习的被调查者的比例为 54.68%;以文体活动为主要终身学习形式的被调查者
的比例为 0.72%,超过 15.11% 的被调查者能够通过线上学习的方式开展终身学
习(图 4.5)。调查表明,学校仍旧是终身学习的主阵地,其他学习渠道的利用和
参与率并不高。除学校教育以外,学习者最常采用的终身学习渠道是自我学
习,社会上更为广阔的终身学习资源并没有被调查者重视并用于辅助自身的终
身学习。

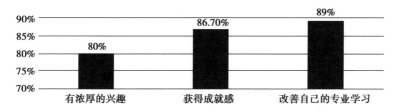

图 4.3　终身学习态度调查数据图

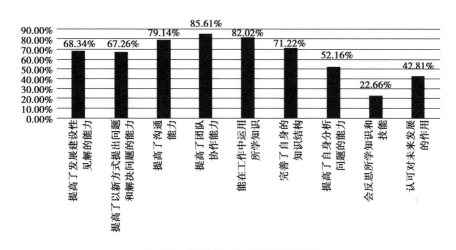

图 4.4　终身学习效果调查数据图

从终身学习方法来看,经常利用各种渠道去了解、查阅信息资料的被调查
者占比高达 86.69%;充分利用各种学习资源开展终身学习的被调查者的比例
达到 82.37%;具有独立钻研、善于思考的习惯的被调查者的比例为 76.54%;具
有合理把握学习过程(预习、复习、作业等)的习惯的被调查者的比例为
65.47%;具有良好阅读习惯的被调查者的比例则为 64.39%(图 4.6)。数据显
示,查阅信息资料是被调查者实施终身学习的重要方式,这也与被调查者重视

自我学习渠道密切相关。被调查者实施终身学习时对于资源的依赖程度较高，更看重独立钻研与思考，多数被调查者培养了阅读的习惯，对学习进程的总体把握情况也比较好。

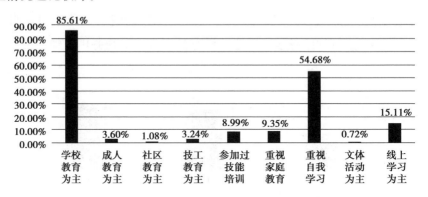

图4.5　终身学习渠道调查数据图

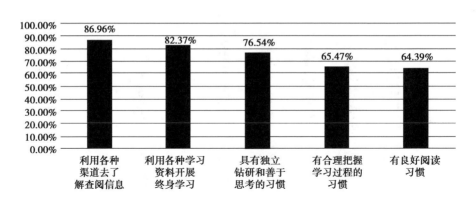

图4.6　终身学习方法调查数据图

4.关于公民终身学习需求的调查结论

从终身学习内容需求来看，注重职业发展类学习（就业指导、职业发展、工作技能提升、创业服务等）的被调查者占比为48.56%；注重学历文凭类学习（大专、本科、研究生等）的被调查者占比为22.66%；注重医疗保健类学习（心理健康、养生医疗、预防保健、疾病医疗、卫生防疫）的被调查者占比为13.31%；注重信息技术类学习（计算机知识、软件应用、上网冲浪、智能手机应用）的被调查者占比为19.42%；注重体育健身类学习（健康锻炼、体育竞技）的被调查者占比为8.63%；注重生活技能类学习（摄影摄像、烹饪旅游、美容着装、外语学习等）的被调查者占比为 27.70%；注重休闲技艺类学习（书法、绘画、乐器、戏剧、舞蹈、歌唱、编织、插花等）的被调查者占比为 21.22%；注重家庭生活技能学习（育儿教育、投资理财、饮食文化、家庭安全、家政服务）的被调查者占比为 8.63%；注重公民素养类学习（文化涵养、科学素养、历史文化、时事政治、法律知识等）的被调查者占比为 23.02%（图 4.7）。

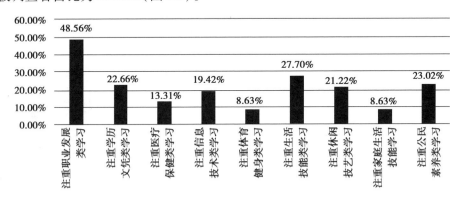

图 4.7 终身学习内容需求调查数据图

从终身学习方式需求来看，习惯于将教师讲授作为主要学习方式的被调查者占比为 48.92%；更愿意接受团队学习方式（如小组讨论、学术沙龙、伙伴互助等）的被调查者占比为 32.01%；倾向于采用网络学习方式（即通过教育慕课、微课等）进行学习的被调查者占比为 26.98%；倾向于通过参与活动进行学习的被调查者占比为 5.76%，如知识宣讲、成果展示、竞赛评比等方式；倾向于通过体验学习方式（如参观、体验、动手操作等亲身经历的方式）进行学习的被调查者占比为49.28%；倾向于通过自主学习（包括读书、看报、上网等）的被调查者占比为 27.70%（图 4.8）。

从终身学习场所需求来看，期望在工作单位的专有场地开展学习活动的被调查者占比为 31.65%；期望在当地各级各类教育实施机构开展学习的被调查者占比为 4.32%；期望通过广播电视大学进行学习的被调查者占比为2.88%；期望在课外辅导、学习培训机构进行学习的被调查者占比为13.67%；期望在老年大学进行学习的被调查者占比为 1.08%；期望在社区大学进行学习的被调查者占比为3.60%；期望在图书馆、文化馆、博物馆等社会文体场所开展学习活动的被调查者占比高达 58.27%；期望通过在线学习平台进行终身学习的被调查者占比达 45.32%（图 4.9）。

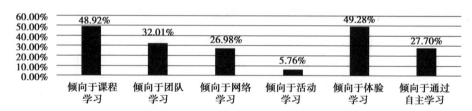

图 4.8　终身学习方式需求调查数据图

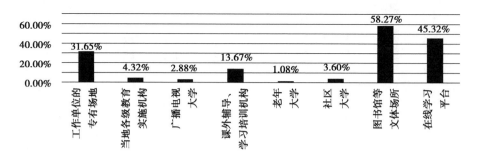

图 4.9　终身学习场所需求调查数据图

从终身学习目的需求来看，以获得更高学历为主要目的的被调查者占比为 43.88%；以满足兴趣爱好、提高文化知识水平为主要目的的被调查者占比为 42.81%；以满足职业发展需求为主要目的的被调查者占比为 28.78%；以提高社会地位、实现阶层流动为主要目的的被调查者占比为 6.83%；以提高生活质量、实现生活意义为主要目的的被调查者占比为 34.89%；以丰富业余生活为主要目的的被调查者占比为 3.24%；以提高教育子女能力为主要目的的被调查者占比为 3.96%；以学习新技能、适应社会变化为主要目的的被调查者占比为 20.86%；以增加收入为主要目的的被调查者占比为 8.63%（图 4.10）。

从终身学习费用分担需求来看，接受由个人完全承担的被调查者占比为 40.29%；主张个人承担少许费用的被调查者占比为 47.48%；主张终身教育实施机构补助的被调查者占比为 25.9%；主张由政府承担的被调查者占比为 42.09%（图 4.11）。

总的来看，被调查者对于终身学习的需求呈现出多元化样态。从终身学习内容需求来看，被调查者更重视就业指导、职业发展、工作技能提升、创业服务等职业发展类需求。从终身学习方式来看，专题讲授、合作学习和在线学习是比较受欢迎的方式。从终身学习场所需求来看,被调查者更希望能够在工作场所开展工作的同时进行终身学习,更喜欢在图书馆、文化馆、博物馆等社会文体场所进行非正式学习,也更接受线上学习的方式。从终身学习的需求来看,学历补充最受重视,体现出被调查者对于实施终身学习的实用主义取向;满足兴趣爱好和加强知识积累也是被调查者看重的目的。从终身学习费用分担需求来看,被调查者能够接受完全承担或承担一定比例的学习费用,但是也希望政府能够更多地支持个人的终身学习。

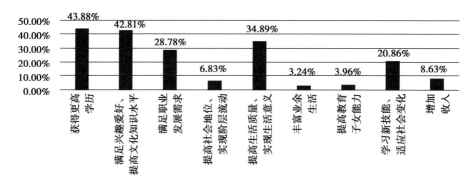

图 4.10　终身学习目的调查数据图

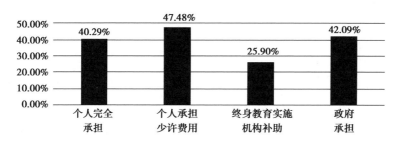

图 4.11　终身学习费用分担需求调查数据图

5.关于公民终身学习满意度的调查结论

从满意度方面来看,对自身学习态度感到满意的被调查者占比为 67.80%;对自身学习能力感到满意的被调查者占比为 70.50%;对学习习惯养成感到满意的被调查者占比为 66.18%;对学习方法掌握感到满意的被调查者占比为 64.39%;对取得的终身学习成果感到满意的被调查者占比为 64.18%(图 4.12)。

对社区开展的终身学习活动感到满意的被调查者占比仅为 39.82%。问题集中在：认为社区没有终身学习的场所，基础设施不健全的被调查者占比为66.55%；认为缺少专业人员指导，社区教育质量不高的被调查者占比为42.09%；认为社区教育开设的课程和活动不能引起学习者兴趣的被调查者占比为13.67%；认为社区终身学习成果得不到认证和转换，没有实际动力的被调查者占比为19.06%；认为学习地点远、交通不便的被调查者占比为6.83%；认为社区教育课程时间安排不合理的被调查者占比为8.63%；认为承担学费有负担的被调查者占比为5.04%；认为自身缺少相关学习基础和积累的被调查者占比为11.51%（图4.13）。

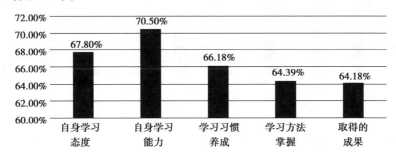

图4.12　终身学习满意度调查数据图

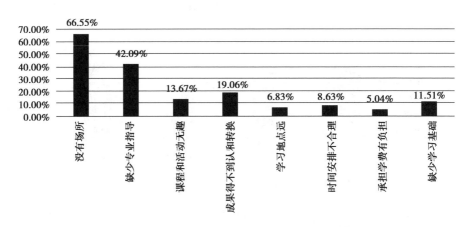

图4.13　社区终身学习活动满意度调查数据图

对社会开展的终身学习服务活动感到满意的被调查者占比仅为42.09%。问题集中在：认为资源少、获取不便的被调查者占比为62.59%；认为场所有限、设施不完善的被调查者占比为44.6%；认为机会较少、途径不畅的被调查者占比为40.29%；认为终身学习费用偏高、无法承担的被调查者占比为17.99%（图4.14）。

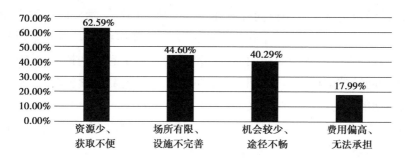

图 4.14　社会终身学习服务活动满意度调查数据图

6.总结与分析

终身学习品质调查基本呈现出我国公民当前终身学习的现实样态,基于公民终身学习目的、学习态度、学习能力、学习方法等方面的共同特点,结合公民在终身学习内容、方式、场所等方面的多元需求,概括总结出终身学习的基本发展趋势。

第一,终身学习目的从"学以致用"向"学以致慧"转变。终身学习不再是单纯地为了获得学历提升或资格证书等水平认定,而是转向积累知识、开拓视野、提升品位、充实人生,塑造更加完善的自我,尤其是充满智慧的人格魅力。

第二,终身学习动机从"外铄"向"内发"转变。信息时代,社会快速发展、生存环境瞬息万变,为了快速转变角色、提升应对社会变化的能力,学习者参与终身学习的意愿、热情和主动性逐步提高。越来越多的学习者从自身生存与发展的角度,以问题为中心不断寻求对高层次发展需求的满足,由"要我学"向"我要学"转变,实现人的综合素质的完善,创设精彩人生。

第三,学习需求从社会需求向个性需求转变。随着学习主体意识的觉醒、对生命质量关注程度的提高,终身学习需求也出现了重大转向,对生命意义的追寻、对美好生活的向往、对自我成长的关注以及内在精神世界的丰富等个性化的终身学习需求逐渐成为推动终身学习的主要动力。

第四,学习内容从功利性向人文性转变。学习者不再仅仅追求单纯获得经济层面收益的学习内容,而是将视野更多地放置于培养人格修养、陶冶道德情操、提升格调趣味等内容的参悟与积累上。这些内容的载体形式也从枯燥性向趣味性转变,抛弃了传统注重深入讲授的传递模式,转向了更加娱乐化的叙事方式,飞速发展的信息技术支持下的内容短小、主题凝练、传播迅速的学习资源更受学习者的欢迎。

　　第五，学习场域从封闭性向开放性转变。学习场域从学校向更加多样的空间拓展，日常生活中的学习、工作场所中的学习以及网络空间中的学习越来越受到学习者的青睐。基于场域的学习逐渐成为人们中意的选择，通过对场域文化、现象和问题的解析，使学习和学习者的日常生活建立起紧密联系，帮助人们在社会活动的参与中形成对意义的认知。

　　第六，学习途径从课堂向数字新媒体应用转变。数字化浪潮业已冲破了学校围墙，学习途径不局限于课堂教学，而是发生了翻天覆地的改变，不断拓展和延伸的学习空间催生与之匹配的网络学习、泛在学习、移动学习、混合式学习、微学习等新的学习方式层出不穷，时刻引发教育途径与方式的深层次变革，正规学习一统天下的格局正被打破，非正规学习和非正式学习的领地正在快速扩张。

　　第七，学习方法从以个人为主向个人学习与协同学习并重转变。教育者协同、人机协同、学习者协同、学习空间协同等新型学习方法越来越受到重视，个人更加难以独立完成人生不同阶段的所有学习任务。师生之间采用多种互动方式，加速知识的传递、内化与应用创新；计算机可以同时扮演学习流程设计者、教学实施者、学习陪伴者等多种角色，为学习者创设内容丰富、手段多样、支持保障到位的人机互动的智能化学习系统，使学习更加便捷高效。

　　第八，学习评价从正规学习结果认定向正规学习、非正规学习和非正式学习结果综合认定转变。注重全面发展，将学习者综合素质、创新能力、实践能力纳入评价内容，注重不同阶段学习成果的转换、认定和衔接，制定科学、无歧义的评价标准，使评价结果更具有客观性和权威性；引入多元化的评价方式，使评价更贴近学习者实际水平，反映学习者的综合能力。

二、教育体制、学习者个体与终身学习效果结构关系模型

(一)研究思路

　　遵循"应然—实然—应然"的研究思路展开研究。首先，基于终身学习、教育体制和教育体系概念确定研究的基本框架；其次，确定学习者个体方面的素质、家庭、工作等因素，教育体制方面的教育实施机构、教育实施规范、教育管理机构、教育管理规范等因素，预设上述因素与终身学习效果之间的关系；再次，运用问卷法建立服务全民终身学习的教育体制和学习者个体与终身学习效果之间的结构路径关系模型。

（二）因素确定

1.确定影响因素的理论基础

1）确定影响终身学习效果的学习者个体因素的理论基础

学习者个体因素是指影响学习效果的生理、认知、情感等方面的特点。年龄和遗传素质是主要的生理因素。终身学习是贯穿人的一生的学习过程，不同年龄阶段有着不同的身心发育特点，因而应接受或参加与之年龄相适应的终身学习。比如：儿童模仿力强、短时记忆力强，而成人理解分析力强，联想能力强；同样是未成年人，3~10岁的儿童大脑可塑性强，而11~17岁的青少年理解事物和长期记忆的能力强。但这并不意味着学习开始的时间越早就会获得越好的学习效果，越容易获得成功。获得良好学习效果的关键在于学习内容的适切性与学习时间的有效投入和使用。遗传素质是个体通过遗传获得的与前辈相似的生物特征，主要指与生俱来的解剖生理特征，如身体的构造、形态等。例如艺术家、运动员的后代常常会遗传一些诸如身体素质或艺术感觉潜质方面的特征。

认知因素是智力水平、学习能力、学习策略和认知方式的综合体。智力水平综合体现在观察力、注意力、记忆力、思维能力、想象力和创造力等方面。学习能力是适应某领域学习的认知能力倾向。学习者个体间的学习能力具有较大的差异。有研究表明，学习能力是影响学习成绩最为关键的因素之一，学习能力强的人通常能够更快、更准确、更扎实地掌握所学内容。认知方式是人们在面对问题、情景时，通过感知、记忆、思维等智能因素在对信息和经验进行积极加工过程中表现出的心理倾向，以及在行为上表现出来的习惯性特征。学习策略是学习者为了完成一定的学习任务，达成一定的学习目标所采取的一系列有规划的行动。

情感因素包括动机、态度和性格。动机是激励个体从事某种行为的内在动力，是个体为了达到某种目的而付出努力的愿望。动机可以通过学习者在学习活动中表现出来的兴趣、态度、投入的精力、兴趣保持的专注度等方面加以观察。动机包括内部动机和外部动机两种。前者由好奇、求知欲、自尊心、责任感、学习兴趣和成就感等内部因素所引发；后者由追求学习活动之外的目标而引发。内部动机比较持久，外部动机的维系与外部诱饵存续的时间长短密切相关，如果来自长者、权威、群体所提供的奖惩等外部刺激消失，学习动机就很难保持。实践中，学习者通常会受到内部和外部动机合力的影响。态度是个体对客观事物的评价性反应,是在对事物了解的基础上形成的感情上的好恶褒贬,并反映出行动上的倾向性。态度可以是正面的、积极的,也可以是负面的、消极的,形成后一般比较稳定。但也会因为关键他人或关键事件的影响而发生变化。性格则包括内向性格与外向性格,以及自尊心、抑制、焦虑和移情等方面的表现。上述因素中,本研究选择了学习能力与由学习态度、内部动机构成的学习内驱力作为影响终身学习效果的关键因素进行调查。

2) 确定影响终身学习效果的教育体制因素变量的理论基础

本研究的第二章对服务全民终身学习的教育体制进行了系统构建。这一建构可以作为确定影响终身学习效果的教育体制因素变量的理论基础。这一体制包括服务全民终身学习的教育实施体制和服务全民终身学习的教育管理体制。前者包括教育实施机构和教育实施规范,后者包括教育管理机构与教育管理规范。

服务全民终身学习的教育实施机构是指为社会成员持续一生的学习活动提供专项教育或专项服务的各类组织、机构和团体。服务全民终身学习的教育实施机构包括正规学习机构、非正规学习机构和非正式学习机构。从实施机构来看,服务全民终身学习的教育实施机构的最终形态是由不同实施机构构成的充分沟通各级各类教育、顺畅衔接多种学习成果的全民终身学习立交桥和人才成长通道。

服务全民终身学习的教育实施规范主要指正规学习机构、非正规学习机构和非正式学习机构为维系机构运作、规范机构组织和机构成员行为所制定的一系列规则。正规学习机构实施规范包括教育教学制度、教育质量标准及评价制度、学校标准化建设制度、教师队伍建设制度、学分制度、开放办学制度等。非正规学习机构实施规范包括成人继续教育制度、职业资格证书制度、协同办学制度、自学考试制度、普职教育融合制度等。非正式学习制度包括平台建设制度、公共学习资源共享制度、线上教育教学产业监管制度和社会教育、学习型城市建设相关制度。这些制度可以抽象成为机构章程、组织制度、工作制度和人员制度。

从教育管理机构维度来看,教育行政机构的职责是推进教育事业的发展,保障教育资源的合理配置,提供教育服务,促进教育改革和发展。教育实施机构内部管理机构的职责是运用有效的手段和措施,导引与影响师生员工,充分利用机构内外资源和机遇,有效实现组织工作与发展目标。机构设置的依据和基础是职能,即机构所具有的职责和功能。教育管理机构设置的依据则是组织或机构的管理职能。服务全民终身学习的教育管理形成了由领导机构、计划机构、组织机构和控制机构构成的完整体系。

教育管理规范包括法律法规、教育政策和教育实施机构内部管理制度三个层次。法律法规包括宪法中的相关条款,教育法中的相关条款,专项单行法、行政规章和工作规程。教育政策包括关于质量标准和评价标准、行政机构设置的政策,以及师资保障、财政保障、监督问责各方面的政策。

上述构成要素结合在一起涉及彼此之间的关系与运行方式问题,这就是服务全民终身学习的教育机制。在确定影响终身学习效果的教育体制因素的过程中,不可能单纯考虑体制要素的种类,要素与要素之间的相互关系和作用方式是影响要素功能发挥的重要条件,因此也应一并加以考虑。体制要素之间主要通过层次关系、形式关系和功能关系组合在一起。从层次关系来看,形成了宏观教育机制、中观教育机制和微观教育机制;从形式关系来看,形成了行政—计划式机制、指导—服务式机制和监督—服务式机制;从功能关系来看,形成了激励机制、制约机制和保障机制。[①] 综上所述,我们在确定影响终身学习效果的教育体制因素时,重点关注了教育实施机构的形式、教育管理机构的形式和功能、教育实施规范的形式和功能、教育管理规范的层次和功能。

3)教育效能理论对影响因素的启示

教育效能研究起源于科尔曼报告。这份报告得出的结论是:在考虑学生能力和家庭背景等因素后,学校教育对学生成绩影响不大。这份报告在教育领域引起巨大震动,对科尔曼报告进行批评和反思的研究逐渐增多,最终推动了教育效能与学校改进研究运动。在过去的几十年中,通过改进研究设计、抽样和统计技术,教育效能研究水平得到大幅提升。这为本研究确定终身学习效果因素带来较大的启发。

荷兰格罗宁根大学的学者科瑞摩斯构建了学校效能的动态模式,从认知性成果、情感性成果、精神运动成果和新的学习预期四个维度衡量学习成果,并从学生个体、班级和学校三个层面对学生成就进行广域测量。[②] 学者郑燕祥划分了内部效能、外部效能、面向未来的效能,并主张从学生学习目标的达成情况、学习者对学习的过程与结果的满意度和学习者培养出更好学习的素养与特质对三种效能加以测量。学者孙河川概括出测量学生学习成果的若干维度,包括

---

① 宋晓欣,闫志利.中职教育质量管理机制构建研究[J].教育与职业,2015(24):13-17.

② 邓晶.学校效能提升的框架分析[D].北京:首都师范大学,2005.

学业成就、乐学的程度、安全感、行为表现、健康生活方式、对学校和社区的贡献、出勤情况、掌握适应未来工作的能力、精神与道德发展等。[①] 学者王聚廷将学习效能划分为四个有机组成部分：学习能量，即学习者的心理动力。学习能力，包括信息处理能力、记忆能力、逻辑推理能力和运算能力。心理状态，包括人际关系建设的能力，团队协作的能力等方面。自我效能感，即学习者对自己实现特定领域行为目标所需能力的信心或信念。[②]

教育效能理论的启示在于：教育效能的目的不仅要实现人的素质的全面发展，同时应实现促进教育组织和社会的全面发展。教育效能是多种因素共同作用下的结果，分析教育效能时，不仅要注重教育实施机构方面的问题，还要同时关注家庭、社区等教育组织的问题，更要关注学习者个人的现实情况。据此，我们既要看到终身学习对学习者自身的特殊性，又要看到其对社会和国家的有效作用的展现。在学习者个人层面，本研究重点关注个体的整体表现和对终身学习活动的参与和持久度，如学习能力、学习内驱力、自我效能感和学习深入参与等；在教育行政层面，重点关注完善的组织与计划、明确的目标、良好的气氛和文化、合宜的规划、强有力的领导、良好的公共关系、民主的决策等影响因素。

2.确定影响因素的政策依据

改革开放以来，我国制定颁布了一系列有关终身学习和终身教育的政策，极大地推动了终身学习事业的发展。这些政策对于确定影响终身学习效果的教育体制因素变量有较大启发。从演进历程来看，我国终身学习政策的发展经历了三个显著阶段。

1978—1992 年为起步阶段。这一阶段政策的核心任务是推动恢复、重建并完善成人教育制度。[③] 围绕经济建设的需要，此时的教育政策立足于打破教育的年龄与空间限制，为已经超出教育年龄的群体提供接受再教育的机会与条件，提高其参加社会主义现代化建设的知识素养与技术水平。该阶段最具代表性的政策是 1987 年颁布的《关于改革和发展成人教育的决定》。这一政策详细阐述了成人教育制度在我国的地位作用和任务措施，为此后成人教育向终身教育转变奠定了基础。这一阶段政策的核心旨在于推动成年人群的"双补"（补文化、补技术），政策提出了开展岗位培训，改革成人学校教育，积极开展大学后继

① 莫祖军.走向核心素养的"全人教育"实践[J].广东教育（高中版），2019（5）：71-72.
② 骆晓莉.幼儿教师参与"国培计划"学习效能研究[J].科学咨询（科技·管理），2012（6）：85-87.
③ 国卉男，史枫.改革开放以来我国终身教育政策：价值选择与成效分析[J].中国职业技术教育，2020（30）：55-62.

续教育和专业培训、实践培训,调动地方和企业事业单位举办成人教育等具体规定。①

　　1993—2009年为拓展阶段。这一阶段教育政策的核心取向是教育新形态的创设与支持教育新形态的体系构建。1993年颁布的《中国教育改革和发展纲要》将终身教育认定为国家教育发展的基本方针和战略决策。1995年颁布的《中华人民共和国教育法》提出"建立和完善终身教育体系""使公民接受适当形式的终身教育"和"为公民接受终身教育创造条件"。1999年启动的《面向21世纪教育振兴行动计划》明确要求,"建立和完善终身教育体系"。这些政策一方面突破了传统学校教育及成人教育的范畴,进一步完善了继续教育制度;另一方面,强调各类学习形态整体发展的理念,更好满足公民多样化学习的需求,并要求加速推进非学历教育培训、社区教育、继续教育和老年教育等不同教育形式的发展。总之,这一阶段关于终身教育与终身学习的教育政策数量不断增加,工作目标与任务逐渐明确,指向性日益深入,使终身学习从一个被引入的观念向具有实际影响的教育形态快速转化。更有意义的是,这一时期开始提出建设"完备"的终身教育体系的设想与规划,试图从政策推动迈向立法保障。这一规划对于我国发展学校教育体系之外的教育新形式具有里程碑式的意义。

　　2010年至今为深化阶段。这一阶段政策重心转向体制机制创新,促进学校教育和继续教育的融合发展。《国家中长期教育改革和发展规划纲要(2010—2020年)》《中国教育现代化2035》等政策明确提出:"学历教育与非学历教育协调、职前教育和职后教育衔接、学校教育和社会教育沟通,构建更加开放畅通的人才成长通道,完善招生入学、弹性学习及继续教育制度,畅通学分转换渠道,建设服务全民的终身学习体系。"支持学习者实现自主、自由学习成为这一阶段政策的重要价值取向,实践中对盘活资源、有效扩大服务能力作了不同程度的探索和尝试。一是深化管理体制改革,如福建省、上海市、太原市、成都市等地相继出台了《终身教育促进条例》《社区教育促进条例》等地方性专门行政法规,建立了终身教育处、学习型城市建设与终身教育促进委员会等专门的管理机构,促进体制机制的改革与完善;二是注重办学模式和教育教学方式的转变和创新,设立开放大学,试点以信息技术为支撑的新型高等学校,加强教育制度的弹性化与开放程度;三是探索建立学分银行,上海市、江苏省、陕西省等地

---

① 何爱霞.“七五”以来我国成人高等教育办学机构的改革历程与发展走势研究[J].当代继续教育,2013(2):16-19.

建立了终身教育学分银行，探索学习成果的积累和转换，推动学习渠道多元化、学习过程优化和学习方式的创新。

总之，三个阶段的教育政策对终身学习和终身教育事业发展提出了明确要求，对终身学习实施机构、实施规范、管理机构和管理规范的设立、制定、完善与优化提出了相应的规定。这些规定对终身学习机构的设立资格、主要职责、专业化与标准化程度，终身学习规范的健全程度、明确程度提出了一定的要求，在设计影响终身学习效果的教育体制因素变量时，应加以重点考察。

3.影响因素与研究假设

根据服务全民终身学习的教育体制与教育机制的基本理论框架，构建教育体制、学习者个体因素对终身学习效果影响的因果关系模型。在建立模型的过程中按照正规教育、非正规教育、非正式教育的不同特点分别测量，相互验证，找出共同的趋势与特点。同时，从教育实施机构因素、教育实施规范因素、教育管理机构因素、教育管理规范因素设计教育体制的外因潜在变量，具体包括：终身学习执行部门设置、学习型社区建设、在线学习设施和平台建设、终身学习课程体系建设、终身学习公益机构设置、终身学习法律条例支持制度建设、国家和地方终身学习执行和领导机构设置等。学习者个体因素的外在潜变量，包括学习能力、学习内驱力、学习资源因素；学习动机，包含需要、兴趣、意志力等；学习能力，包含方法、技能、习惯、必备基础等；学习条件，包括学习资源和学习机会等。终身学习效果从终身学习目标达成情况、终身学习任务完成效率、自我效能和学习深度参与四个方面进行测量。根据确定的因素变量，形成了以下研究假设：

（1）终身学习实施机构设置合理性与终身学习效果之间呈现正向影响；

（2）学习型社区建设成熟度与终身学习效果之间呈现正向影响；

（3）在线学习平台丰富性与终身学习效果之间呈现正向影响；

（4）终身学习课程体系系统性与终身学习效果之间呈现正向影响；

（5）终身学习公益机构设置完备性与终身学习效果之间呈现正向影响；

（6）终身学习政策规定明确性与终身学习效果之间呈现正向影响；

（7）国家和地方终身学习执行和领导机构的专门化与终身学习效果之间呈现正向影响；

（8）学习内驱力与终身学习效果之间呈现正向影响；

（9）学习能力与终身学习效果之间呈现正向影响；

（10）学习资源丰富优质程度与终身学习效果之间呈现正向影响。

基于上述研究假设,本研究开发设计了调查量表,共包括 72 个题项。第一部分为被调查者的基本信息,主要了解性别、年龄、学历、工作单位、收入水平、职务、专业职称、文化水平、工作性质等身份情况。第二部分注重调查影响因素与终身学习效果的结构路径关系,采用了李克特五级量表编制法进行测量,按照各因素对终身学习效果的影响程度做出判断,"非常不重要 = 1 分""不重要 = 2 分""一般重要 = 3 分""重要 = 4 分""非常重要 = 5 分"。问卷要求不同类型的受访者结合自身终身学习情况和效果如实填答,题项分值越高,说明该指标对终身学习效果的影响重要程度越大。

(三)方法与过程

1.问卷试测

本次试测使用问卷星系统发放问卷,共回收 156 份答题记录,但其中 19 份记录存在明显异常情况(如答题时间短且所有答案均相同),最终有效样本数为 137 份,采用 SPSS 25.0 软件进行信度和效度检验分析。信度方面,试测结果显示问卷各个维度的克隆巴赫系数均达到了 0.6 以上水平,这说明该部分问卷具有较高的信度并且符合课题研究目标要求。此外整体问卷信度值为 0.837,进一步证实预调查结果良好。效度方面,本次测量的问卷 KMO 的值为 0.753,巴特利特球形检验卡方值为 4462.254,自由度为 1770,显著性为 0.000<0.05,这说明数据通过了效度检验,适合做后续因素分析。

2.问卷实测

针对问卷试测发现的部分信效度较低、描述不准确的题项,进行了描述转换以及题项修正,形成正式问卷,借助问卷星数据平台进行发放与回收。共收集到 477 份调查问卷。在剔除连续填写相同数值的 5 份以及答题时间少于一分钟的 7 份无效问卷后,有效回收问卷为 465 份。项目分析显示,问卷所有题项 t 值均在 0.01 水平上达到显著,说明问卷中的所有项目均具有鉴别度。信度分析显示,各分量表及总量表的 α 系数均在 0.70 以上,说明调查问卷与分量表具有较高的一致性和稳定性。在被调查的变量中,所有系数均在 0.81~0.92 之间,说明本研究的调查问卷具有较高的信度。问卷效度的验证方法为探索性因子分析和验证性因子分析。使用收敛效度和判别效度测量结构效度。收敛效度要求有 3 个:标准化因子载荷系数>0.5;组合信度值(CR 值)当>0.7;平均方差抽取值(AVE 值)>0.5。判别效度的标准是模型中任何一个潜变量 AVE 算术平方根都大于其他潜变量之间的相关系数。在进行结构效度检验之前，需要先进行探索性因子分析，将众多观测指标归纳为几个核心因子，构建出一个完整的因子模型。

（四）模型建构

1.适配度检验

本研究使用 AMOS(25.0)将变量进行汇总，并对最终模型路径进行验证。分析结果如表 4.1 所示：变量的最终模型的 CMIN/DF 值为 4.090，其余适配指标 NFI 的值为 0.858，IFI 的值为 0.888，TLI 的值为 0.854，CFI 的值为 0.887，GFI 的值为 0.921，RMSEA 的值为 0.082，各项适配指标均达到要求，说明该模型与量表匹配情况较好，模型拟合度较高，可以对模型检验结果进行分析。

表 4.1　教育体制、学习者个体与终身学习效果的结构关系模型拟合度检验

CMIN	df	CMIN/DF	NFI	IFI	TLI	CFI	GFI	RMSEA
208.600	51	4.090	0.858	0.888	0.854	0.887	0.921	0.082
标准		<5	>0.8	>0.8	>0.8	>0.8	>0.8	<0.1

2.路径关系检验结果

结合最终路径系数，本研究假设模型检验结果如下：终身学习效果影响因素具有结构性，包括教育体制因素和学习者个人因素两个维度，假设得到验证；终身学习效果各影响因素之间存在显著相关关系；教育体制→成效的路径系数为 0.868，即说明教育体制与终身学习成效呈现正向影响，假设得到验证；学习者个人因素→成效的路径系数为 0.761，即说明学习者个人因素与终身学习成效呈现正向影响，假设得到验证；终身学习执行部门设置、学习型社区建设、在线学习设施和平台建设、终身学习课程体系、终身学习公益机构设置、终身学习法律条例支持制度、国家和地方终身学习执行和领导机构的设置与教育体制的路径系数分别为 0.762、0.641、0.576、0.648、0.593、0.824、0.781，即说明教育实施机构、教育实施规范、教育管理机构、教育管理规范与教育体制呈现正向影响；学习内驱力因素、学习能力因素、资源因素与学习者个人因素的路径系数分别为 0.895、0.734、0.613，即说明内驱力因素、学习能力因素、资源因素与学习者个

人因素呈现正向影响(图4.15)。

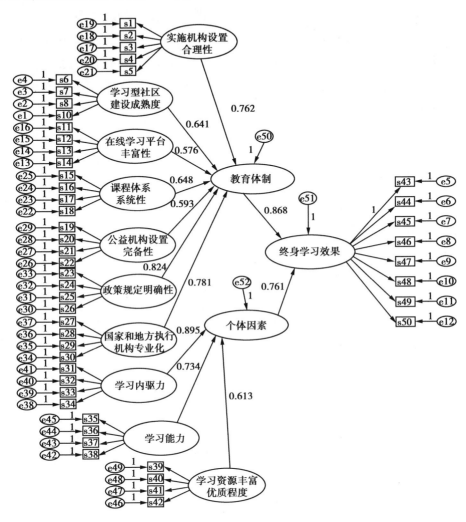

图 4.15　终身学习效果模型图

三、服务全民终身学习的教育体制改革的政策建议

(一)服务全民终身学习的教育体制改革的基本原则

1.坚持党的全面领导原则

坚持党对教育工作的全面领导是推进服务全民终身学习教育体制改革的

根本保证。要把党对教育工作的全面领导贯彻到服务全民终身学习教育体系建设的各个阶段、各个环节与各个方面。一是健全党的全面领导的体制机制。增强"四个意识"、坚定"四个自信"、做到"两个维护"，坚定不移维护党中央权威和集中统一领导，自觉在思想上、政治上、行动上同党中央保持高度一致，①建立党对服务全民终身学习事业的专项工作领导机构，充分发挥中央和地方两级专项工作领导机构的职能和作用，健全党委统一领导、党政齐抓共管、部门各负其责的领导体制。认真履行好全面领导责任，增强领导工作的科学性、系统性与前瞻性，认真贯彻执行督导问责制度，把党的教育方针是否落实到位作为检验事业发展成效的核心标准，确保党的路线方针政策及上级党组织的决定不折不扣得到落实。二是注重细节、扎实推进、工作到位。将服务全民终身学习的教育体制改革纳入到高质量教育体系建设的总体工作中，在组织领导、发展规划、资源倾斜、经费投入上做好保障。注重对事业推进的科学谋划、顶层设计与宏观引领，增强工作指导专业性、针对性与有效性。三是解决主要矛盾、关注薄弱环节。在全面分析服务全民终身学习事业发展的主客观情况基础上，找出主要矛盾和矛盾的主要方面，尤其是针对关键领域和薄弱环节，集中力量、聚合资源解决主要矛盾、弥补薄弱环节。例如着力破解服务全民终身学习教育体制改革进程中遇到的体制藩篱和机制障碍，整合全社会优质资源满足人民日益多元化的终身学习需求，大数据技术支撑学习型社会和学习型国家建设等。四是领导全社会共同承担推进服务全民终身学习事业的责任。发挥领导核心作用，充分调动学校、家庭、社区、社会组织投身终身学习事业的积极性，协同合作、同向发力。建立起多元主体协同共治的治理体系，发挥学校等正规学习机构的主阵地功能，发挥家庭、社区、企业等非正规学习机构的基础作用，发挥各类教育基地、文体艺术场馆等非正式学习机构的育人平台功能，形成开放互通、充满活力的终身学习网络，促进教育发展成果更多更公平惠及全体人民。

2.坚持结构整体优化原则

党的二十大报告指出，"必须坚持系统观念。万事万物是相互联系、相互依存的。只有用普遍联系的、全面系统的、发展变化的观点观察事物，才能把握事

---

① 朱谊星.深刻领会全面从严治党的新要求[J].兵团工运,2017(12):5-6.

物发展规律。"①推进服务全民终身学习的教育体制改革也应该遵循系统观念，坚持结构整体优化的原则。一是坚持"整体大于部分之和"的系统观念。系统的整体性质和规律只存在于组成它的诸要素的相互联系和相互作用之中，而不等于各组成部分或要素的孤立的性质和活动规律的总和。② 这意味着构成服务全民终身学习的教育体制的各要素均有自身独特的功能和属性，遵循自身独特的规律。当各构成要素以一定的方式组合在一起构成整体的时候，整体就处于主导地位，统帅各构成要素，整体的功能就会大于各个要素功能之和，具备各要素所不具备的功能。在构建服务全民终身学习的教育体制时，要坚持透过现象看本质，把握好全局和局部的关系，要注重服务全民终身学习的教育体制与其两个子系统——服务全民终身学习的教育实施体制和服务全民终身学习的教育管理体制的关系；要注重服务全民终身学习的教育实施体制子系统内部终身学习实施机构与教育规范之间的关系，以及服务全民终身学习的教育管理体制子系统内部终身学习管理机构与教育规范之间的关系。这样才能更加准确地把握服务全民终身学习的教育体制整体功能，处理好主要矛盾和次要矛盾、特殊和一般的关系，增强辩证思维、系统思维、战略思维，进行科学的解释、预测并设计多种实践方案，最终决策推进事业发展的科学方法。二是坚持机制应变协调原则。整体的各构成要素依靠一定的机制组合在一起，机制的功能在于使系统及各要素按一定方式运行自动调节、自组织、自增长、自优化。在构建服务全民终身学习的教育体制的同时，应设计好配套的教育机制，把握好各构成要素相互协调形成整体的规则以及各要素之间进行有益的物质、能量和信息交互运动，并形成稳定结构和功能的规律，充分发挥机制的润滑剂作用，促进服务全民终身学习的教育体制各子系统之间产生协同动作，不断走向稳定高效的运行状态。

3.坚持个人利益与公共利益相统一原则

坚持以人民为中心发展教育，对加快建设高质量教育体系提出更高要求。③

---

① 习近平.高举中国特色社会主义伟大旗帜为全面建设社会主义现代化国家而团结奋斗[N].人民日报,2022-10-26.
② 李球.遵循系统科学规律,加强学校德育研究[J].江西教育科研,1987(1):3-9.
③ 习近平.高举中国特色社会主义伟大旗帜为全面建设社会主义现代化国家而团结奋斗[N].人民日报,2022-10-26.

坚持以人民为中心必须协调好个人利益与公共利益之间的关系。从本质上来看,个人利益与公共利益具有对立统一的关系。个人利益是公共利益的出发点和落脚点,公共利益是个人利益实现的基础。二者的统一性表现在互为存在的条件,在一定的条件下二者能够实现相互转化。因此,在公共利益和个人利益发生冲突时,个人利益要服从公共利益;而在追求公共利益时,也应充分体现对个人利益的关怀。二者的对立性体现为,公共利益不可能被某个社会成员独占,个人利益有时会与公共利益产生冲突,并损害公共利益。构建服务全民终身学习的教育管理体制应坚持个人利益与公共利益相统一原则,既充分实现终身学习唤醒学习者主体意识、激励学习者个性成长、开发学习者潜能、促进学习者全面发展、实现学习者个人价值,保障学习者个人利益实现的功能;又充分实现其保障普惠性人力资本提升、支持科学技术创新、增强国家核心竞争力、促进国家和社会现代化,实现公共利益的功能。一是建立公平的终身学习资源配置和使用机制,确保受教育者公平地行使国家规定的各项终身学习权利。二是建立公开、合理的利益扶持与补偿机制,对弱势群体给予扶持,对因公共利益损害的个人利益给予补偿。三是健全个人有序参与协商决策机制,创造渠道听取公民的合理建议,吸收公民代表参与公共事务协商与决策,使改革方案更大程度地体现在决策之中。四是促进公共利益与个人利益有效整合。寻求一个双方都能接受的连接点,形成一个互利、双赢甚至多赢的局面,最后,为公共利益与个人利益的协调提供立法、行政和司法保障。以立法对公共利益实现做出程序性规定,以行政对公共利益条件进行适当限定,以司法妥善解决公共利益与个人利益的现实冲突。

4.坚持数字化技术深度融合原则

党的二十大报告提出,"推进教育数字化,建设全民终身学习的学习型社会、学习型大国"。这要求我们从战略高度深刻理解教育数字化的重要意义,积极应对互联网、云计算、大数据等现代信息技术推动教育事业发展变革的重大课题。① 数字化技术的深度融合要求利用现代信息技术支持教育在育人方式、办学模式、管理体制、保障机制等各方面创新,推动教育流程再造、结构重组和文化重构,改变教育发展动力结构,促进教育研究和实践范式变革,最终实现人

---

① 习近平.高举中国特色社会主义伟大旗帜为全面建设社会主义现代化国家而团结奋斗[N].人民日报,2022-10-26.

的全面、自由、个性化发展。① 构建服务全民终身学习的教育体制应坚持数字化技术的深度融合原则,突出以人为本、应用导向和技术赋能的特点。一是积极推进教育数字化基础设施建设,通过升级网络设施、建设专门的教育网络平台、研制部署立体智能教学场,构建贯通资源、数据与服务的开放互联智能学习空间。二是创设虚拟与实体相融合的教育教学空间。基于在线教育、移动学习与人工智能技术,深度开发虚实融合的教育教学生态场域,如新型教学空间、交互教学空间和智能教学空间等,达到人类和人工智能系统的共生共存状态。三是提供丰富的数字教育资源服务。继续开发升级知识类数字教育资源、工具类数字教育资源、虚拟交互数字教育资源、智能化数字教育资源等多种形态的数字教育资源,促进数字教育资源从低技术含量的知识类数字教育资源聚合、共享服务,转向高技术含量的体验性、交互性、沉浸性、探究性教学系统化服务。四是提高数字化教育治理水平。激活教育数据潜能,释放教育数据价值,深化教育数据开放共享、利用改造、质量管理、安全评估等全周期治理。② 最后,优化数字教育与学习资源配置机制。依法重点保障公共教育服务资源的公平性、普惠性、均衡性,有序运作市场配置选择性、竞争性学习资源,依规引导、规范社会力量和民间资本进入教育与学习领域,精准锁定、适应、激发学习者的需求,鼓励提供多样化教育与学习服务。

(二)构建更加开放畅通的人才成长通道

《中国教育现代化 2035》提出,建成服务全民终身学习的现代教育体系。即:实现各级各类教育纵向衔接、横向沟通,基础教育、职业教育、高等教育和继续教育协调发展,学历教育和非学历教育、职前教育和职后教育、线上学习和线下学习相互融合,学校教育与社会教育、家庭教育密切配合、良性互动,形成网络化、数字化、个性化、终身化的教育体系。教育体系结构和人才培养结构更加合理,建成人人皆学、处处能学、时时可学的学习型社会。③ 可见,构建由各级各类教育的高质量发展和有效衔接的人才成长通道,是服务全民终身学习的基础

① 李长合,梁妍.育人视域下中小学教育数字化转型的实践路径探索[J].中国信息技术教育,2023(7):101-104.
② 唐芊尔,王夏雯.加快数字化转型推动教育高质量发展[N].光明日报,2024-02-06.
③ 蒋书同.面向中国教育现代化2035的省域终身学习体系现代化相关问题研究[J].中国职业技术教育,2019(28):52-58.

性工程。一方面,应通过体系设计实现各级各类教育有效贯通、协调发展;另一方面,通过制度完善推进终身学习成果认证转换、构建终身教育人才成长立交桥。本研究调查显示,当前在构建更加开放畅通的人才成长通道进程中存在着中高职衔接与普职融通渠道受阻、社区教育学习资源保障不足、继续教育持续力不足、学习型组织建设思路模糊、协同治理体系尚未完全建立等问题。

1.大力推进中高职衔接与普职融通

中职教育与高职教育各自为营的分割局面已经成为职业教育发展乃至终身学习体系建设的主要障碍。体制方面,职业教育面临着行政管理多部门分割的格局,不同类型和层级职业教育归属不同的行政部门管理,彼此之间协调性差;中等职业教育学制多样,提高了中高职衔接的学制设计难度。专业与课程方面,中职专业数量多,分类较细,高职专业数量少,口径宽泛,造成专业设置的契合度较低,课程难以衔接;①高职课程基于普通高中生考虑,造成某些课程重复设置,职业教育资源浪费严重。此外,职业教育吸引力不足,中高职衔接缺乏政策支撑,国家职业标准与就业准入制度不完善都对中高职衔接造成不利影响。为此,应大力提升职业教育的社会认同度,设计职业资格证书与普通学历文凭的转换制度;设计一系列弹性学习制度,如实施学分累计和弹性学制增加中高职衔接的灵活性,使学生能够根据自己的需要合理安排自己的学习时间和进度,分段完成学业,打通"中职—高职—应用型本科—专业学位研究生"的衔接通道,完善中高职衔接体系;根据产业行业需求设置专业,以专业为依据实施宽口径衔接,构建以功能和单元结构为导向职业教育课程体系,合理地差异化定位中职课程与高职课程教学目标与内容;完善国家职业资格标准赋予职业资格升学与就业的双重功效,加强中高职衔接的政策支撑,促进中高职教育协调发展。

普职融通是《中华人民共和国职业教育法》规定的普职教育协调发展的主要实践形式,具有促进社会人才流动、有效供给人力资本以及促进全民终身学习体系创新的时代意义。当前普职融合面临的困境主要体现在:传统观念难以扭转,职业教育被视为"末流教育",现实中无法获得与普通教育同等的重视,职业教育不具有足够的吸引力;职业教育特色模糊,办学水平有待提高,一些职业

---

① 高洁,付建军."学分银行"服务于搭建中高职衔接"立交桥"研究[J].继续教育,2014(7):10-12.

学校由于内涵建设不足,囿于师资、设施等条件限制,只能采用与普通教育类似的教学方式,甚至以图片或视频代替实践操作,导致职业教育的特性和优势无法实现;普职比例失衡,普职融通无从谈起,一种原因是不同区域经济发展水平差异导致,另一种原因源于各地对职业教育和普通教育的投入程度存在较大差异;同时,以文化课成绩为主的高考招生制度,导致普通教育和职业教育学校难以实现课程的有效衔接。推进普职融通的着力点包括:实施多元化办学,探索校企合作办学、集团化办学、混合所有制办学等形式,激发职业教育内在发展动力,走深化综合改革的内涵发展之路,持续提高职业教育办学质量,打破"重普轻职"的认识偏见;深化产教融合,找到学校与企业稳定、平衡的利益结合点,积极落实校企双方的主体责任,走向主动融合、"办学软件"融合,形成良好发展格局;完善普职融通的课程体系,提高职业学校基础课程要求,细化普通高中课程设置,增强普通中学职业课程渗透;改革高考制度,完善学分认证、积累和转化制度,推进普职横向融通;依据地方特点、学校特点以及主干专业特点建立职教本科,促进普职纵向融通。如澳大利亚将职业技术教育拓展为技术和继续教育,组建了技术和继续教育学院,提出了技术教育和继续教育以及学历教育与在职技术培训有机地结合等实践方案,配套建设了灵活的学历认证机构,为国民提供更多的终身学习机会和条件。

2.充分保障社区学习资源供给

社区教育是我国实现全民终身学习体系以及学习型社会建设目标的重要途径。资源保障是否充足决定了社区教育的总体效能。当前,社区教育资源配置、利用与保障存在一些问题:一是资源配置不均衡,经济发展水平决定了不同地区社区教育资源投入水平差距很大;二是缺乏有效统筹,由于体制和机制等因素的限制,社区内部不同主体归属的教育资源条块分割、互不隶属、各自为营,造成空闲浪费;三是缺乏必要的经费支持,政府投入、部门分担、社会捐助受教育者支付的规定没有充分实现;四是优质师资缺乏,教师教学能力不足,负责社区教育的专职工作人员专业性不强,存在非专业化、女性化、老龄化、学历层次低等情况,加之编制、待遇职称评定等方面面临的实际问题,流动性较大;五是社区教育的设施设备的配备、维护和升级不够及时。为此,应加大资源统筹力度,在分析社区教育基本情况和需求的基础上,统一规划社区教育资源,建立完整的教育资源库;充分考虑社区资源(包括人员、物资、经费)的分配方式,制定社区资源配置与使用的完善规则和程序；积极引进高水平兼职教师，不断改进教学方法，运用体验式教学、多方位教学等新型教育模式；创设渠道，积极引入社会资源，不断扩大社区教育资源的规模和质量；设立专项经费投入机制，并完善经费使用和监督机制。德国的社区教育中心建设经验值得我们借鉴。在德国，社区教育中心是最为普遍的终身学习组织，依托社区以及与其他社会教育机构和地方单位保持紧密的合作关系，筹集充足的教育资源，开设了类型丰富、包容性极强的终身学习课程，涵盖社会生活、环境保护、文化修养、健康维护和语言能力等方面。在德国，下至基础教育，上至专业职业技能培训，都能在社区教育中心得到较高质量的学习服务。

老年教育作为构建全民终身学习的学习型社会的重要环节，是贯彻积极老龄化战略的智力支撑和有效之举。[①] 老年教育常常由社区举办，实践中老年教育与社区教育融合较为紧密。因此，社区教育与老年教育面临一定的共性问题。老年教育面临的突出个性问题包括：受到资源限制，老年教育辐射范围较小，距离交通便利和人员密集区域较远的老年人较少接受到教育服务；课程内容无法满足老年人的多元学习诉求，心理健康、财经类课程设置较少，缺少必要的课程标准，课程教学质量良莠不齐；优质资源供给不足，很多深受老年人欢迎的课程"学位"有限；老年人使用现代智能终端的能力不强，导致老年教育数字化融合进程较慢。解决上述问题，应重点关注：完善老年教育政策体系，对老年大学、老年学校的隶属关系、资金来源、机构设置、人员编制、办学规模、课程设置等做出明确规定。健全老年教育的经费保障机制，把老年教育工作所需经费列入预算，确保必要的经费开支，鼓励企事业单位、社会团体及公民捐资助学，支持发展老年教育事业。建立老年教育人才库，规范管理老年教育师资队伍。[②]根据老年人的兴趣需要设置课程，完善课程设置与相应的课程标准，运用简单易学的方式把新知识传授给老年人，不断提高授课质量。开展专项培训，提高老年人现代信息技术应用能力，建立优质老年教育课程数字资源库，加快老年教育数字化进程。

3.为继续教育注入持久发展动力

继续教育分为学历继续教育和非学历继续教育两类。国家鼓励高等学校

① 刘逸楠.新时期老年教育高质量发展：成就、问题、路径[J].继续教育研究,2024(1):73-77.
② 曲玉萍,杨奇.论老年教育的困境与出路：以吉林省为例[J].老龄科学研究,2015(5):62-70.

积极开展学历继续教育。发展高等学历继续教育是建成服务全民终身学习的现代教育体系的路径之一。① 当前高等学历继续教育规模增速较快,快速扩张的背后出现了一些亟待解决的问题:办学缺乏统一规范性,高等学历继续教育办学主体多元、办学形式多样、人才培养目标、办学质量要求不尽相同,各校在招生、录取、培养、学习成果认定等方面各自为政,整体上出现千校千面、杂乱无章的现象;人才培养质量不高,由于学员多为在职人员,很难参照全日制学生的教学计划或教学大纲组织培养活动,关于"建立严格的考试制度,保证毕业生达到相当于全日制高等学校同类专业的水平"的政策落实不到位,陷入了重规模轻质量、影响广但认可度低的局面;②国家层面缺少按照高等学历继续教育办学规模进行财政拨款的运行机制,导致经费投入不足;③缺少客观准确衡量高等学历继续教育办学质量的评价体系,无法准确衡量高校学历继续教育的办学水平。为此,应将教学质量作为发展高等学历继续教育的生命线,通过制定统一的专业教学标准、加强质量监测评价确保人才培养质量;突出专业特色发展,以经济社会发展需要作为核心依据设置专业、调整布局,打造优势专业与学科,促进高等学历继续教育与国家或区域协调发展;建立多层次资源统筹共享机制,推进校内资源统筹调配与校际资源开放共享,扩展优质教育资源的辐射范围与使用效益,提高高等学历继续教育效能;改革办学体制,探索建立省市县三级统筹的区域办学服务新格局,推进实训基地建设与共建;加速数字化改革步伐,合作开展优质数字资源设计开发与资源库建设,探索资源配置、使用、增值的市场化机制与可持续增长机制;以国家资历框架为基础,探索不同形式高等学历继续教育间的衔接与沟通。

　　高等学校非学历继续教育的突出问题是融入市场和社会不足,封闭性较高,造成培训项目类型单一、无法满足培训市场的多元需求;学校内部相关制度体系不健全,非学历继续教育的高质量发展动力不足;精品课程开发认识不足,品牌优势特色不够凸显;教学模式创新不足,教学质量难以保证;办学模式传统单一,共享合作办学推进缓慢。应进一步更新教育理念,实施精品集成战略,推

---

① 夏阳,徐平平.中国式现代化视域下高等学历继续教育创新发展研究[J].苏州科技大学学报(社会科学版),2024(1):19-24,31.

② 吴斌,高庆元,范太华.高等学历继续教育人才培养目标定位研究[J].高等继续教育学报,2017(2):8-13,18.

③ 马国刚.新时代高等学历继续教育改革发展路径研究[J].高等继续教育学报,2023(1):1-8,14.

出一批精品培训项目,打破办学同质化现象;建立校企合作、校校合作、校社合作的项目研发团队,开发课程体系,改革教学模式,整合教学资源,提高教学质量;健全激励、评价和培训制度,提高教师队伍专业化程度,保障教师队伍稳定;完善学校内部管理制度体系,加强质量监测与绩效考核,确保非学历继续教育的信誉和质量;建设合作办学平台,实现资源融合共享。

4.推动各类学习型组织建设

建设各类学习型组织包括学习型社区、学习型城市、学习型国家和学习型社会,是提升全体国民素质、全面建设社会主义现代化国家的客观需要,也是世界各国教育改革的趋势和必然选择。我国的学习型组织建设走出了一条由政府主导统筹、多元主体协同参与的独特之路。但是在推进各类学习型组织建设的进程中,仍旧存在一些亟待解决的问题。第一,是各地对学习型组织建设的重视程度不同,导致区域差异明显,经济社会发展水平较高的地区,学习型组织建设成效较好。第二,学习型组织建设目标和任务模糊,各地都遵循自身的理解开展工作,侧重点、活动形式、活动内容、参与主体都不尽相同,尽管各地工作都力求彰显出自身特色,但无法真正衡量这些活动的实效。第三,公民和社会组织参与学习型组织建设活动的意识不强烈。某些个人或社会组织参与学习型组织建设活动都是听从所在学校、单位或者政府的要求与安排,体现出较强的被动性。第四,学习型组织建设活动缺乏系统规划,活动与活动之间缺少主题、内容或者活动对象的衔接性,虽然活动数量很多,但是实际成效不理想。第五,不同层次的学习型组织建设各行其是,缺少统一推进的顶层设计,多角度、全方位开放的建设格局尚未形成。

应从以下几方面加强工作:一是将各类学习型组织建设纳入制度化、法治化和规范化轨道,强化顶层设计,明确不同层次学习型组织的建设目标和核心任务,逐步推进。二是由政府主导构建学习型组织建设协同治理模式,引导与激励包括民间团体、行业协会、志愿者队伍、家庭和个人在内的多元主体参与学习型组织建设,明确各主体的职责和任务,使工作更加贴合多样化的学习需求。三是统筹安排系列主题活动,增加互动的延续性和品牌性。除了常规开展全民终身学习活动周、公益讲堂与培训、全民主题阅读活动、科普宣传月、终身学习互助团体、文艺展演等活动外,应根据国家和区域经济与社会发展的重要事件,由相关主体组织开展专项终身学习活动,形成常规活动与专项活动相结合、传统活动与主题活动相结合、体验活动与阅读活动相结合的工作形式。四是加大投资力度,建立便于市民学习的场所与设施设备。形成多层次的学习网络体系,广泛普及信息网络知识与技能,发展远程教育、推广网络教育,搭建起教育信息化和终身教育的平台;回应多样化的终身学习需求,由政府购买特定服务,并积极引入市场培训,拓展服务功能,提高工作质量;以全民阅读等活动为载体,营造健康向上的社会文化环境;提高图书、期刊和音像制品的质量,为全民提供丰富健康的精神食粮。

5.探索高效"数治化"模式

教育治理通过明确治理主体间的权力关系,促进治理主体协同合作,保障服务全民终身学习事业科学、健康、有序发展。当前,教育数字化赋能成为推动服务全民终身学习事业的重要战略机遇,教育治理也需顺应数字化转型大趋势进行"数治化"升级,才能更好地发挥引领终身教育发展和终身学习实践的核心支柱作用。现阶段,服务全民终身学习的教育治理存在两方面问题:一是滞后于终身学习事业发展,并且滞后于教育数字化转型;二是仍存在一些传统教育治理固有的顽疾。如治理机构与治理主体权责划分不清,协同善治格局尚未形成;治理规则及配套措施不完善,制度决策、传达与执行反应速度不及时;有效监管机制缺乏,不能及时制止权力滥用,造成发展效率迟滞、优质资源浪费、公正公平受损等不良后果。"数治化"模式以大数据为基础治理资源,突显目标以人为本、服务无缝衔接、内容精细科学、过程动态协同等鲜明特征,最终呈现出决策科学化、服务信息化、监管智能化、办公自动化的治理样态。

探索高效的"数治化"模式首先要转变传统治理理念,注重"循数"和"服务"。"循数"即遵循数据进行治理,用数据决策,用数据调控,用数据评价,用数据创新;使数据收集、数据分析、数据挖掘、数据共享、数据升级、数据发布、数据保护成为治理的必要环节和常态。"服务"意味着治理的最终目的不是掌舵,而是服务:注重提供精准化、个性化与效率化的服务,实现协同治理主体追求的价值;注重满足人民对美好生活的需要,落实到本研究领域就是学习者对优质终身学习的需要,使发展成果为全民共享;注重通过赋权与赋能发挥协同治理主体作用,实现多元主体协同善治。

其次,构建新型治理结构。数字化时代,信息数据的传播方式发生了颠覆性的变化,每一个主体都成为信息数据源,信息数据的传播呈现出即时性、高交互性、散发性、多源性的特征。数字化治理功能的发挥很大程度上取决于数据信息的传递速度和接收的准确性。这势必产生重组和改造现有治理结构形态与运行方式的要求。减少信息传播中间环节、降低误解信息几率的扁平式结构无疑更加适应"数治化"模式的需要。与此同时，僵化的结构显然也不能匹配愈加灵活多样的信息数据传播，架设跨领域、跨部门、跨区域协同的动态性组织结构将成为理性的选择。

再次，建设复合功能的数据治理平台。数据治理平台集信息数据库、信息发布与共享、业务协同、办事大厅等功能于一体。为协同治理主体、治理服务对象提供便捷化、精准化、主动式线上服务。平台的另一项重要功能是实时收集、分类、存储、读取、挖掘、综合分析、可视化呈现，为高效率协同治理提供决策依据与咨询服务，并能够极大地增强各协同治理主体之间的数据开放与共享。

最后，完善规约数治化模式的制度规则。包括政府、学校、企业等多元主体数据衔接共享制度、多元主体有效参与的教育大数据治理制度、数据开放与隐私保护制度、教育监测与评价制度。

（三）建立全民终身学习的制度环境

从规范的层面，服务全民终身学习的教育体制致力于建设现代终身学习制度体系，即：顺应终身学习理念，满足我国教育事业发展需要的调整和规范终身学习服务机构及其成员，以及与终身学习服务机构相关的组织机构及人员行为的权威规则。现代终身学习制度的本质特征是灵活、弹性与开放。这一本质特征是与多元学习者灵活、多样、开放、优质、终身、个性化的教育需求相适应的。本研究调查表明，建设全民终身学习的制度环境的关键任务是：制定终身教育法，建设中国特色的国家资历框架，完善国家学分银行制度，建立规范化的转学转专业制度。

1.制定终身教育法

制定终身学法需要明确三个关键问题：一是确定终身学习法的等级效力；二是明确立法宗旨；三是确定终身学习法的核心内容。从终身学习法的等级效力来看，应将其作为教育单行法。教育单行法不能与宪法和教育基本法相抵触，其法律效力低于教育基本法，但高于教育行政法规。教育单行法在教育法的体系中占有重要地位，一个完备的教育法律制度应该包括教育的基本方面和主要部类。作为教育单行法，终身学习法在终身学习法制体系中起着纽带的作用,向上承接着上位的宪法和教育根本法,向下又指引着行政法规、部门规章及教育政策的制定。

立法宗旨是指通过立法和法律的实施所要达到的意图和目的。我国终身学习法立法宗旨应体现在以下两方面:一是依法保障公民平等地享有终身学习权。终身学习权是指公民在持续一生的时间里自主性地获取知识以满足自身生存和发展的权利。从国内外的立法实践经验来看,终身学习权包含学习自由、接受教育和教育终身制三层含义。二是构建高质量服务全民终身学习的教育体系,建成学习型社会、学习型大国。服务全民终身学习的教育体系是指以终身学习思想为导向,以建设学习型社会为目标,保障全体社会成员公平的学习权益,满足全体社会成员多元化的学习内容需求、学习方式需求以及终身发展需求,有利于实现学习者主体性学习的服务型教育体系。学习型社会是指依法运用相应机制和手段促进和保障全民学习和终身学习的社会,其基本特征是善于不断学习,形成全民学习、终身学习、积极向上的社会风气。[①] 其核心内涵是全民学习、终身学习。学习型国家是指依法运用相应机制和手段促进和保障全民学习和终身学习的国家。建成学习型社会和学习型国家的时间节点是2035年。这代表了我国法律对终身学习应然法律秩序的规定。

法律规范的核心是确认法律主体的权利义务、调整法律主体之间的法律关系。法律关系的本质是权利义务关系。因此,任何一部法律的核心内容就是关于法律关系主体的规定、关于权利义务的规定和关于法律责任的规定。法律关系主体是终身学习法中权利的享受者和义务的承担者。终身学习法律关系主体包括四类:学习者、政府和教育行政机关、终身学习服务提供者以及社会组织。其中终身学习服务提供者包括正规学习机构、非正规学习机构、非正式学习机构。关于权利义务的规定主要包括:学习者的终身学习权,政府和教育行政机关对终身学习进行领导、管理、监督的权利以及应承担的保障其他法律主体终身学习相关权利实现的行政职责,终身学习服务提供者组织实施终身学习服务活动的权利和应承担的义务,社会组织参与终身学习所应享受的相应权利和义务。关于法律责任的规定则是法律主体不履行相关义务时所应承担的法律责任和自身合法权益受到侵犯时,侵权法律主体应承担的责任。终身学习法

---

① 张晓宇,傅永春.终生教育与学习化社会的建立[J].内蒙古师范大学学报(教育科学版),2009(11):1-4.

在内容上应涵盖整个服务全民终身学习的教育体系,需要就其他教育法律较少涉及、法律保障薄弱的非正规教育和非正式学习,特别是成人继续教育中的社区教育、老年教育等领域作出规定。其中较为重要的立法内容包括学习型社会、学习型大国建设、终身学习资历框架、学分银行、学习成果认定以及终身学习治理体系。

2.建设中国特色的国家资历框架

国家资历框架是国家根据一定的标准和定义,将公民个人在任何时间和地点,通过规范的方式获得的知识、技能按层级分类描述并依法确定的一整套标准和措施。[①] 国家资历框架为公民构建了一个无障碍的、公平的、可以自由流动的、学习成果可以携带和累积的终身学习体系;通过统一标准的制定和实施,保障和提高教育、培训质量,实现各种资历相互可比、可衔接与可携带,进而促进资历的跨领域、跨行业、跨地区和跨国界的相互认可。

我国目前没有国家制定的统一资历框架,各地学分银行探索性地开发设计了本区域内的资历框架,其中比较有代表性的是国家开放大学学习成果框架、广东省终身教育资历框架、江苏省终身教育学习成果框架、重庆职教和远教资历与学习成果框架。[②] 四个框架的层级和内容均不相同。从国际上来看,共有150多个国家制定了国家资历框架,内容差别也比较大。我国资历框架开发设计的实践表明:首先,应该由国家教育行政主管部门成立专门机构汇集各方力量进行专题研发。如德国的国家资历框架组、韩国的教育科学技术部、澳大利亚资历框架咨询委员会等在学分银行和资历框架的研发中发挥了不可替代的作用。应积极协调组建包括行政人员、专家学者、各级各类学校管理人员、专任教师、行业组织与企事业单位代表、家长代表、相关社会组织团体代表在内的国家资历框架研究团队进行方案设计,完成基本思路、实施规划、技术路线、资源保障等方面的顶层设计。其次,明确国家资历框架的类型。国家资历框架从体系上分为综合型和局部型,前者囊括了一个国家或地区所有有效的资历,而后者一般是指针对某特定阶段或行业部门资历而建构的框架。从我国终身学习实践需求来看,建议设计综合型的国家资历框架,将包括学校教育和非学校教

① 欧阳忠明,王饶若愚.我国国家资历框架构建:研究现状与发展思考:基于国内相关文献的述评[J].中国职业技术教育,2019(9):5-11.
② 曹丽萍.跨国资历框架体系的国际范式与本土建构[D].桂林:广西师范大学,2022.

育、正规学习与非正规学习、成人教育与职业培训等在内的各种类型的教育与培训统筹整合,实现各级各类教育、培训的贯通和协调发展。综合型框架是一种理想型的资历框架,也是全球构建资历框架的大趋势。① 第三,确定衡量学习者专业经历与资质的客观标准,使对各级各类学习成果的认定、积累与转化规范化与标准化,为学习者终身学习与发展搭建合理阶梯。第四,建立国家资历框架的动态调整机制,顺应经济与社会的快速发展,以及不同产业升级带来的人才需求和标准变化,加强不同类型教育和工作技能的可比性。第五,夯实国家资历框架的基础工程,进一步完善职业证书、学分银行等制度。最后,采用点面结合的推进实施策略,确定一批实践较早、基础较好的地区与行业作为改革试点,先试先行,逐步推广,为国家资历框架的最终确定积累宝贵的实践经验。

3.完善国家学分银行制度

学分银行移植了银行的基本储蓄功能,实现学分的存储、保管、提取和转化,帮助学生实现自由选择学习内容、学习时间、学习地点的终身学习。学分银行有助于打破教育系统界限,转化传统教育系统以更好地适应社会对人才多样化的要求和学习者群体多元化的学习需求,是构建人才成长立交桥的核心制度与环节。我国学分银行采用"框架+认证"的模式,即资历框架标准和学习成果认证结合的模式。旨在通过学历教育和非学历教育之间学习成果的互认和转换,鼓励人们终身学习。②

当前,我国学分银行制度建设存在四个亟待解决的问题:一是法律依据不充分。针对学分银行及制度建设,国家层面仅制定颁布了几项相关的教育政策,提出了发展建设的方向指引,缺少具体、明确的工作要求。二是实践基础缺失。国家资历框架和学分银行是关系紧密的制度工具。就二者关系来讲,国家资历框架是学分银行设立的前提和基础,为学分银行提供各种学习成果的实际分值和换算标准。但是我国实践中,统一的国家资历框架尚未建立起来,学分银行制度的运转缺少向心轴。三是已有学分银行各自为政、各行其道。当前各省市陆续建立起学分银行,国家也设立了职业教育学分银行,但是这些学分银

① 欧阳忠明,王饶若愚.我国国家资历框架构建:研究现状与发展思考:基于国内相关文献的述评[J].中国职业技术教育,2019(9):5-11.
② 倪新宇,王丽敏.终身教育理念下我国学分银行建设现状及优化策略研究[J].继续教育研究,2021(5):76-78.

行都有自己的规则制度和不同工作范围,相互之间缺少沟通协作,仅在属于自己的区域范围内提供相关服务,学习成果无法在大范围内进行学分互认。最后,缺少独立的第三方认证机构。① 学分银行认证的学习成果受到多方面的质疑,大大丧失了建立学分银行的价值和意义。

完善国家学分银行制度的路径包括:制定专项政策,明确学分银行的功能,为学分银行的建设和发展提供法律保障;完善包括国家资历框架、学习成果认证、学分转换、学习资源建设等在内的学分银行制度体系,充分发挥其连接学习者和各个学习成果认证机构,提供资历学分的存储、积累、互认、转换、兑换的公共服务平台功能;推进地方和国家两级学分银行建设,国家学分银行承担制定政策、标准、监管、准入、机构资格认证等行政职能,地方学分银行承担具体的学习成果认证、学分转换、资格认证等具体职能;②充分利用信息技术提升学分银行的服务效能,实现各地方性、行业性学分银行数据的汇聚,为全民终身学习提供智能、个性、便捷的一站式服务;引入第三方评价机构,对学习成果开展专项认证。

4.建立规范化的转学、转专业制度

马丁·特罗认为,高等教育进入大众化阶段宜实施模块课程,以促进学习者在主要学习领域或高校间流动。在具备条件的前提下,允许受教育者灵活地转换学校、学科和专业,赋予学生更多的发展选择权,有助于满足学生个性化学习需求、更好地强化终身学习理念。

当前,我国高校学生转专业面临着一定的现实障碍。一是资格限制比较严格。很多高校对转专业设置了诸多门槛条件,如成绩、年级、学制、比例、申请数目等,这些限制条件一方面加剧了转专业的竞争程度,另一方面也会在一定程度上削弱学生转专业的意向。二是对学生的专业潜质考核客观性有待提高。对转专业学生的考查方式主要采用笔试、面试或混合形式。固定的考试方式和存在局限性的考试内容并不能客观准确地衡量学生的专业潜质。三是转专业的时段较为靠前。转专业通常安排在第一学年的末期进行,对于一部分学生来讲,要学习自己不感兴趣的专业长达一年时间;对另一部分学生来讲,可能还没

---

① 倪新宇,王丽敏.终身教育理念下我国学分银行建设现状及优化策略研究[J].继续教育研究,2021(5):76-78.

② 谢浩.服务全民终身学习的学分银行制度体系建设研究[J].中国职业技术教育,2020(24):8-14.

有完全找到自己的专业兴趣,两种情况都不利于学生的专业成长和未来发展。四是热门专业扎堆。很多学生受社会舆论导向影响,家长意志左右,或自身一时的冲动选择热门专业,但在转专业后出现了较大的专业不适应情况。

实践中,应进一步健全完善普通本科高等学校、高等职业学校、成人高等学校之间课程互认和学分累积转换机制,确保学习者在不同层次、不同类型教育机构学习所获得的学分与学习成果得到正式认定与合理的累积与转化。在转专业的制度规定方面,不断提高制度的合规律性与合目的性,如减少不必要的条件限制,设置多个转专业的时间节点,采用多元化的考评方法,加强相关的培训对学生转专业进行合理的引导等。此外,继续推进课程改革,丰富课程体系,赋予学生更大的课程选择自由权和学习方式自主权,增强学习的个性化和选择性,满足个人不断变化的学习需求和多样的发展需求。

(四)建立终身学习质量评价体系

1.终身学习质量评价基本原则

首先,处理好定性与定量的关系问题。定量评价依据统计数据,建立并运用数学模型计算出分析对象的各项指标及其数值,据此做出评价。定性评价凭借分析者的直觉、经验,根据分析评价对象从前与现在具有持续性的发展变化情况,对其性质、特点、发展变化作出判断。定量分析更加客观,但是程序、方法和工具要求比较严格,操作起来难度较大;定性分析更适合于一般的教育管理工作者,这种方法主观性较强,适用于收集资料较为困难或者数据资料不够充分的情况,两种评价方法对数学知识和相关技能的要求虽然有高有低,但并不能把定性评价与定量评价截然划分开来。当前,将两种方式进行融合是开展评价工作的主要趋势。事实上,定性资料也可以用量化的方式进行处理与分析,而定量评价必须建立在定性预测基础上才能有明确的指向,定性是定量的依据,定量是定性的具体化,二者相辅相成,结合起来灵活运用才能取得最佳的评价效果。在实施终身学习质量评价的过程中,建议采用定量与定性相结合、根据评价对象的本质属性决定采用定量或是定性方法的思路,确保评价结果的客观性、科学性、权威性、一致性,即评价结果的重复可验证。在评价指标体系评测点选取过程中,要设计近70%的评测点为易量化和可重复验证的定量指标,对于后30%不能全面反映且不易量化的要素指标,采用给定"赋分区间"的方式由专家进行定性评审。

其次,处理好一致性和差异性之间关系的问题。调和一致性和差异性之间的关系,需要富有想象力的制度创新,建立一种有效的整合机制。没有差异性的评价是无意义的,而没有一致性的评价则使评价失去核心旨趣。我国幅员辽阔,人口众多,不同地区之间、城乡之间具有发展的不均衡和多样性,不同体制所面临的内外部环境、发展阶段、组织结构不同,在开展评价时,应采取差异化的评价策略,即差异化评价目标、标准、方法及权重,从而更好地实现评价区分功能的特性。而评价一致性是国家教育行政的核心价值诉求,要考虑到国家办教育的整体性思维、共性规律以及评价自身所涵括的评价依据、方法、标准、过程、结果应用等各要素间的相关性、依存性,从而使评价更好地服务于国家教育发展的总目标。因此,只有在一致性的基础上强调差异性,将差异性与一致性有机结合起来,才是终身学习质量评价的应然选择。

第三,处理好全面与重点之间的关系问题。既要抓住终身学习事业发展的主要矛盾和矛盾的主要方面,又要观照次要矛盾和矛盾的次要方面开展评价。只有首先明确了重点,才能明确评价要点,即找准评价关键指标。这就需要在评价标准选择过程中处理好重点与一般的关系。对于终身学习质量的评价,既要关注体现学习效果的直接指标,也要关注对学习质量带来影响的过程、方法、资源等间接指标。根据对学习质量内涵与外延及其影响因素内涵与外延的理解,与一般性的问题有关的间接指标涉及背景、投入、过程和结果,这也符合由美国学者斯塔弗比姆创立的 CIPP 评价模式的观点。这一评价模式将评价过程分为背景评价(Contextual Evaluation)、投入评价(Input Evaluation)、过程评价(Process Evaluation)、成果评价(Product Evaluation)。[①] 本研究的评价指标也以 CIPP 评价模式为基础,兼顾了背景、投入、过程、结果等四个方面。

最后,处理好实然与应然的关系问题。这是评价指标体系设计的基本原则。综合国内外学界对研究范式的主张,概括起来主要有两类:一是从实然到应然,二是从应然到实然。应该坚持从应然到实然的范式。因为,即使是实然研究(实证研究),如量化研究,量化研究首先要有理论假设,进而通过描述性统计分析和推断性统计分析,对理论假设通过运用实证数据进行证实和证伪。因此,作为实然研究一种的量化研究首先也要有应然的理论研究和理论预设。再

---

① 李国庆.从评价到评定:美国基础教育课程评估的转向[J].辽宁教育研究,2006(3):82-85.

如质性研究,无论研究对象的抽样,还是质的研究过程中访谈、观察等研究资料的收集,都首先要有应然的概念性框架。实然研究首先要有应然研究作为基础。研究范式上归根结底只有一种范式,那就是从应然到实然。因此,本研究按照从应然到实然的研究范式,在终身学习体制评价指标体系的研制过程中正确处理好应然研究和实然研究的关系,即在翔实的应然理论研究的基础上开发出指标体系方案,这是关键性、基础性前提,并在此基础上通过实然研究(如调查、访谈、实地观察等方式)检验修订和完善并最终构建评价指标体系。

2.终身学习质量评价指标体系设计

本研究依据 CIPP 模型进行设计与开发。CIPP 模型由美国著名的教育评价专家斯塔弗尔比姆于 1966 年首次提出,并被广泛应用于教育质量、培训、实践和课堂效果等方面。CIPP 评价模式主张将教学过程和课程改革过程纳入教育评价,突显其改进功能及指导决策的功能。CIPP 评价模式将教育评价划分为四个方面:背景评价、输入评价、过程评价和成果评价。背景评价用于在具体情境中识别问题、需求和机会,并构建目标方案的基础。斯塔弗尔比姆认为,目标必须经过合理的诊断性评估才能确保其可行性。输入评价是制定方案后对其可行性和有效性进行的继续评估。包括目标是否具有实现的可能、资源使用率如何以及方案成功概率等因素。通过此类诊断性测量,决策者可以选择最佳资源并降低教学失败风险。过程评价旨在监督和记录方案实施进度,并发现需要改善或完善的地方。全面详尽地记录项目执行信息有助于优化后续计划并促进有效执行,从而形成更好的形成性反馈。最后一个阶段是成果检查,在该阶段中对项目结果进行质量测量以确定达到了预期效果。这种终结性反馈本质上属于 CIPP 模型中最重要且最明显的部分之一。依据 CIPP 模型,终身学习质量评价指标体系包括四个维度。本指标体系聚焦于终身学习实施机构层面,不涉及政府和教育行政部门。

1)环境创设维度与指标

环境创设维度包括战略规划明确度、制度体系完善度和文化主题鲜明度 3个一级指标。战略规划明确度:服务全民终身学习的实施机构正确领会并宣讲国家、省市教育政策;凝练先进教育思想与价值观;科学制定与执行机构工作规划(愿景、目标、任务、措施)。具体观测点为:定期开展教育政策学习的机制与活动;教职人员认同实施机构教育思想与价值观;在制定工作计划过程中保证民主性；工作计划与实际状况相吻合；严格落实规划的工作机制设计。制度体系完善度：服务全民终身学习的实施机构制度完备，充分体现依法治教和以人为本的理念；制定具有自身特色的章程，以其为统领不断提高制度完善性与规范性；制定完善的教职人员与学习者的行为规范准则。具体观测点为：服务全民终身学习的实施机构管理制度体系健全，具有可操作性；明确规定各工作岗位的职责权限、考核标准和奖惩规则；薪酬待遇分配公平公正；人事激励制度健全；教职人员认可绩效考核评价办法；学习者评价制度完善。文化主题鲜明度：服务全民终身学习的实施机构工作具有由鲜明主题统领；注重机构文化建设，发挥环境育人功能；教职人员具备自觉意识；开展多样的主题文化活动。具体观测点为：服务全民终身学习的实施机构环境符合净化、美化、绿化、教化标准；景观、标识与装修突出机构文化主题内涵；文化主题得到系统、准确的阐述；文化主题具有历史渊源与独特性；开展渗透文化主题思想的相关活动。

2）资源赋能维度与指标

资源赋能维度包括优秀教职人员供给度、智能学习环境达成度和经费使用合理度3个一级指标。优秀教职人员供给度：优质教职人员数量符合服务全民终身学习的实施机构教师岗位数量标准和机构发展需求。具体观测点为：学历达标率并逐年优化、具有专业资格证教师数量达到政策规定标准并逐年优化；专业对口率达到政策规定标准逐年优化，组织有效的教职人员职业培训；定期考察教职人员职业道德、文化素养与基本能力。智能学习环境达成度：围绕终身学习服务机构的学习环境、教育教学方式、安全管理以及生活服务等核心内容，推进智能环境建设，提升终身学习服务机构信息化、智能化水平。具体观测点为：学习者可以随时随地根据自己的需求以及所处的环境进行学习；学习者可以利用身边的智能设备获取有效的信息和资源；教育者可以利用智能平台获取备课教学、教研培训和信息查询等支持；机构管理中心能够利用智能传感设备快速发现、反应并处理安全情况；衣、食、住、行等服务资源间泛在联通、内容分类管理、应用按需供给；形成人性化、便捷化的服务空间，拥有自主可控的网络安全保障。经费使用合理度：专项经费预算决算科学合理，按照有关规定合理合规使用教育经费。具体观测点为：专项经费预算合理；年终决算与年初预算高度吻合；合法合规地多渠道筹措教育经费；教育收费的征、管、用符合有关要求。

3）发展过程维度与指标

发展过程维度包括课程优质率、学习活动丰富度、学习效能、协同学习体系广泛度4个一级指标。课程优质率：设计开发内容丰富的优质课程资源，具备满足优质课程实施的相关设施完备，学习者对课程及实施的满意度高。具体观测点为：优质课覆盖率；专用教学空间及设施（含线上）满足学习者需求；课程满意度。学习活动丰富度：精心设计、组织并开展全覆盖、内容丰富、形式多样的学习活动；活动以鲜明正确的价值导向为引导，帮助学习者形成良好的思想品质，实现各项素质发展。具体观测点为：学习活动激发学习者兴趣，满足学习者需求；学习活动具有正向的价值导向；帮助学习者实现素质有效提升。学习效能：学习活动按照计划按时保质完成，学习活动过程互动和谐，学生参与度与回应度较高，教学设施设备利用充分。具体观测点为：教学计划执行率；教学关系和谐度；学习者参与度；学习者回应度；设施设备利用率。协同学习体系广泛度，学习体系需要在家、社、政各主体之间协同合作。具体观测点为：常态化的联系交流机制；稳定的学习观摩、实践、体验场所；①定期接受相关行政部门指导与检查；发挥课堂教学空间、社会实践空间、网络媒介空间和社会空间等全域协同的学习育人功能。

4）学习成效维度与指标

学习成效维度包括学习目标达成度、学习者满意度2个一级指标。学习目标达成度：旨在培养出对社会有所贡献的合格公民，使每个学习者掌握所处阶段必备的知识技能。具体观测点为：学习结果测试达标率、专项学习项目完成率、新技能掌握度、学习能力提升度、公民身份与文化社会能力提高度。学习者满意度：学习者于自身立场、利益、个人偏好对学习成效做出的回应。具体观测点为：学习时间满意度、学习条件满意度、学习压力、服务全民终身学习的实施机构社会声誉。

权重是每个评价指标在总分比中所占比例。本研究采用层次分析法来确定不同维度和指标之间的权重。该方法将复杂的评价条目排列成阶层结构矩阵，然后通过两两比较、判断各个项目之间的相对优先级，然后计算各个评价项目的相对重要性系数——权重。这一步主要借助 SPSSPRO 和 Excel 等工具进

①　张永,陈见炜.系统观念下高校共青团实践育人成效提升路径研究[J].新西部,2023(6):183-187.

行计算操作。

步骤一：填写判断矩阵，构建主观评价矩阵。为了确保评价指标的权重具有客观性和可靠性，本研究邀请了十二位专家组成评估团队，并采用调查问卷法进行数据收集。在此过程中，专家团队对各个层次评价指标之间的两两比较判断矩阵进行打分，并计算每一行中各项得分的平均值。AHP 方法采用 1—9 尺度衡量，在本次调查中共发放 12 份问卷并成功回收 12 份有效问卷（表 4.2—表 4.6）。

表 4.2　终身学习质量评价指标体系各评价维度重要性判断矩阵

维度	环境创设	资源赋能	发展过程	学习成效
环境创设	1	0.5	0.5	0.5
资源赋能	2	1	0.333	0.5
发展过程	2	3	1	1
学习成效	2	2	1	1

表 4.3　环境创设指标的重要性判断矩阵

指标	战略规划明确度	制度体系完善度	文化主题鲜明度
战略规划明确度	1	1	0.333
制度体系完善度	1	1	0.25
文化主题鲜明度	3	4	1

表 4.4　资源赋能指标的重要性判断矩阵

指标	优秀教职人员供给度	智能学习环境达成度	经费使用合理度
优秀教职人员供给度	1	1	0.5
智能学习环境达成度	1	1	1
经费使用合理度	2	1	1

表 4.5　发展过程指标的重要性判断矩阵

指标	课程优质率	学习活动丰富度	学习效能	协同学习体系广泛度
课程优质率	1	1	0.5	0.5
学习活动丰富度	1	1	1	1
学习效能	2	1	1	1
协同学习体系广泛度	2	1	1	1

表 4.6　学习成效指标的重要性判断矩阵

指标	学习目标达成度	学习者满意度
学习目标达成度	1	1
学习者满意度	1	1

步骤二:确定权重。为了提高计算效率与准确性,本研究运用 SPSSPRO 统计分析软件,查看各指标权重,对于评价维度和评价指标采用方根法求取特征向量,得出 AHP 层次分析结果。层次分析法(方根法)的权重计算结果显示,评价维度中环境创设的权重为 13.72%,资源赋能的权重为 17.533%,发展过程的权重为 36.114%,学习成效的权重为 32.633%。环境创设维度包含的评价指标的折合总权重为:战略规划明确度 19.192%,制度体系完善度 17.437%,文化主题鲜明度 63.371%。资源赋能维度包含的评价指标的折合总权重为:优秀教职人员供给度 25.992%,智能学习环境达成度 32.748%,经费使用合理度的权重为41.26%。发展过程维度包含的评价指标的折合总权重为:课程优质率17.308%,学习活动丰富度 24.477%,学习效能的权重为 29.108%,协同学习体系广泛度29.108%。学习成效维度仅包含两个指标,不适用层次分析法,可由两者的重要性相同,得出其二级指标权重分别为 50%、50%,则育人目标达成度、办学效应回应度的折合总权重均为 16.3165%(表 4.7–表 4.10)。

表 4.7　终身学习质量评价指标体系四个维度的 AHP 层次分析结果

AHP 层次分析结果				
维度	特征向量	权重值(%)	最大特征根	CI 值
环境创设	0.595	13.72	4.118	0.039
资源赋能	0.76	17.533		
发展过程	1.565	36.114		
学习成效	1.414	32.633		

表 4.8　环境创设维度各指标的 AHP 层次分析结果

AHP 层次分析结果				
维度	特征向量	权重值(%)	最大特征根	CI 值
战略规划明确度	0.693	19.192	3.009	0.005
制度体系完善度	0.63	17.437		
文化主题鲜明度	2.289	63.371		

表 4.9　资源赋能维度各指标的 AHP 层次分析结果

AHP 层次分析结果				
维度	特征向量	权重值(%)	最大特征根	CI 值
优秀教职人员供给度	0.794	25.992	3.054	0.027
智能学习环境达成度	1	32.748		
经费使用合理度	1.26	41.26		

表 4.10　发展过程维度各指标的 AHP 层次分析结果

AHP 层次分析结果				
维度	特征向量	权重值(%)	最大特征根	CI 值
课程优质率	0.707	17.308	3.054	0.027
学习活动丰富度	1	24.477		
学习效能	1.189	29.108		
协同学习体系广泛度	1.189	29.108		

步骤三:一致性检验。在使用层次分析法计算评价指标权重时,需要进行一致性检验以判断所构建的判断矩阵是否存在逻辑错误。如果不符合要求,则需要重新构建判断矩阵。经过计算,四个评价维度的判断矩阵和各评价指标判断矩阵都通过了一致性检验。具体来说,四个维度的最大特征根为 4.118,在 RI 表中对应的 RI 值为 0.882,因此 CR = CI/RI = 0.045 < 0.1,通过了一致性检验;而评价指标的最大特征根分别为 3.009、3.054、4.061 在 RI 表中对应的 RI 值分别为 0.525、0.525、0.882,因此 CR = CI/RI 分别为 0.009、0.051、0.023 均小于 0.1,通过了一致性检验(表 4.11、表 4.12)。

表 4.11　终身学习质量评价指标体系四个维度的一致性检验结果

一致性检验结果				
最大特征根	CI 值	RI 值	CR 值	一致性检验结果
4.118	0.039	0.882	0.045	通过

表 4.12　终身学习质量评价指标体系各指标的一致性检验结果

二级指标	一致性检验结果				
	最大特征根	CI 值	RI 值	CR 值	一致性检验结果
环境创设	3.009	0.005	0.525	0.009	通过

续表

二级指标	一致性检验结果				
	最大特征根	CI 值	RI 值	CR 值	一致性检验结果
资源赋能	3.054	0.027	0.525	0.051	通过
协同育人	4.061	0.02	0.882	0.023	通过

步骤四：汇总各层次指标的权重值。经过一致性检验，四个维度判断矩阵计算出来的最大特征根近似值具有较好的一致性；十二项指标的判断矩阵也通过了一致性检验，并运用上述原理进行了最大特征根近似值计算，具体权重汇总如表4.13。

表 4.13　终身学习质量评价指标体系权重分配表

维度	维度权重（%）	指标	指标权重（%）	折合总权重
A 环境创设	13.72	A1 战略规划明确度	19.192	2.633142
		A2 制度体系完善度	17.437	2.392356
		A3 文化主题鲜明度	63.371	8.694501
B 资源赋能	17.533	B1 优秀教职人员供给度	25.992	4.557177
		B2 智能学习环境达成度	32.748	5.741707
		B3 经费使用合理度	41.26	7.234116
C 发展过程	36.114	C1 课程优质率	17.308	6.250611
		C2 学习活动丰富度	24.477	8.839624
		C3 学习效能	29.108	10.51206
		C4 协同学习体系广泛度	29.108	10.51206
D 学习成效	32.633	D1 学习目标达成度	50	16.3165
		D2 学习者满意度	50	16.3165

3.创建规范的终身学习评价模式

一方面,应设计为深入实际情境进行评价的模式,将整个评价活动的重心置于终身学习的发生场域,增强评价人员的切身感受,据此做出客观的、符合实际的评价。另一方面,还应体现出智能化的时代特征,以大数据为基础,通过云平台、数据库、全场景采集、分析、诊断等工具实现凸显多模态、全息数据等特征的评价模式。

(1)自然化的评价情境。全民终身学习教育体制评价包括工作效果、工作环境、工作过程、资源保障等内容在内的综合性评价,以多种形式生动地展示在实际学习情境中。为保证评价的准确性,应使评价尽可能贴近终身学习的实际情境,针对"原生态"的实施机构和学习者进行评价。

(2)多样化的评价方法。指标体系应体现出全面与系统的特点。针对不同指标的内容和性质,需要选择不同的评价方法,运用多种方法配合使用的方式。对于某些重要的指标,还需运用多种方法获得多方面的评价信息,进行反复比较和相互印证。

(3)客观化的评分系统。应坚持定量评价与定性评价有机结合。从实践角度来讲,定性评价与定量评价的有机结合最能确保评价的质量。需要建立一套完整的测评计量体系和统计分析方法,能够将定性评价数据有效转化为准确、可靠的分数,以提高评价结果的客观性,真正达到定性和定量的有机统一。

(4)多元化的主体参与。评价是评价信息收集与根据信息进行价值判断两个过程的有机结合。应使多元评价主体参与信息收集过程,对各项工作、各种机构的工作进行观测,力争在收集的全面数据信息基础上进行准确的整体性判断,避免人为地分割评价,影响客观性与准确性。

综上所述,本研究设计的评价模式体现出四个优势:一是收集评价信息快捷方便,并能够充分保证评价信息的真实性;二是有助于通过不同方法收集到的信息进行交叉互证;三是确保评价建立在实际工作状态,且能够获得整体直观印象的基础之上;四是能够将各种评价方法有机结合、统筹运用。

1)评价方法与评价工具选择

首先,多模态可视化数据采集。坚持教育数字化转型赋能教育评价改革。在数据采集方式方面,在合理保留考试测验、问卷调查、档案记录等传统评价数据收集方式的基础上,充分发挥智能终端、可穿戴设备、智慧教育平台等技术优势,实现有效覆盖终身学习的各个阶段和环节的海量数据伴随式采集。除了采集文字信息的单一模态数据之外,还应收集音频、视频、心理指标、生理信号等多模态数据,全方位呈现关键行为和效果指征,并实现对关键行为和效果指征的追踪、动态与可视化分析。在数据类型方面,建立起广泛的数据协同收集平台和实时分享交互数据库,使评价的场域从终身学习服务机构延伸至家庭与社会实践场所,与评价主数据库实时对接,进行数据整合,实现多维度、多时空、立体场域评价,从而最大限度地挖掘数据价值。在评价设施建设方面,力争实现硬件升级与软件开发同步推进。加速智能传感器、智能芯片和计算机集群的升级与改造,保障智能化评价数据获取方式的高效实现。①

其次,数据多模化智能分析。评价需要实现从经验判断走向数据驱动的转型,建立针对不同来源、不同类型、不同结构的数据信息的标准,充分运用人工智能、大数据等技术实现数据分析多模化,使真实情境中产生的多模态办学实践活动数据和效果数据通过建模分析后得到表征、融合及反馈。② 一是多模态数据融合。主要指特征级融合,从视觉特征、文本特征等若干信息数据源中获取的特征向量作为一般特征向量,进行线性组合后,可获取各类多模态特征之间的相关性,为后期的过程评价创造条件。二是多模化分析。包括采用神经网络模型对学习者在学习过程中形成的大量非结构化文本数据进行分析,并诊断学习者的情绪状态,进而预测其学习表现。对采集的语音数据进行特征提取,并采用自然语言处理工具进行转录,建立对应的语料库,同时构造分类器对语音进行识别,进而实施诊断。采用各种图像采集设备获取图像数据,并对图像进行预处理、分割、识别、归类、结构化存储,以综合诊断学习和办学情况。通过多媒体录像采集视频数据,监测工作和学习状态。充分利用数字化技术和数据分析方法,以更科学、客观、全面的方式评价终身学习成效。同时,需要强化评价反馈即时化。即时评价反馈可以及时、有效地促进终身学习服务机构改进办学思路和策略,优化工作目标设置和工作任务安排、教育教学改革部署,不断提升实施机构办学效能,提高办学质量。充分利用高集成化的数据化评价平台,

---

① 刘邦奇,喻彦琨,袁婷婷.智能技术赋能过程评价:目标、路径与典型场景[J].现代教育技术,2022(5):14-23.

② 刘邦奇,喻彦琨,袁婷婷.智能技术赋能过程评价:目标、路径与典型场景[J].现代教育技术,2022(5):14-23.

是实现评价实时反馈、结果精准呈现和促进调整改进的关键技术支撑,具备实时传送、实时反馈、实时干预的功能。

2）资源保障的建议

行政部门对服务全民终身学习教育实施机构进行评价时,需要充分考虑资源保障的问题。资源保障涉及多个方面,包括人力、物力、财力等方面。

首先,建立评价专家库和评价人员培训机制。人力资源评价是非常关键的一环。服务全民终身学习质量评价对评价人员的专业性要求很高。因此,更高效地实施服务全民终身学习教育机构教育质量评价需要建立专门的评价专家库。专家库由知名的教育专家、高水平的教研人员、知名校长、优秀教师、教育行政部门工作人员、社会相关组织工作人员共同构成。专家库成员应该具备丰富的教育经验和专业知识,高度的责任感和专业素养,能够对终身学习服务机构的教育质量相关信息进行准确的收集、分析与评判,保证评价工作的公正性和客观性。在对服务全民终身学习教育机构进行评价时,由评价组织者从专家库抽取一定数量的专家组成评价组实施评价工作。这样做既可以保证评价人员的专业性与相对的稳定性,而且通过设定回避制度和匿名抽取专家参与评价,也可以最大限度地保证评价的公平性。建立评价人员定期培训制度,保证评价人员熟悉各项评价程序,充分理解评价指标内涵,熟练掌握各种评价工具,在与其他评价人员的交流中形成较为统一的认识。同时,通过培训增强评价人员的归属感,提高其对评价重要性的认识。对评价人员的工作情况还要进行必要的监督与考核,对于工作成绩突出的评价人员应给予嘉奖,对工作成效不高的人员进行更换。

其次,完善第三方评价机制。推进以培育健康教育评估市场为导向的、扩大各类社会组织参与教育评价方式的创新,逐步形成体制内第三方与体制外第三方互补共生的第三方评估新格局。[①] 教育行政部门需制定颁布"第三方教育评价机构资格认证条例""关于教育管办评分离的政府权力清单、责任清单和负面清单的指导意见"等规范文件,对第三方评价机构的资格条件、评价工作范围、评价工作任务、评价工作方法、评价工作流程、评价工作纪律以及评价结果的使用和反馈等内容做出制度规约,保证第三方评价机构准确客观地评价终身

---

① 王刚,王艺璇."十三五"期间我国关键教育政策问题与对策建议[J].现代教育管理,2020(3):36-44.

学习服务机构教育质量。积极促进建立权威的第三方评估机构，坚持质性评价与量性评价相结合，不断完善量与质相结合的评价体系，客观评价服务全民终身学习教育机构及其工作质量。

第三，提供充足的设施保障与财力保障。在设备支持方面，评价部门需要为评价团队提供充足的设备支持，包括计算机、投影仪、录音设备等。这些设备应该具备一定的性能和功能，以满足评价工作的需要。在场所支持方面，评价部门需要为评价团队提供适宜的场所，以确保评价工作的质量和效率。评价部门还需要建立完善的设备和场所管理制度，以确保设备和场所的安全和维护。在经费支持方面，评价部门需要为评价工作提供充足的经费支持，以确保评价工作的顺利开展。这些经费应该包括评价团队的薪酬、专家费和差旅费、设备和场所的维护、数据采集和处理的费用等。在经费管理方面，评价部门需要建立完善的经费管理制度，以确保经费的合理使用和管理。这些制度应该包括经费的申请、审批、使用、监督等方面的规定。

最后，建立健全体制机制保障。一是通过完善政策和制度明确评价工作的目标和标准，规定评价工作的程序和流程，确保评价工作的公正性和客观性。评价部门需要积极宣传评价政策，让广大师生和家长了解评价政策的内容和意义，以增强评价工作的合法性和公信力。二是建立评价结果的申诉机制。在终身学习服务机构对评价结果不认同的情况下，需要建立健全评价结果的申诉机制。终身学习服务机构能够通过正常的渠道，反映对评价结果的不同意见。同时确保有专门机构对终身学习服务机构的申诉意见进行受理，对评价结果进行复核、重新认定以及反馈申诉结果，最大限度地保证评价的公平性，并消除不合理评价结果对终身学习服务机构的误导效果。三是建立评价指标定期更新机制。教育发展不断提出对终身学习服务机构办学的新要求，终身学习服务机构教育质量的内容与特征也是不断变化和发展的。为了使评价指标能够准确反映终身学习服务机构教育质量的内涵与特征，评价指标也应随着教育的发展而更新。研究表明，当一种测评方法反复使用时，就会失去它的影响力。指标定期更新机制可以避免终身学习服务机构因太熟悉评价而导致的轻视态度，保证评价持续地实现激励与导向功能。四是建立健全元评价机制。评价实施之后要对评价系统本身进行进一步的评价，包括指标体系、评价标准、指标权重、评价方法、评价程序等方面。找出不切合实际和不合时宜的方面，及时加以修订或调整。

本章小结

　　基于学习者终身学习品质现状进行调查,探究影响终身学习效果的教育体制与学习者个体因素及其相互之间的结构路径关系,进一步分析服务全民终身学习的教育体制现状与需要解决的问题,最后提出服务全民终身学习的教育体制改革的政策建议。从学习者终身学习品质来看,体现出了学习目的从"学以致用"向"学以致慧"转变,学习动机从"外铄"向"内发"转变,学习需求从社会需求向个性需求转变,学习内容从功利性向人文性转变,学习场域从封闭性向开放性转变,学习途径从课堂向数字新媒体应用转变,学习方法从以个人为主转向个人、协同并重转变,学习评价从正规学习结果认定向正规学习、非正规学习和非正式学习结果综合认定转变的趋势。服务全民终身学习的教育体制、学习者个人因素与终身学习效果路径关系模型表明,终身学习实施机构设置合理性、学习型社区建设成熟度、在线学习平台丰富性、终身学习课程体系系统性、终身学习公益机构设置完备性、终身学习政策规定明确性、国家和地方终身学习执行和领导机构的专门化、学习内驱力、学习能力、学习资源丰富优质程度是影响终身学习效果的重要因素。基于调查研究得出结论,构建服务全民终身学习的教育体制应坚持党的全面领导、结构整体优化、个人利益与公共利益相统一以及数字化技术深度融合四项原则,重点推进构建更加开放畅通的人才成长通道、建立全民终身学习的制度环境和建立终身学习质量评价体系三方面工作。

推荐书目

　　1.诺曼·朗沃斯著,欧阳忠明、马颂歌、陈晓燕译《学习型城市、学习型地区、学习型社区:终身学习与地方政府》,中国人民大学出版社,2016。

　　该著作系统阐释了学习型城市的相关概念,立体呈现了学习型城市的建设工具和技术,重视利益相关者参与学习型城市的建设,并对全球化背景下学习型城市的发展价值进行了展望。该著作有助于我国研究者和实践者从全球视野出发,深化对学习型城市和终身学习理论发展、实践模式及具体问题的解决。

2.钟志贤、邱婷著《终身学习的关键能力与培养》，中央广播电视大学出版社，2015。

该著作专门探讨终身学习的关键能力与培养方法，立足学习者的自我培养，从理念引领、技术支撑和方法导航三个维度，探讨终身学习的七大关键能力的养成方式。对终身学习者掌握学习智慧，有效开展远程学习和在线学习，成为成功的自学者具有直接的指导意义。

参考文献

著作类

［1］保尔·朗格朗.终身教育引论［M］.周南照,陈树清,译.北京:中国对外翻译出版公司,1985.

［2］联合国教科文组织国际教育发展委员会.学会生存:教育世界的今天和明天［M］.北京:教育科学出版社,1996.

［3］高志敏,等.终身教育、终身学习与学习化社会［M］.上海:华东师范大学出版社,2005.

［4］季森岭.终身教育概论［M］.北京:中国社会科学出版社,2002.

［5］西奥多·W.舒尔茨.论人力资本投资［M］.吴珠华,等译.北京:北京经济学院出版社,1990.

［6］持田荣一,森隆夫,诸冈和房.终身教育大全［M］.龚同,林瀛,邢齐一,等译.北京:中国妇女出版社,1987.

［7］诺曼·朗沃斯.终身学习在行动:21世纪的教育变革［M］.沈若慧,等,译.北京:中国人民大学出版社,2006.

［8］《教育经济学概论》编写组.教育经济学概论［M］.西宁:青海人民出版社,1983.

［9］邓聿文,等.中国学习型社会建设［M］.北京:中国水利水电出版社,2005.

［10］郭志林,韩喜平.教育经济学论稿［M］.延吉:延边大学出版社,2006.

［11］朱勇.新增长理论［M］.北京:商务印书馆,1999.

［12］林钧.国外学习化社会理论与实践研究［M］.北京:中国经济出版社,2013.

［13］陈永明.日本教育［M］.北京:高等教育出版社,2003.

［14］贺宏志,胡晓松,田汉.学习型社会建设的理论与策略研究［M］.北京:首都

师范大学出版社,2009.

[15]叶茂林.教育发展与经济增长[M].北京:社会科学文献出版社,2005.

[16]吴遵民,等.现代终身教育体系论:中国终身教育发展的路径与机制[M].上海:上海人民出版社,2019.

[17]安东尼·塞尔登,奥拉迪梅吉·阿比多耶.第四次教育革命:人工智能如何改变教育[M].吕晓志,译.北京:机械工业出版社,2019.

[18]联合国教科文组织.教育:财富蕴藏其中[M].联合国教科文组织中文科,译.北京:教育科学出版社,1996.

[19]张伟远,等.构建服务全民终身学习体系的战略与政策[M].北京:人民教育出版社,2022.

[20]韦伯.新教伦理与资本主义精神[M].龙婧,译.北京:群言出版社,2007.

期刊类

[1]隋洁,褚少卿,王月.幼小衔接下家长教育焦虑的形成与应对探析[J].好家长,2023(27):6-8.

[2]马振清.中国化时代化马克思主义青年观探析[J].新疆师范大学学报(哲学社会科学版),2023(3):59-72.

[3]吴冠军.后人类状况与中国教育实践:教育终结抑或终身教育？——人工智能时代的教育哲学思考[J].华东师范大学学报(教育科学版),2019(1):1-15,164.

[4]王竹立.人工智能时代的教育畅想[J].今日教育,2017(9):12-15.

[5]袁维新.从授受到建构:论知识观的转变与科学教学范式的重建[J].全球教育展望,2005(2):18-23.

[6]陈家斌.杜威的知识观及其教育意蕴[J].天津市教科院学报,2009(1):40-43.

[7]龚向和.论受教育权的可诉性及其程度[J].河北法学,2005(10):23-26,35.

[8]涂艳国.试论"人的自由发展"的涵义[J].华中师范大学学报(哲学社会科学版),1997(3):70-76,131.

[9]吴遵民.中国终身教育体系为何难以构建[J].现代远程教育研究,2014(3):27-31,38.

[10]侯含雪.新时代乡愁观的价值意蕴与践行路径:基于乡村振兴视角[J].浙江万里学院学报,2023(4):55-61.

[11]夏阳,徐平平.中国式现代化视域下高等学历继续教育创新发展研究[J].苏州科技大学学报(社会科学版),2024(1):19-24,31.

[12]兰保珍.论市场经济条件下国有企业的教育培训[J].广西民族学院学报(哲学社会科学版),2001(S2):132-138.

[13]卫军.终身学习,我们一直在努力[J].现代职业教育,2017(21):188-192.

[14]李玉奇,林泉孚,张燕军.美国奥巴马政府终身学习政策探究[J].世界教育信息,2016(13):35-39.

[15]张为宇.法国继续教育概览[J].世界教育信息,2013(20):33-35.

[16]陈雪芬,吴雪萍.瑞典终身学习政策分析[J].职教论坛,2008(11):56-60.

[17]罗艾,宋江洪.论终身教育与自学考试制度改革[J].西南民族大学学报(人文社科版),2007(4):215-220.

[18]张立滨.泛在图书馆环境下知识咨询服务研究[J].科技信息,2013(14):203-204.

[19]潘基鑫,雷要曾,程璐璐,等.泛在学习理论研究综述[J].远程教育杂志,2010(2):93-98.

[20]李舒愫,顾凤佳,顾小清.U-learning 国际现状调查与分析[J].开放教育研究,2009(1):98-104.

[21]陈桂香.国外"智慧城市"建设概览[J].中国安防,2011(10):100-104.

[22]徐蕊玥,周琴.英国威尔士"数字学习项目"的实施与启示[J].数字教育,2019(6):87-92.

[23]余燕芳.教育大数据背景下学分银行信息管理平台设计理念与技术架构研究[J].中国远程教育,2015(6):53-59,80.

[24]刘兴宇.我国终身学习的研究热点及发展趋势:基于 1999—2019 年 CNKI 期刊文献的共词可视化分析[J].文化学刊,2021(7):160-164.

[25]陈静.英国资格与学分框架运行机制及特点[J].现代教育管理,2014(11):119-123.

[26]孙绵涛.教育体制理论的新诠释[J].教育研究,2004(12):17-22.

[27]孙绵涛.教育现象的基本范畴研究[J].教育研究,2014(9):4-15.

[28]王有凭.美德伦理视域下的高校德育[J].学园,2015(18):5-6.

[29]张笑菡,黄伊晴.教育治理现代化建设:主体、内核与机制[J].广西民族师范学院学报,2023(6):108-115.

[30]陈宝生.推进教育治理体系和治理能力现代化[J].旗帜,2019(11):17-18.

[31]王晓杰,胡国栋,张丽然.合法性机制和效率机制:兼论数字经济背景下的企业民主建构[J].东北财经大学学报,2022(4):87-97.

[32]桂逸.互联网企业成长与合法化战略[J].中国商贸,2012(21):63-64.

[33]孙绵涛,王刚.我国现代学校制度建设的成就、问题与对策[J].教育研究,2013(11):27-34.

[34]杨桂通.系统哲学是马克思主义哲学的全新发展[J].系统科学学报,2011(2):1-4,28.

[35]杜胜利,邱兴平.用系统论的观点看人:钱学森心身观思想研究[J].系统科学学报,2009(4):76-81.

[36]鲍振兴,曾丽萍.高校大学生就业创业教育亟待转变的几种方式[J].福建农林大学学报(哲学社会科学版),2011(1):97-99.

[37]何曼青.从线性到非线性的哲学思考[J].科学技术与辩证法,1993(2):14-21,69.

[38]闵家胤.系统科学的对象、方法及其哲学意义[J].哲学研究,1992(6):27-35.

[39]王升平.本体论、价值论、认识论逻辑中的本土公共行政:一个行政哲学层面的考察[J].广东行政学院学报,2019(4):15-20.

[40]赵月红.浅析系统科学方法在区域经济研究中的应用[J].生产力研究,2006(1):35-36.

[41]翁杰.论法律选择方法论在国际私法理论研究中的意义和作用[J].中国国际私法与比较法年刊,2015(00):66-73.

[42]毛浩然,徐赳赳,娄开阳.话语研究的方法论和研究方法[J].当代语言学,2018(2):284-299.

[43]朱智贤.心理学的方法论问题[J].心理发展与教育,1990(3):134-139.

[44]张永,陈见炜.系统观念下高校共青团实践育人成效提升路径研究[J].新西部,2023(6):183-187.

[45]柳海民,林丹.优质均衡:加快义务教育高质量发展[J].人民教育,2022(21):38-40.

[46]王臻,郑怡鹏.中国朝鲜(韩国)学研究的特点、问题及对策:以近十年国家社会科学基金立项为研究对象[J].延边大学学报(社会科学版),2023(1):5-13,140.

[47]孙绵涛.西方范式方法论的反思与重构[J].华中师范大学学报(人文社会科学版),2003(6):110-125.

[48]冯兴元,孙同全,董翀,等.中国县域数字普惠金融发展:内涵、指数构建与测度结果分析[J].中国农村经济,2021(10):84-105.

[49]张宏伟.浅析对教育研究方法的分类[J].科技视界,2012(29):109-110.

[50]王刚.学校效能研究批判及启示[J].外国教育研究,2010(5):48-51.

[51]刘坤,赵庆杰.以系统观念熔铸法治中国建设中的青年担当[J].辽宁行政学院学报,2023(4):91-96.

[52]朱再昱,陈美球,曹建华,等.建设鄱阳湖生态经济区的理论思考[J].生态经济(学术版),2009(1):101-104.

[53]陈砚燕.《帝国主义论》对历史唯物主义的应用与当代启示[J].湖北师范大学学报(哲学社会科学版),2023(3):16-21.

[54]张晓云.埃尔斯特的方法论个人主义批判[J].江西社会科学,2018(3):30-35.

[55]王帆.如何认识当今世界?——复杂系统观的启示[J].世界经济与政治,2009(10):41-50,4.

[56]陈永生.论档案学理论联系实际中的"理论"[J].山西档案,1994(4):9-12.

[57]刘俊佳.在机器人教学中渗透思维培养的策略:以2019年FLL机器人工程挑战赛实训为例[J].实验教学与仪器,2019(Z1):136-138.

[58]乌杰.系统辩证论:新世界观的发展[J].新视野,2003(1):59-61.

[59]李孝林,孔庆林.用系统辩证论研究会计学中的逻辑起点[J].系统辩证学学报,2000(4):66-69,76.

[60]蒋楼."科学范式"理论内涵的哲学启示[J].哲学基础理论研究,2016(2):145-155.

[61]袁世硕.加达默尔文艺作品存在方式论质疑:读《真理与方法》札记[J].文

艺研究,2006(2):37-42.

[62]陈甜,徐晓梅.从效果历史角度谈重译的必要性:以《少年维特之烦恼》译本为例[J].海外英语,2020(10):13-14,21.

[63]牛玉慧.中原城市美学与城市公共设施优化研究:从城市美学角度思考公共设施的优化设计与布局[J].美与时代(上),2013(11):85-87.

[64]刘邦奇,喻彦琨,袁婷婷.智能技术赋能过程评价:目标、路径与典型场景[J].现代教育技术,2022(5):14-23.

[65]贾利军,王健民,徐韵.天人合一:从量化研究到质性研究的方法论跨越[J].企业经济,2021(5):33-42.

[66]王刚,王艺璇."十三五"期间我国关键教育政策问题与对策建议[J].现代教育管理,2020(3):36-44.

[67]董一红.微型课题:一粒沙里的发现[J].班主任之友(中学版),2012(Z2):123-124.

[68]李燕莉,井海燕,王敏,等.高中英语写作课的创新设计研究[G]//十三五规划科研成果汇编(第五卷),北京,2018:1284-1287.

[69]刘玉晓,梁凤莲,王倩,等.基于专家审稿意见的综合性农业学术类稿件问题实证分析[J].农业图书情报学刊,2016(8):175-178.

[70]刘金波.微定制:高水平学术论文的写作与发表[J].写作,2022(4):76-86.

[71]徐卓宇,江凤娟,陈志伟.系统论视域下新时代党的民族教育理念的多维分析[J].中共南宁市委党校学报,2021(2):29-33.

[72]徐良.马克思的实践论对近代西方本体论的克服[J].怀化师专学报,1993(2):27-33.

[73]张瑜.近10年来思想政治教育研究方法的新进展[J].思想教育研究,2019(5):34-39.

[74]韩震.高校要在构建中国特色哲学社会科学中发挥好主力军作用[J].马克思主义理论学科研究,2022(6):27-35.

[75]吴永祥.关于马克思主义哲学本体论的思考[J].中国校外教育,2012(6):49,98.

[76]薛宝.实践与实践本体论概述[J].学理论,2012(29):45-46.

[77]马东明,郑勤华,陈丽.国际"终身学习素养"研究综述[J].现代远距离教

育,2012(1):3-11.

[78]庞桂娟.《IMLS焦点:学习在图书馆》报告解读及思考[J].图书馆,2016(3):28-32.

[79]李国庆.从评价到评定:美国基础教育课程评估的转向[J].辽宁教育研究,2006(3):82-85.

[80]吴遵民.终身教育发展的中国经验:改革开放37年终身教育的历史回顾与展望[J].江苏开放大学学报,2016(1):10-18.

[81]高志敏.关于终身教育、终身学习与学习化社会理念的思考[J].教育研究,2003(1):79-85.

[82]刘彦文.终身教育与终身学习及其关系[J].教育导刊,2003(7):8-10.

[83]寇尚乾.论学习权与教师专业发展[J].攀枝花学院学报,2006(3):68-71.

[84]叶伟勇.终身教育视角下乡村振兴本土人才培养的路径探析:以L市开放大学"领雁"工程项目为例[J].黑河学刊,2023(1):122-128.

[85]叶长胜,江娜.非正规、非正式学习成果认证:联合国教科文组织终身学习研究所的研究[J].世界教育信息,2023(1):65-73.

[86]郝人缘,吴雪萍.终身学习视阈下非正规和非正式学习结果认证研究:以欧盟成员国为例[J].职业技术教育,2021(31):65-73.

[87]谢浩.服务全民终身学习的学分银行制度体系建设研究[J].中国职业技术教育,2020(24):8-14.

[88]陈玉明.我国终身学习"立交桥"的建构[J].广西广播电视大学学报,2015(2):5-10.

[89]王刚,钟鑫.教育效能:教育治理现代化的核心价值取向[J].新教师,2021(12):8-10.

[90]桑宁霞,郑苗苗.中国终身教育政策法规发展研究(1978—至今)[J].中国成人教育,2019(10):7-13.

[91]佚名.全面建设依法治教的教育法治体系[J].上海教育,2019(34):1.

[92]卢海弘.构建面向现代化2035的终身学习体系:国家战略视角[J].高等继续教育学报,2019(6):1-7.

[93]李纪传.系统思考视野下的终身学习"立交桥"建设[J].继续教育,2011(10):19-21.

[94]陈丽,谢浩,郑勤华.我国教育现代化视域下终身学习的内涵与价值体系[J].现代远程教育研究,2022(4):3-11.

[95]王谦修.核心价值观:企业的最高准则[J].当代电力文化,2020(3):13.

[96]李权时.对岭南价值哲学若干问题的思考[J].探求,2022(6):85-94.

[97]李冬梅.大学之教育价值略析[J].连云港职业技术学院学报,2015(2):1-6.

[98]王坤庆.论价值、教育价值与价值教育[J].华中师范大学学报(人文社会科学版),2003(4):128-133.

[99]卢国维.浅析"价值"的哲学内涵[J].改革与开放,2011(8):192.

[100]倪新宇,王丽敏.终身教育理念下我国学分银行建设现状及优化策略研究[J].继续教育研究,2021(5):76-78.

[101]田利军,叶陈毅.关于审计哲学的若干问题[J].中国审计,2009(12):32-34.

[102]王召收,孙冉."中国梦"与社会主义核心价值观的内在逻辑[J].山东行政学院学报,2013(4):9-12.

[103]吴斌,高庆元,范太华.高等学历继续教育人才培养目标定位研究[J].高等继续教育学报,2017(2):8-13,18.

[104]高书国.高质量教育体系的时代内涵与实践策略:基于系统理论的战略分析[J].中国教育学刊,2022(1):48-53.

[105]高书国.以中国式教育现代化助推中华民族伟大复兴:深入学习领会《中共中央关于党的百年奋斗重大成就和历史经验的决议》[J].人民教育,2021(23):12-15.

[106]王肃元,马虎银.浅谈高校人才资源的合理配置与利用[J].陕西师范大学学报(哲学社会科学版),2002(S2):85-92.

[107]韩明珍.课程思政理念下《建筑工程计量与计价》的教学设计[J].砖瓦,2022(11):174-177.

[108]朱瑜.开放教育视域下新型职业农民教育路径分析[J].陕西开放大学学报,2023(4):5-8,14.

[109]苏君阳,曹大宏.试析健全统筹有力、权责明确的教育管理体制——基于《国家中长期教育改革和发展规划纲要(2010—2020年)》的思考[J].中国教育学刊,2010(10):9-11.

[110]高超群.一个金融资本家的诞生与成长[J].资本市场,2005(2):92-94.

[111]李洋.论人的现代化与人的心理适应的关系[J].高教学刊,2015(4):101-102.

[112]孙来勇.关于人的现代化的基本理论[J].现代交际,2017(5):47.

[113]王凤珍."类时代"与科技发展观的构建[J].中国青年政治学院学报,2011(6):138-142.

[114]马国刚.新时代高等学历继续教育改革发展路径研究[J].高等继续教育学报,2023(1):1-8,14.

[115]邹霞,刘丽伟,张晓洪.中国式现代化视域下的"人的现代化"特质探究[J].重庆社会科学,2023(10):54-66.

[116]王慧.马克思民生思想的逻辑意蕴及其当代价值[J].理论导刊,2011(6):32-34,40.

[117]彭宏彬.做个有个性的班主任[J].湖南教育(上),2010(8):45.

[118]李庆明.家长第一:家庭与子女成长断想[J].教育研究与评论,2017(3):121-128.

[119]刘志强.论人权本原的双重属性[J].江苏警官学院学报,2008(5):79-83.

[120]谢华,张克蒂.科学发展观本质的哲学思考[J].理论月刊,2007(8):20-22.

[121]金鑫."社会全面进步"与"人的全面发展"必须相辅相成:江泽民关于现代化理论的新贡献[J].宁夏党校学报,2002(3):9-12.

[122]张献.图书馆在学习化社会中的作用[J].内蒙古科技与经济,2011(16):153-154.

[123]张献.终身教育与人的现代化[J].经济研究导刊,2012(34):253-254.

[124]谭顶良.基于发展取向的心理教育文化追寻[J].江苏教育,2019(24):28,53.

[125]黎蓉.人的发展:终身教育的理解[J].开放教育研究,2007(3):14-17.

[126]陈凤琴,唐余俊.新世纪我国高校素质教育的机遇、挑战与对策[J].思茅师范高等专科学校学报,2002(4):44-47.

[127]贺宏志.终身教育体系价值分析[J].民族教育研究,2003(6):16-20.

[128]冯培.牢牢把握建设教育强国核心课题的双要素[J].国家教育行政学院学报,2023(7):10-16,44.

[129]陈乃林.中国式教育现代化与全民终身学习探索[J].当代职业教育,2022(6):4-12.

[130]管培俊,刘伟,王希勤,等.学习贯彻习近平总书记在中共中央政治局第五次集体学习时的重要讲话精神(笔谈)[J].中国高教研究,2023(7):1-8.

[131]张应强.中国高等教育现代化的方法论创新[J].教育研究,2023(9):108-126.

[132]郭凯明.以人口高质量发展支撑中国式现代化[J].人民论坛,2024(12):62-65.

[133]乌杰.系统辩证论与我国改革[J].大自然探索,1997(3):2-6.

[134]罗永辉,陈明亮.商业智能"操作性和提升性"转换:BI的三维框架介绍[J].软件世界,2007(11):68-70.

[135]石林,李文,金菊.基于ERG理论对脱贫地区民众终身学习的需求调查研究[J].国际公关,2023(4):125-127.

[136]宋晓欣,闫志利.中职教育质量管理机制构建研究[J].教育与职业,2015(24):13-17.

[137]骆晓莉.幼儿教师参与"国培计划"学习效能研究[J].科学咨询(科技·管理),2012(6):85-87.

[138]莫祖军.走向核心素养的"全人教育"实践[J].广东教育(高中版),2019(5):71-72.

[139]国卉男,史枫.改革开放以来我国终身教育政策:价值选择与成效分析[J].中国职业技术教育,2020(30):55-62.

[140]朱谊星.深刻领会全面从严治党的新要求[J].兵团工运,2017(12):5-6.

[141]李球.遵循系统科学规律,加强学校德育研究[J].江西教育科研,1987(1):3-9.

[142]何爱霞."七五"以来我国成人高等教育办学机构的改革历程与发展走势研究[J].当代继续教育,2013(2):16-19.

[143]李长合,梁妍.育人视域下中小学教育数字化转型的实践路径探索[J].中国信息技术教育,2023(7):101-104.

[144]蒋书同.面向中国教育现代化2035的省域终身学习体系现代化相关问题研究[J].中国职业技术教育,2019(28):52-58.

[145]高洁,付建军."学分银行"服务于搭建中高职衔接"立交桥"研究[J].继续教育,2014(7):10-12.

[146]刘逸楠.新时期老年教育高质量发展:成就、问题、路径[J].继续教育研究,2024(1):73-77.

[147]曲玉萍,杨奇.论老年教育的困境与出路:以吉林省为例[J].老龄科学研究,2015(5):62-70.

[148]张晓宇,傅永春.终生教育与学习化社会的建立[J].内蒙古师范大学学报(教育科学版),2009(11):1-4.

[149]欧阳忠明,王饶若愚.我国国家资历框架构建:研究现状与发展思考——基于国内相关文献的述评[J].中国职业技术教育,2019(9):5-11.

学位论文类

[1]陈春龙.我国电子竞技直播平台受众消费意愿影响因素研究[D].武汉:武汉体育学院,2023.

[2]陈思文.未来全民终身学习实施制度改革前瞻性研究[D].沈阳:沈阳师范大学,2021.

[3]丁道军.基于PSR模型的川西生态脆弱区生态安全评价研究:以阿坝藏族羌族自治州为例[D].成都:西南石油大学,2015.

[4]房耿聿.美国终身学习法研究及启示[D].太原:山西大学,2014.

[5]何淑通.独立学院文凭政策运行研究:以江苏省为例[D].南京:南京师范大学,2012.

[6]张琴.成人教育视域下潜母亲教育发展途径研究:基于昆明市的调查[D].昆明:云南师范大学,2019.

[7]李凯.中学教育管理现代化的问题与对策探究:以F市A中学为例[D].阜阳:阜阳师范大学,2023.

[8]李林林.责任型组织的构建研究[D].齐齐哈尔:齐齐哈尔大学,2014.

[9]李明航.社会现代化与人的现代化[D].哈尔滨:黑龙江大学,2007.

[10]李楠.成人终身学习能力构建及培养研究[D].成都:四川师范大学,2013.

[11]李世奇.教育现象研究的方法论探讨[D].沈阳:沈阳师范大学,2014.

[12]李文锐.保险产业政府规制系统优化问题研究[D].北京:北京交通大

学,2017.

[13]刘德强.基于结构方程模型的湿地生态系统服务影响因素研究[D].北京：北京林业大学,2018.

[14]栾亚丽.马克思主义人的全面发展理论与人的现代化素质培养[D].大连：辽宁师范大学,2004.

[15]吕洁.系统论思维路径：对公司经营管理者的监督机制分析[D].上海：华东政法大学,2017.

[16]孟庆宇.改革开放以来我国中等教育类型结构和办学结构政策内容分析[D].沈阳：沈阳师范大学,2021.

[17]卿灿.地方本科高校应用型人才培养质量影响因素的实证研究[D].沈阳：沈阳师范大学,2018.

[18]任福义.中国特色社会主义意识形态建设研究[D].北京：北京交通大学,2018.

[19]宋雪青.高技术产业技术创新能力及影响因素研究[D].广州：广东财经大学,2022.

[20]宋严.现代化条件下人的全面发展[D].大连：辽宁师范大学,2005.

[21]唐静.重庆农村老年教育需求与对策研究[D].重庆：重庆大学,2021.

[22]涂畅.肯尼亚可持续发展教育的发展、成效及困境研究[D].金华：浙江师范大学,2020.

[23]王江波.高等教育立德树人对国家核心竞争力的作用研究[D].成都：电子科技大学,2020.

[24]辛涛.系统优化在提高中国饭店业核心竞争力中的研究与应用[D].广州：华南理工大学,2003.

[25]原新利.城市移民社会权保障研究[D].南京：东南大学,2020.

[26]詹恬.我国内地电视作品中"慈父"形象的演变研究(2005—2020)[D].广州：华南理工大学,2021.

[27]张超.多元价值观背景下的社会主义核心价值体系认同研究[D].昆明：昆明理工大学,2013.

[28]张天一.二战后日本社区教育政策研究[D].济南：山东师范大学,2018.

[29]李建国.我国高职院校"内部管理体制"改革研究[D].南京：南京农业大

学,2011.

[30]尹雁.艺术院校青年教师专业发展研究:以沈阳音乐学院为个案[D].沈阳:沈阳师范大学,2011.

[31]薛春燕.服务全民终身学习的基础教育实施体制研究[D].沈阳:沈阳师范大学,2022.

[32]何佳航.服务全民终身学习的基础教育管理体制研究[D].沈阳:沈阳师范大学,2022.

[33]周桂敏.按系统论原理对建筑工程项目全过程的投资控制[D].西安:西安科技大学,2009.

[34]周仕东.科学哲学视野下的科学探究教学研究[D].长春:东北师范大学,2008.

[35]张敏.基于系统动力学的经济圈交通模型研究[D].西安:长安大学,2010.

[36]岳欣云.应然、实然与必然:关于我国教育研究范式的思考[D].开封:河南大学,2002.

[37]祁型雨.利益表达与整合:关于教育政策的决策模式研究[D].武汉:华中师范大学,2003.

[38]邢蕾.成人非正式学习的研究[D].上海:华东师范大学,2011.

[39]曹丽萍.跨国资历框架体系的国际范式与本土建构[D].桂林:广西师范大学,2022.

[40]钱明.当代系统思想的发展及其对马克思主义哲学的影响[D].镇江:江苏大学,2008.

[41]池炳良.HSK对尼泊尔加德满都大学孔子学院师范专业学生的反拨效应调查研究[D].昆明:云南大学,2020.

[42]马一先.农村小规模学校集团化办学影响因素研究[D].沈阳:沈阳师范大学,2021.

[43]邓晶.学校效能提升的框架分析[D].北京:首都师范大学,2005.

[44]左清峰.习近平关于中国式现代化重要论述研究[D].南昌:江西财经大学,2023.

[45]刘增学.中国证券公司激励约束机制研究[D].武汉:华中农业大学,2005.

[46]王江波.高等教育立德树人对国家核心竞争力的作用研究[D].成都:电子

科技大学,2020.

其他类

[1]李学成.传承中华优秀传统文化　铸牢中华民族共同体意识[N].中国社会科学报,2023-06-16.

[2]李超.七年研发终破壳　创新实干谱新篇:知微医药 BTK 抑制剂创新药诞生记[N].新乡日报,2023-08-24.

[3]阎凤桥.高中教育定位有哪些准则[N].中国教育报,2012-4-20.

[4]中共中央　国务院.中国教育现代化 2035[N].人民日报,2019-02-24.

[5]唐芊尔,王夏雯.加快数字化转型　推动教育高质量发展[N].光明日报,2024-02-06.

[6]吕景胜,郭晓来.科研政策导向:社科研究应重视本土化[N].光明日报,2014-12-22.